ちくま学芸文庫

ゴダール革命

〔増補決定版〕

蓮實重彥

筑摩書房

目次

写真協力＝フランス映画社、プレノンアッシュ、紀伊國屋書店映像情報部、川喜多記念映画文化財団ほか

ゴダール革命

増補決定版

à Chantal

プロローグ
時限装置としてのゴダール

映画が始末におえぬ時限爆弾であることぐらい、誰もが日々の経験によってよく知っている。実際、撮られた時代や撮られた社会からは思い切り遠い地点で不意に炸裂してみせるフィルムは、国籍や年齢や性別を超えていたるところで見る者を震撼せしめ、ときには原状に復しがたい深刻な変化さえもたらすものなのだ。

たとえばムルナウの『サンライズ』がいまなお人の心を深いところで惑わせているのは、それに「芸術作品」としてそなわっている——と信じられがちな——普遍的な資質によるのではない。現実に起こっているのは、ドイツの映画作家ムルナウが一九二七年にハリウッドで撮ったこの作品にいつのまにか仕掛けられてしまっていた時限装置が、二一世紀にいたるもなお不気味に作動し続けているというだけのことなのだ。それはいささかも例外的な事態ではなく、異なる時期に、異なる場所で、異なる「驚き」を誘発するいとも不穏な装置としての映画にふさわしい凶暴さなのである。それは、映画作家の意図とはおよそ無縁に遂行される映画ならではの歴史への責任のとり方だといってもよい。ムルナウという名前を、溝口健二の、あるいはボリス・バルネットのそれと置き換えてみても、事態に目立った変化は生じまい。映画が生み落とす個々の作品は、時空を超えたその移り気な資質によって、反復する「驚き」としてみずからを世界史に登録しつづけているからだ。その「驚き」の反復は、共同体の同時代的な感性に寄りそいがちなテレヴィが組織する「安堵」の連帯とは決定的に異なるできごとにほかならない。情報の流通と消費のサイクルにはおさまりがつかぬものだけが、「驚き」として反復されるものだからである。だとするなら、ゴダールの『勝手にしやがれ』もまた、ムルナウの『サンライズ』とともに、反復される「驚き」の連鎖をかたちづくっているといえるのだろうか。

そう書き綴ろうとするとき、人は何とも厄介な事態に直面して思わず取り乱す。当然のことながら、その疑問は、ゴダールの『勝手にしやがれ』がムルナウの『サンライズ』と同じ資格でみずからを世界史に登録しているのかというもう一つの問いを招き寄せずにはおかぬからである。さらには、ムルナウの『サンライズ』が、溝口の『浪華悲歌』やバルネットの『帽子箱を持った少女』と置換可能な題名であるように、ゴダールの『勝手にしやがれ』もまた、別の映画作家のしかるべき作品の題名と置換可能かという問いにもそれは行きつく。

映画はいつ炸裂するともしれぬ物騒な時限爆弾だという映画批評的かつ映画史的な文脈にとって、ゴダールの名前は、はたしてムルナウや溝口やバルネットといった映画作家たちの名前と交換可能なものなのか。かりにその置換が可能だとするなら、それはどのような条件によってか。また、不可能であるなら、それはいかなる理由によるものなのか。その条件と理由を詳述することなくゴダールを論じることなど、できはしないはずである。にもかかわらず、これまでに書かれたゴダール論の著者のほとんどがあたかもそんな問題など存在しないかのように振る舞ってきたのは、映画批評家や映画史家の多くが、そうした一連の設問の始末におえない厄介さに、多少とも自覚的だったからにほかなるまい。では、ゴダールをめぐって、彼らの言説の曖昧さにたやすくは同化しがたい言説を組織するには、どうすればよいのか。

「どうすればよいのか」。人は、優れてゴダール的ともいえるこのつぶやきを、処理しがたい難問を前にしてみだりに口にしたりはしない。それを問題として成立せしめる文脈が把握しがたいときに、そうつぶやかざるをえないのである。

ゴダールの『勝手にしやがれ』もまた、それが映画である限り、始末におえぬ時限爆弾の一つであることに変わりがない。人は、ひとまず、そう口にすることができる。だが、それは一般論への芸もない逃避にすぎず、ゴダールとムルナウとが交換可能な名前であるか否かをあえて問題とせずにはいられない文脈を、あらかじめ無視することにほかならない。重要なのは、「驚き」として反復されるゴダールの『勝手にしやがれ』とムルナウの『サンライズ』とが、その「驚き」の質においてあからさまな差異におさまるしかないことを見てしまった者だけに、それが問題としての意味を持つということなのだ。いうまでもなかろうが、その差異は、「芸術作品」としての価値とはいっさい無縁のものだ。

ヌーヴェル・ヴァーグの初期に撮られたフランス映画の『勝手にしやがれ』は、映画が時限爆弾にほかならぬことに充分すぎるほど自覚的だった個人によって撮られた作品だという点で、そのことにはあくまで無意識だったムルナウの『サンライズ』とは明らかに異なっている。だが、それを後から来た者の特権として一般化するなら、『勝手にしやがれ』は、フランソワ・トリュフォーの『大人は判ってくれない』やクロード・シャブロールの『いとこ同志』と交換可能な題名となってしまうだろう。トリュフォーにとっても、ムルナウの『サンライズ』は映画史のもっとも美しい作品として意識されているからである。では、トリュフォーの『サンライズ』に対する姿勢は、ゴダールのそれとどのような差異におさまっているのか。

ゴダールにとって、『サンライズ』は、優れた作品である以前に、何よりもまず不在のフィルムとして意識されており、その意識において、ゴダールはトリュフォーと明らかに異なっている。『サンライズ』は、それがまず不在であったがゆえに、ゴダールにとって、いつ炸裂するのか見当もつかない時限爆弾たらざるをえなかったのである。彼自身の『映画史』の「3B」篇「新しい波」の、「なぜなら、真の映画とは、見ることのできない映画だったからである」という言葉が、その事実を立証している。「それはマリー・ダンカンではなかったか、ジャン＝ジョルジュ・オリオールよ」というゴダールが、そこで、見ることのできない不在のフィルムをあれこれ数え上げていたことを思いだしておきたい。マリー・ダンカン主演によるフランク・ボゼーギの神話的な作品に言及しながら、「だが、『河』を見ることは決してないだろう。それでもわれわれはそれを愛さねばならなかった、闇雲に、隅々まで」といいそえているように、ゴダールは、まだ見たこともない作品を愛することを通じて映画に目覚めたのであり、その倒錯性において、健康なトリュフォーとは異質な個体たらざるをえないのである。

いつでも「見ることのできる映画」なら、テレヴィジョン的な「安堵」の連帯を思わせる同時代的な感性にそって、それをあっさり「消費」しておけばよい。だが、映画においては、「見ることができない」にもかかわらず、あるいは「見ることができない」がゆえに「闇雲に、隅々まで」愛さずにはいられない作品というものが存在するのであり、そうした不在のフィルムだけが、時限爆弾たる資格を持つことになるはずだとゴダールはいう。

彼を同世代の映画作家たちから引き離しているのは、その自覚にほかならない。

実際、映画批評の先達オリオールがその妖しい魅力に言及していたフランク・ボゼーギ監督の一九二九年度作品『河』は、「闇雲に、隅々まで」それを愛すると心にきめたゴダールによって、いつ炸裂するか見当もつかない時限爆弾として意識される。同じ理由によって、ジェイ・レダがその重要さを指摘していたエイゼンシュテインの『メキシコ万歳』もまた時限爆弾として意識されるだろうし、ロッテ・アイスナーによって擁護されたムルナウのハリウッド時代の作品『サンライズ』もそれに加わることになるだろう。事実、「『サンライズ』の路面電車とともに」といいそえることをゴダールは忘れていない。「なぜなら、すでに忘れられ、なお禁じられ、つねに見えないもの、それがわれわれの映画だったのだから」。

では、「すでに忘れられ、なお禁じられ、つねに見えないもの、それがわれわれの映画だった」と断言するゴダール自身が初めて映画を撮ろうとするとき、その作品は、どのようにして、「すでに忘れられ、なお禁じられ、つねに見えない」という「われわれの映画」の域に達しうるのか。その処女作として、「すでに忘れられ、なお禁じられ、つねに見えない」映画を撮ることなど、はたして可能だろうか。

ゴダールは、その処女長編『勝手にしやがれ』を、できることなら時限爆弾として撮ろうとはしている。だが、「すでに忘れられ、なお禁じられ、つねに見えない」フィルムを改めて撮ることの不可能性を前にして、彼はあえて奇妙な設計ミスを演じてみせる。それは、爆弾に時限装置を装塡しそこなうという失敗にほかならない。事実、われわれが封切り当時に見た『勝手にしやがれ』は、発火時刻の設定以前に作動してしまった人騒がせな時限爆弾以外の何ものでもなかった。ことによると、そのときならぬ炸裂ぶりに虚をつかれたのは、ゴダール自身だったのかもしれない。その意味で、倒錯的というほかはないゴダールは、失敗することに成功することを選択したのだといえる。『気狂いピエロ』のフェルディナンの素っ頓狂な自死から『アワーミュージック』のオルガの自死同然の最期にいたるまで、ゴダールにおけるヒーローやヒロインの死は、いずれもそうした視点から考察されねばならない。それが失敗なのか成功なのか、語の正確な意味からは決定できないからである。

では、発火時刻の設定以前に作動した時限爆弾の炸裂を目にしてしまった者は、いったいどうすればよいのか。それは、『勝手にしやがれ』でゴダールを知ってしまった世代に共通する問題である。その時ならぬ炸裂の犠牲者は、この世界に無数に存在しており、彼ら——や彼女ら——は、いまなお、失敗の成功というゴダール的な倒錯を前に、「どうすればよいのか」とつぶやきつづけている。

いかにも不条理な時限爆弾の犠牲者として、そもそも時限爆弾など作ってはならぬといった道学者どもの退屈なつぶやきは、勿論、あらかじめ考慮せずにおくこととする。すでに述べたように、あらゆる映画が危険な時限爆弾だということぐらい誰もが経験として知っているからである。実際、いつ炸裂しても不思議ではない時限爆弾にみちた危険な環境に身をさらすことの緊張も知らずに映画を見ることなど、誰にもできはしまい。もちろん、時限装置など装塡していない映画もあるにはあるが――その方が数の上では多いのかも知れない――、そんなものは、その場であっさり「消費」しておけばよろしい。問題は、誰もが時限爆弾だろうとおよその見当をつけていた映画が、その時限装置の不具合によって、ときを移さず炸裂してしまった場合にどうするかなのだ。

普通なら、その人騒がせな設計ミスを犠牲者たちは非難するはずだ。時限爆弾なら時限爆弾にふさわしく、作動にいたる時間設定にしかるべき余裕を持たせておくべきではないかと誰もが口々に非難してもおかしくない。実際、スターリン主義時代のボリス・バルネットは、そのあたりの呼吸を誰よりもよく心得ていたといってよい。いまなお見ることのできない溝口健二の一九二〇年代の作品のほとんどは、まぎれもない時限爆弾だといえるはずだ。ハリウッド時代のフリッツ・ラングのように、その場であっさり「消費」されていたはずの映画が、いまなお炸裂の機をうかがっている時限爆弾だったという事態は、映画史にはいくらも存在するのである。だが、時限爆弾の設計に失敗するという企画にみごとに成功してしまうゴダール的な倒錯を前に、人は何を非難すればよいのか。その失敗をだろうか。それとも、失敗の成功を非難すればよいのだろうか。「どうすればよいのか」。人は、ここで改めて優れてゴダール的な疑問を口にせざるをえない。ごくありきたりな文脈にあっては、答えなど存在しようもない疑問である。人は、ただ、ゴダールによる時限装置の設計ミスを、ありうべからざる事態としてではなく、それさえが映画にとってはよくある事態だと受け止めねばなるまい。ゴダールだけがやってのけた始末におえぬ失敗の成功を、例外とみなして特権視してはならないのである。ゴダール以後の多くの映画作家が、いまなお、失敗の成功に失敗し続けているだけなのだと考えておけばよい。

そうこうするうちにも、あたりには、不穏な炸裂音が鈍く響きつづけている。われわれに必要なのは、あらゆる時限爆弾が同じものではないというごく当り前な差異の識別能力につきている。実際、『勝手にしやがれ』の煽りたてる炸裂音と『サンライズ』のそれとがまったく同じ響きに聞こえてしまったなら、それは映画の終わりを告げる弔鐘にほかなるまい。

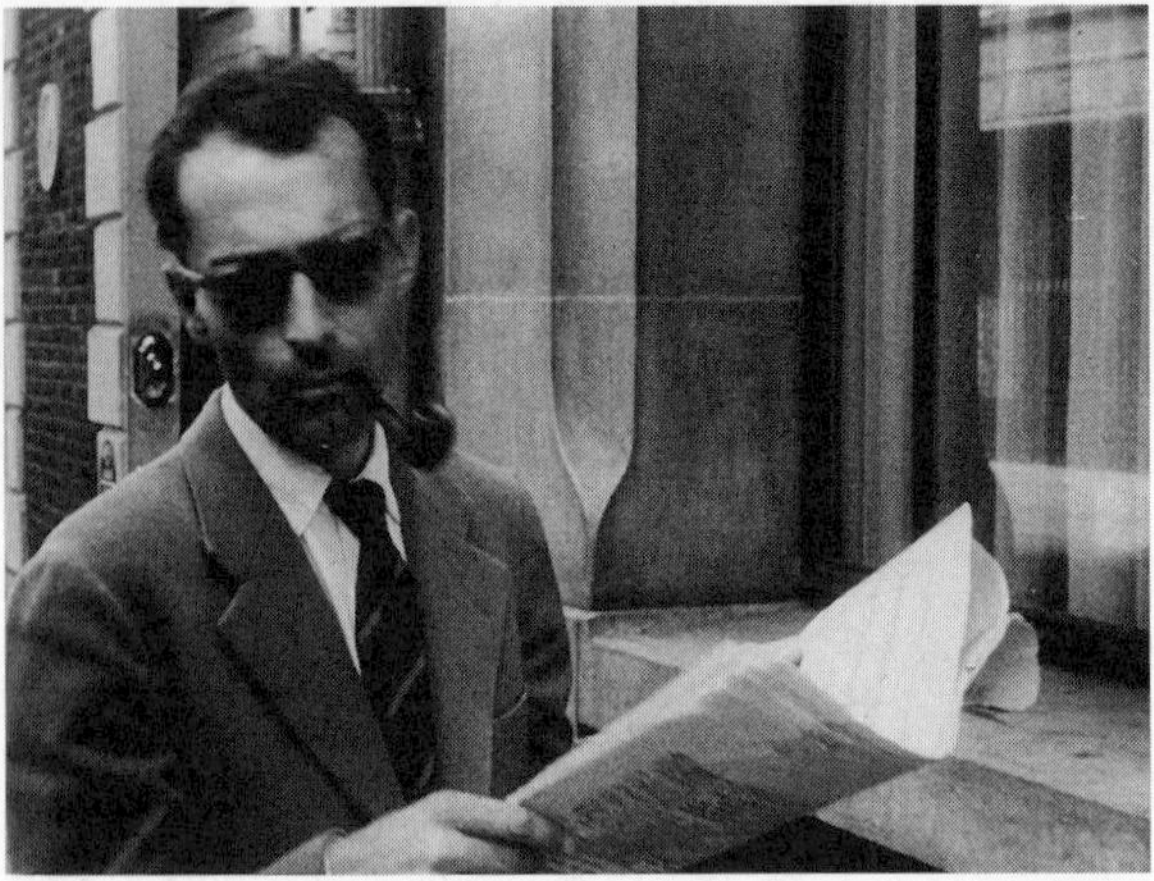

『勝手にしやがれ』

Ⅰ　映画作家は映画を撮る

破局的スローモーション

Le Gai Savoir

わたくしは映画を撮る。あなたは映画を撮る。あのひとは映画を撮る。わたくしたち、あなたがた、あのひとたちも映画を撮る。そしてジャン＝リュック・ゴダールもまた、映画を撮る。とするなら、ゴダールをも含めて、われわれのことごとくは映画を撮るのだと自信をもって断言すべきだろうか。

たしかに、わたくしたちの誰もが映画を撮っている。ゴダールも映画を撮っている。かつて撮ったし、こんごも撮ることになるだろう。その意味でなら、ゴダールはわれわれによく似た存在だとひとまずいうこともできる。だが、彼の撮る映画は、われわれの撮る映画にちっとも似ていない。誰も、ゴダールの『カルメンという名の女』のような映画を撮るものはいなかったし、こんごもいないだろう。『勝手に逃げろ／人生』についても『パッション』についても同じことがいえる。その意味で、ゴダールがわれわれの誰かに似ていたことなどかつて一度もない。

われわれの誰ともよく似ているゴダールの撮る映画が、われわれの撮る映画とちっとも似ていないという現象を、たとえば、「ゴダール現象」と呼ぶことにする。この現象を、映画の普遍的な現象だなどと勘違いしてはならない。なるほどアルフレッド・ヒッチコックは映画史に一人しか存在しない。彼の撮った作品には、ほかの誰にも真似のできない細工が周到にほどこされている。だから「ヒッチコック現象」はもちろん話題となりうるし、「フォード現象」にせよ「ウォルシュ現象」にせよ同様である。だが、「ゴダール現象」の特異性は、それが、そうした才能ある作家たちの個人的な資質とはまるで関係がないという点に存している。「ゴダール現象」はあくまでわれわれの問題である。しかもゴダールはそれからまったく自由な存在なのだ。ゴダールは、「ゴダール現象」を持っていないのである。

たとえば、「黒澤明現象」を想像してみるとどうなるか。あるいは、「フェリーニ現象」や「ベルイマン現象」をとってみても同じだろうが、それは、決してわれわれの問題としては提起されていない。「黒澤明現象」とは、なによりもまず、作家としての黒澤明の個人的な問題であり、黒澤明が映画を撮るのは、その問題を、あくまで個人的に解決するためでしかない。そしてその個人的な解決の仕方に、われわれが興味を示したり示さなかったりするだけなのである。フェリーニの『そして船は行く』にしてもベルイマンの『ファニーとアレクサンデル』にしても、個人的な問題が解決された結果として見るものにゆだねられているにすぎない。その限りにおいて、これらの作品は、黒澤の『乱』もそうだろうが、わたくしやあなたやあのひとたちの撮った映画と、ある程度似ているのである。黒澤明は、そしてフェリーニにせよベルイマンにせよ、いくらでも代置可能な名前であり、相対的に貴重な価値を持っているとはいえ、わたくしであったり、あなたであったり、あのひとであったりしてもいっこうに不思議ではない作家なのだ。われわれの誰もがそれなりに個人的な問題をかかえているように、彼らにも彼らの問題があるだろう。そしてその問題を解決すべく彼らの撮る映画が、比較的秀れているというだけのことである。つまり、黒澤やフェリーニやベルイマンは個性的な作家であり、それを実現するにふさわしい技術を身につけている。だから、他の追従を許さないという自信が彼らを支えることになるだろう。

　ところでゴダールは、いささかも個性的な作家ではない。「ゴダール現象」が「黒澤明現象」と異質の水準に位置しているのはそのためである。彼は、個人的な問題の解決のために映画を撮ったりはしない。自分の個性をきわだたせるための技法を身につけていて、それを題材に応じて駆使することを、独創的だと思ってもいない。彼は、かつて独創的であろうとしたことはないし、こんごもそうあることはないだろう。「ゴダール現象」があくまでわれわれの問題だという意味もそこにある。われわれが映画を撮るのは、個性的であろうとする意志を放棄しえないからにほかならない。映画を撮る以上は、スピルバーグでさえ、個性的たらざるをえないのだ。『スワンの恋』のシュレンドルフを見よ、『アマデウス』のミロス・フォアマンを見よ。こうした作家たちの映画の退屈さは、彼らの個性や独創性が画面を彩っているからにほかならぬ。

ジャン＝リュック・ゴダールは解決すべき問題を持たない。天才とは、きまってそうしたものなのだ。その周囲には、「ゴダール現象」というわれわれの問題しか存在しておらず、しかも彼はそれから徹底して自由である。もちろん、自由とは、傲岸さをいうのではない。恩寵の同義語であるところの優雅さこそが自由にほかならぬのだ。ゴダールは、雅びやかな寵児である。それ故に、彼は歓ばしき知と戯れる特権を持つ。にもかかわらず、その振る舞いがときとして傲岸無礼なものと映り、傍若無人な映画的身振りとして人をいら立たせたり、それを独創性の名において許容したりもするといった事態が起こるのは、われわれが「ゴダール現象」から逃れえずにいるからなのだ。そして、ゴダールその人が、われわれの問題にほかならぬ「ゴダール現象」を、われわれになり代わって解決してくれるのではないかなどとつい、期待してしまう。だが、恩寵である優雅さ、あるいは優雅であるところの恩寵を期待しながら映画を見たりすることほど、怠惰な振る舞いもまたとあるまい。いずれにせよ、期待とは、誤った問題なのである。恩寵とは、優雅さとは、期待の地平に形成されたりはしないし、期待を充たすという機能などもともと持ってはいないのだ。「ゴダール現象」とは、解決されることをいささかも求めはしない問題である。より正確にいうなら、隠された部分が徐々に視界へと浮上したり、未知の領域へと視線を誘ったりすることがなく、わたくしの、あなたの、あの人の、つまりはわれわれ全員の瞳におのれを万遍なくさらけ出した記号だというべきだろう。だから、それを問題と呼ぶのは語法の誤りだというに等しく、ほとんど問題ではありえないものこそが「ゴダール現象」なのである。われわれが彼にその解決を依頼したり、自分の手で解決しようとしてはならないのは、そうした理由による。

にもかかわらず、「ゴダール現象」が問題としてわれわれの前に提起されているかにみえるところに、「ゴダール現象」の微妙な難解さが存している。問題と呼べないはずのものを問題だと勘違いさせ、その解決に専念することがゴダールにふさわしい振る舞いだと思わせてしまう何かが、そのまわりに絶えず交錯しあっているからだ。ゴダールが厄介な作家であるのはそのためであり、彼が難解な問題を提起するからでも、それを独創的に解決してみせるからでもないことは、いまや明らかだろう。

Une femme est une femme

ジャン＝リュック・ゴダールは、解決すべき問題を持ったためしがない。その点で、彼は、個人的な問題を生涯にわたって解決し続けた個性的な作家たちとは、決定的に異なる存在である。同世代のクロード・ルルーシュを彼から距てている距離は、黒澤明をルルーシュから引き離している距離よりもはるかに遠い。黒澤明とクロード・ルルーシュ、あるいはヴェルナー・ヘルツォークでもフランシス・コッポラでも同じことだが、彼らは、いずれもゴダールと違って多かれ少なかれ個性的な作家にすぎず、それぞれ個人的な問題をかかえているからである。

ゴダールは解決すべき問題を持たない。だが、だからといって、彼が問題と無縁の存在でないことは明らかだろう。ゴダールのまわりには、無数の問題がいくつもめまぐるしく行きかっており、『勝手にしやがれ』から『カルメンという名の女』まで、またおそらくは新作の『こんにちは、マリア』から撮影中の『ゴダールの探偵』もそうに違いなかろうが、そうした問題を多彩に組み合わせたものが彼の折りおりの作品をかたちづくっている。

では、ゴダールにまといつく諸々の問題とは、どういうものであるのか。それは、疑問文におさまることのないごく単純な命題からなっている。『女は女である』という題名さながらに、ほとんど同語反復に近いごく単純な断定こそがゴダール的な問題なのである。女は女である。女とは何かと問うているのでもなく、これが女だと答えているのでもなく、ただ、女は女であるとつぶやくこと。ほとんどのゴダール的な問題は、この断言命題に似た簡潔さにおさまっている。

たとえば『勝手にしやがれ』の終わり近く、パトリシアとミシェルが最後の時を過すことになる晩、映画館を出てシャンゼリゼを車で下ってゆく二人が照明にはえるコンコルド広場にさしかかるとき、パトリシアの口から「密告するって、とても悪いことね」という言葉が洩れる。われわれは、彼女が刑事から尋問されていることをすでに知っているし、何やら物語が終わりに近づきつつある気配も感じとっている。画面は、広場を彩るいくつもの街灯を視界に捕えつつ移動する自動車の運転席に位置するキャメラによって撮影されたもので、その移動する画面にはベルモンドもジーン・セバーグも映ってはおらず、ただ、ハンドルを握っているはずの男の声だけが、画面外から聞こえてくる。

いや、当り前だと思う。密告者は密告する。泥棒は泥棒する。殺人者は殺人する。愛する者たちは愛しあう。……みてごらん、コンコルド広場はきれいだろ。

密告者は密告し、泥棒は泥棒し、殺人者は殺人する。女は女であるに似たこの単純な断言命題こそ、ゴダールにとっての問題なのだ。もちろん、その問題には宿命など微塵も影を落としてはいないし、冷笑的な彩りもはじめから不在である。われわれは、ベルモンドの台詞として口にされるその簡潔な文章の連なりの中に、作品をかたちづくっている問題の組み合わせを直截につかみとる。『勝手にしやがれ』には、事実、密告と、泥棒と、殺人と、愛という四つの問題が流動的に交錯しあってその時間的＝空間的な構造をかたちづくっている。いささか性急ながら、それが物語を要約する四つの単語だとさえいえるだろう。

ミシェルは自動車を盗む。これが泥棒は泥棒するという問題だ。そして彼は、逃亡中に警察官を殺す。殺人者は殺人を犯すという問題である。そして一人のアメリカ人女子学生を愛し、彼女の愛を得る。愛する者たちは愛し合うという問題がそれだろう。そして彼女に裏切られて息絶える。文字通り、密告者は密告するという問題がそれにほかならない。だが、肝腎なのは、このベルモンドの台詞が物語を巧みに要約しているという点ではない。それぞれの短い断言命題の同語反復的な形式そのものがゴダール的な問題なのである。そこにあるのは、密告とは何かという形而上学的な疑問ではないし、密告はよくないことだという倫理的な結論でもない。つまり、解決さるべき問題が提起されてはいないのである。人は、ただ、殺人者は殺人を犯すという命題を一つの運動として目にするのみである。殺人者であるが故に人を殺すのだと、人が納得するのではない。人を殺した以上は殺人者

『勝手にしやがれ』ジーン・セバーグとジャン＝ポール・ベルモンド

たらざるをえないと納得するのではない。普遍的な真実と個別的な真実との有無をいわさぬ一致ぶりに驚くというのでもない。理由によっても結果によっても説明しがたい事態が、そこに生起していることの呆気ない唐突さに戸惑うほかはないのである。その呆気ない唐突さとは、たとえばミシェルとパトリシアの次の会話に如実に感知しうるものだろう。

どうしてきみはぼくを見つめるんだい?

だってあたしはあなたを見つめてるんですもの。

これはたぶん期待された答えとはいえないものだろう。だが、おそらくは、問題そのものが誤って提起されているのだというべきなのかもしれない。ここでは、どうしてとだっての二語が明らかに余分なのであり、「きみはぼくを見つめる」、「あたしはあなたを見つめる」と口にしあえばそれでもう充分なのだ。そして、この同じ言葉の反復こそがゴダール的な問題にほかならない。

女は女である。密告者は密告する。この二つの命題にどうしてとだってを加えてみよう。「どうして女は女であるのか」、「だって女は女であるからだ」、「どうして密告者は密告するのか」、「だって密告者は密告するからだ」。そこに形成されるのは、ミシェルとパトリシアの会話とまったく同じものなのである。

こうしてみると、ゴダールにおける問題がいかなる点でわれわれの問題と違っているかが明らかになろうかと思う。彼の単純きわまりない断言命題は、いつでも、どうしてとだってを排したかたちで、そのいずれにも触れることなくその中間に形成されるものなのだ。ゴダールが解決すべき問題を持たず、しかもさまざまな問題の交錯しあう場に位置しているとは、そうしたことをいう。一般に問いと答えといわれる二つの身振りから出発するのではなく、またそこに到達することもなく、その中間にとどまりながら同じ単語、同じ文章の反復としてしか形成されえない言葉、それがゴダール的な問題のあり方にほかならない。だとするなら、「ゴダール現象」とは、われわれが、ゴダールはゴダール的であるという断言命題に満足しえず、そこに幾つものどうしてやだからを書きそえねば気がすまないときに生まれ落ちる誤った問題ということになるかもしれない。

Vivre sa vie

いまや、「ゴダール現象」ではなく、ゴダール的な問題に接近を試みなければならない。くり返すが、それはゴダールが解決すべく持っている問題ではなく、彼自身に所属することなくそのまわりに交錯しあっているごく単純な同語反復にすぎない。つまりゴダールは女性問題をとりあげるのではなく、女は女であるという命題に含まれる女という単語のごく素気ないくり返しの磁力に身をさらすのである。密告や殺人や盗みや愛が問題となるのも、そのようにしてであったのだから、われわれは、いま、それに似た同語反復を、ゴダールのまわりにいくつも指摘してみることができる。

たとえば、売春婦は売春する、これがゴダール的な問題である。姦通者は姦通するというのもそうだろう。あるいは、労働者は労働する、失業者は失業する、闘争者は闘争する、連帯者は連帯する、嘘つきは嘘をつく、逃亡者は逃亡する、迷う人は迷う、といったものはまぎれもなくゴダール的な問題である。さらには、ブルジョワはブルジョワ的である、破局は破局的である、誘惑は誘惑的である、卑怯者は卑怯である、想像は想像的である、といったものもそうだろう。恐怖は恐ろしい、悲しみは悲痛である、孤独は一人ぼっちである、なども それにあたる。そしておそらく、映画作家は映画を撮るという断言命題がゴダール的な問題となるのもそうした理由によるのだろう。事実、ゴダール自身が第二の作家生活の始まりのようだと素直に告白している『勝手に逃げろ／人生』いらいの作品は、いずれも映画作家を主人公としており、そこでは、『パッション』にしても『カルメンという名の女』にしても、映画作家は映画を撮るという問題が、失業、売春、労働、姦通、嘘、闘争、恐怖、破局、誘惑、等々といった諸々の問題と複雑にして単純なる戯れを演じている。そしてこの戯れは同時的かつ相互干渉的であり、そこに特権的な問題というものは存在しない。

たとえば『カルメンという名の女』では、ジャン＝リュック・ゴダール自身によって失業中の映画監督ジャンが演じられているが、そこには、映画作家は映画を撮るという問題を抑圧するかたちで失業者は失業するという問題がことさら強調されているわけではない。これまでの彼の作品がそうであったように、失業問題など描かれてはいないのであり、映画作家は映画を撮ると、失業者は失業するとが、ともに同じ資格で干渉しあいつつ、ほかの問題を引き寄せたり排斥したりしているだけなのだ。映画の問題と失業の問題は、解決さるべき問題とはおよそ遠いかたちで、映画を撮り、失業することとして、つまりは理由と結論を宙に吊るかたちで反復的に生きられているだけである。

おそらく、ゴダールにあって人を苛立たせるものは、このあっけらかんとした反復性にあるのだろう。どうしてでもなく、だってでもなく、ひたすら女は女であるとのみ命題が提示されるとき、人は自分が馬鹿にされていると思う。あるいはそれをあえて言表する主体を馬鹿だと思う。重要なのは、失業者が失業するということではない。なぜ失業が問題となり、その問題がいかなる事態を招き寄せているかを語らない限り、何も言ったことにならないではないか。殺人者は殺人するにしても同じことだ。なぜ、彼は人を殺さねばならなかったのか、またその結果、彼はどんな境遇に陥らねばならなかったのか、それを語って見せなければ意味がない。姦通者は姦通するのだと。そうではない。重要なのは、その社会的かつ心理的な必然を示すことにある。これこそ現代の病理だと納得しうる文脈をつくりあげねば、映画作家とはいえまい。

そうした考えの持主にとって、ゴダールの映画は浅薄であり、軽率であり、図式的であり、要するに深い思考を欠いた気取り屋の冗談としか映らないだろう。映画作家が映画を撮る、当り前ではないか。そんなことより、フェリーニの『8½』でのように、監督の内面の苦悩、孤独感、想像力の揺れ、といったものを個性豊かに描いてみるがよかろう。

たしかに『パッション』は、『8½』のように映画作家の喜びや苦しみを個性豊かに描いた作品ではない。だが、そのさまざまな問題が、映画作家は映画を撮るという問題を特権的にきわだたせるべく配置されようとはしないところに、ゴダールのフィルムの特質が存している。あらゆる問題がともに同じ資格で干渉しあい、その衝撃が無方向に拡散しながら、次なる相互干渉の契機を自在に組織してまわるときのしなやかなめまぐるしさともいうべきもの、これがゴダール的な問題の開かれた魅力にほかならぬ。『女と男のいる舗道』の原題にあたる自分の人生を生きるとは、まさしくその開かれた問題としてあるいくつもの断言命題なのだ。女は女であるも自分の人生を生きている。密告者は密告するも自分の人生を生きている。映画作家は映画を撮るも人生の生き方の一つにほかならない。こうしてゴダール的な問題は、無数の断片的な人生が交錯しつつ生きられる場となるだろう。

その意味で、ゴダールの映画とは、人生の断片の偉大なる集積にほかならない。偉大なる集積といっても、巨大な記念碑を思わせる建築物ではなく、その一点で複数の人生の断

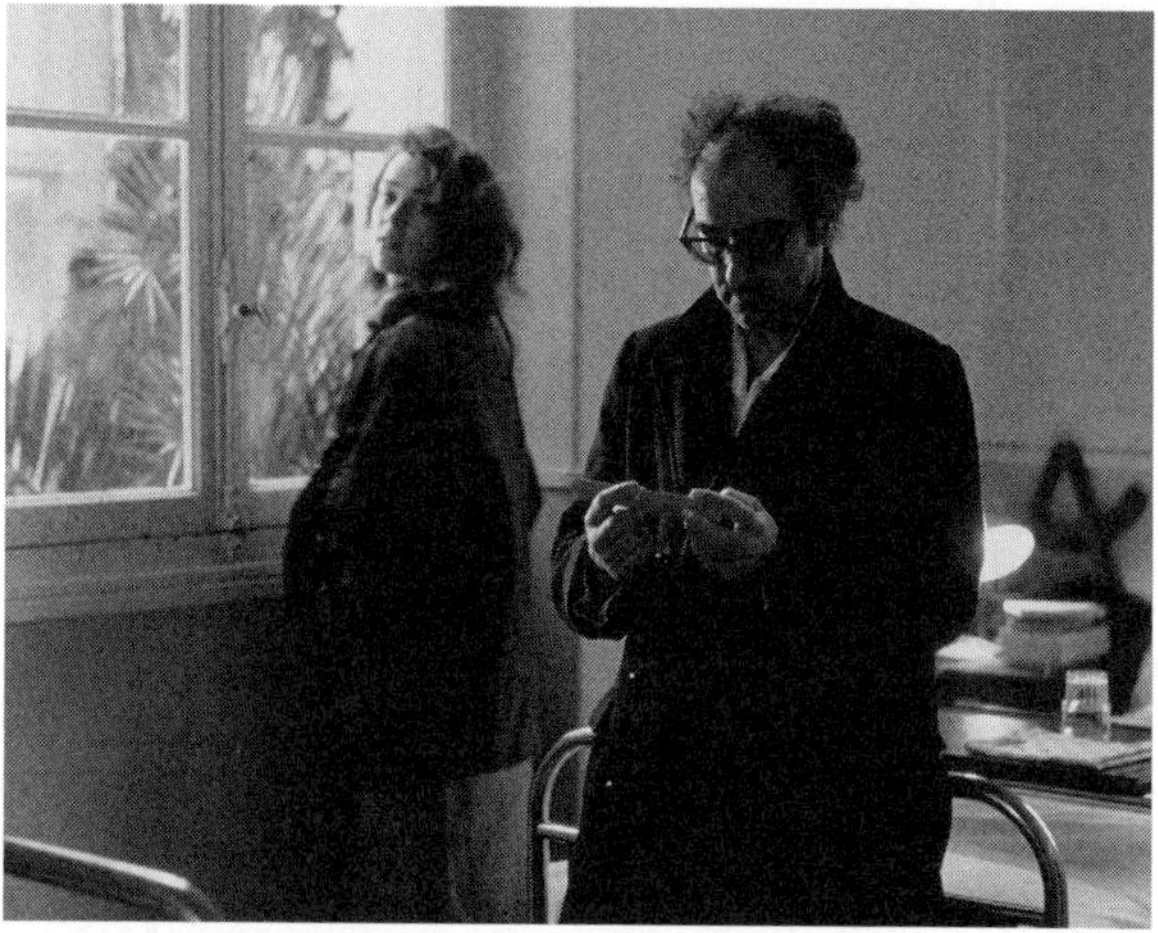

『カルメンという名の女』マルーシュカ・デートメルスとジャン＝リュック・ゴダール

片が同時に交わりあって、たえず表情を変えてゆくフィルムがゴダールの映画なのだ。生涯のあれやこれやの局面が程よい展開を示す映画ではなく、そのつど現在の多様性がきわだってくるという人生の映画、解決さるべき問題としての人生ではなく、どうしてという問いもだってという答えも形成することのない、いくつもの言葉が、同じ言葉の反復として生きられ、衝突しあい、たがいに引きよせ、反撥し、不意に融合しあう場としての人生。生涯の物語ではなく、そうした映画を撮る人生の人ゴダール。そのとき、彼のフィルムの上では多くの遭遇が演じられることになるだろう。女は女であるは、あるとき女は映画を撮るとなろうし、映画作家は映画を撮るは映画作家は姦通するとも、映画作家は密告するともなるだろう。

　こうして、人生の映画にあっては思いもかけぬ組み合わせが可能となる。恐怖は恐ろしいと想像力は想像的であるが衝突すれば、恐怖は想像的であるという断言命題を現実のものとして生み落す。あらゆる組み合わせの潜在的な可能性ではなく、具体的に現勢化されるものが重要なのだ。事実、あらゆるゴダールの映画は、そのつど、理由の説明を欠いた唐突さで、その組み合わせが決定的なものであることを証言することになるだろう。たとえば『カルメンという名の女』であれば、映画作家は映画を撮る、女は女である、殺人者は殺人する、泥棒は泥棒する、失業者は失業する、嘘つきは嘘をつく、逃亡者は逃亡する、誘惑は誘惑的である、卑怯者は卑怯である、孤独は一人ぼっちであるといった断言命題が交錯しあい、そのつど、決定的な組み合わせを生み落として行くことになるだろう。そして見る者は、誘惑は誘惑的であり破局は破局的であるという二つの問題が、誘惑は破局的であるという問題へと媒介なしに推移する過程に立ち合い、それが人生だと理由もなく納得する。その納得は、映画は人生だという断言命題を唐突な自然さで導き出すことになる。この唐突な自然さこそ、ゴダール的な、あの優雅な恩寵というか、恩寵であるところの優雅さにほかならない。そこでは混濁と明晰さとが、悲痛さと甘美さとが、夜と昼とが、とりわけ女と男とが、直接的な語らいを演じている。そして、どうしてとだってを排した中間的な時空で、現実と虚構とが同語反復的な戯れをかたちづくり、形成された瞬間に、その戯れはあたりに衝撃を波及させつつ消滅してゆく。

Sauve qui peut (la vie)

映画は人生である。人生の中に映画があったり、映画が人生を描いたりするのではない。人生が、映画なのである。

このゴダール的な断言命題は、いくつもの問題を招きよせ、不意に予測を超えた組み合わせを導き出すという言葉で、つねに開かれているといえる。『気狂いピエロ』に登場するサミュエル・フラーがパーティーの席で口にする一連の映画の定義は、そうしたゴダール的な問題の提示としてうけとめられねばならない。

映画は戦場である。愛である。憎悪である。行動である。暴力である。死である。感動である。英語で発音された直後にフランス語へと律儀に翻訳されて行くこれらの単語は、まさしくどうしてとだってを排した同語反復をかたちづくっている。その即興的な言い換えは、次々に映画の豊かな表情を描きあげるためのものではなく、問題の多様な断片性を示すものだ。

たとえば、映画作家は映画を撮るという問題と破局は破局的であるという問題とが干渉しあった場合、映画作家は破局を撮るという命題が生まれることになる。この命題は、人生は破局的であるとほとんど正確な同語反復といってよかろうが、そこに、現代社会への悲観論的な展望を読みとったりするのは徹底的に間違っている。人生が破局的であり、映画作家が破局を撮るのであれば、そこで遭遇することになる問題の断片が波及させる刺激は、ごく自然な唐突さで、ゴダールから数学者は映画を撮るという命題をも導き出してしまうのだ。

数学者は映画を撮る。このゴダールの断言にどうしてと問い、だってという答えを引き出そうとするのは無駄である。ゴダールは、自身の周囲に行き交っている問題の力をうけとめながら、『カタストロフィーの論理』の著者を映画作家だと信じこみ、ルネ・トム教授に涼しい顔で合作を申し込む。私は映画作家として一貫して破局＝カタストロフを撮り続けてきた。あなたも一貫してカタストロフィーを論じてこられたのだから、映画作家に違いない。

最近のインタヴューによると、数学者ルネ・トム教授は、この提案をまったく理解しなかったらしい。おそらくゴダールは、ルネ・トム教授の著作を、どうしてとだってを度外視してもっぱら問題の交錯しあう場としてうけとめたのだろう。このフィールズ賞受賞者は、まるで、『勝手に逃げろ／人生』や『パッション』や『カルメンという名の女』の映画作家と同じ問題を共有している。それなら、破局は破局的だという断言命題に彼も敏感な反応を示しているに違いない。

だが、ルネ・トム教授は、映画作家ゴダールの提案に「なぜ」という反応を示し、「なぜなら」という説明を求めてしまったのだ。つまり、あのひとは映画を撮るというそのあのひとでありえたはずの教授は、ゴダール的な問題の場に自分を置くことができなかったということになろう。彼は、どうしてとだってによって問題を閉じてしまったのである。ルネ・トム教授にとっての数学は、ゴダールにとっての映画がそうであるように、人生ではなかった。彼は、黒澤明やフェデリコ・フェリーニ、あるいは、イングマール・ベルイマンが映画を撮るように数学を論じているのだろう。

映画は人生だという問題を共有する映画作家の撮る映画を前にして、ゴダールは、ただひとこと、これは映画だとつぶやく。これは批評家時代から今日まで変わることのない一貫した姿勢だといってよい。どうしてそれが映画なのかという問いも、だってという理由の説明も必然とせず、ただ姦通者が姦通し、密告者が密告するように映画作家が映画を撮ったとき、彼は、映画は映画であるという問題に遭遇するのである。

　映画は映画であるという断言命題は、しかし、単なる同語反復ではない。ゴダールがたまたま母国語として持ってしまったフランス語は、個々の作品としての映画をフィルム＝film、機構であり構造でもある映画をシネマ＝cinémaと呼んでいる。したがって、これは映画だという場合の映画には、シネマの一語が選ばれる。彼が、感嘆の念とともに思わず洩らしてしまう讃辞は、それ故、このフィルムはまぎれもないシネマだということになる。批評や攻撃は、ごく当然のことながら、その関係を組み換えればよろしい。これはフィルムではあるが、シネマではない。つまり、作品としてはよくできているが、最終的には映画が何たるかを理解していないというのがその意味である。「カイエ・デュ・シネマ」誌によった「ヌーヴェル・ヴァーグ」の連中が顕揚した「作家理論」とは、まさしくそれなのだ。「作家」とは、これはまぎれもないシネマだという感嘆をつぶやかせてしまうような映画作家をいう。つまり、フィルムの問題ではなかったのである。

　だが、映画は映画であるという断言命題は絶対的なものではない。ゴダール的な問題は不断の組み換えを生きている以上、二五年も昔の断言が今日の問題たりえないことをゴダールは意識している。現在、これはフィルムだという言葉は批判たりえなくなっていると彼はいう。いまなら、これはフィルムではないと明言しなければならない。事実、フィルムとシネマとの関係の歴史的な推移に無感覚なまま、いまだに「作家理論」を口にしても始まらないのである。ゴダールにとっての映画史とは、いかなる断言命題も決定的なものではないという確認の歴史にほかならない。問題は、その組み合わせが不断に位置を変え、運動し、交換され、代置され、抹殺され、捏造されてゆくものだからだ。

Passion et/ou Slowmotion

ジャン゠リュック・ゴダールには、しばしば疾走の比喩がつきまとう。それは、おそらく、問題の組み合わせがめまぐるしく変化するその変貌ぶりの激しさが与える印象なのだろう。だが、脱兎のごとく走り出すという走者のイメージほどゴダールの映画から遠いものもまたとあるまい。スピードが、かつてゴダール的な問題であったことなどないからである。ごく短いショットの素早い編集が煽りたてる速さの錯覚、激しい運動を追う移動撮影が印象づける疾走感といったものは、皆無というほかはない。ゴダールにあっては、逃亡や追跡さえが逡巡や迂回や停滞にみちており、その軌跡は決して直線におさまらないのである。実際、『気狂いピエロ』のベルモンドとアンナ・カリーナとは、真一文字に南を目指しただろうか。『カルメンという名の女』のジャック・ボナフェとデートメルスとは、真一文字に北を目指しただろうか。国道ぞいのスーパーでの万引き男の挿話は、逃亡者は逃亡するという問題に斜めから介入する泥棒は泥棒するという問題として、疾走の速度と直線性とを大がかりに軽減させている。われわれがゴダールに見るものは、こうした逡巡であり、迂回であり、停滞なのだ。にもかかわらず疾走の比喩がゴダールにつきまとうのは、人びとが、変化の唐突さと走行のスピードとをとり違えているからにほかならぬ。逃亡者がその逃げ足の速さを誇ったりすれば、ゴダールの映画はフィルムとなる以前についえさるほかはあるまい。

なるほど、ゴダールにあっても人は走る。だがその足どりは、『勝手にしやがれ』の最後でのベルモンドの瀕死の走行のように、いかにもおぼつかないものである。彼らは、過去から未来へと一目散に駆けぬけたりはしない。ゴダールにあっての走る者たちは、現在と定かならぬ未来の一点の間をもどかしげにさ迷うばかりだ。『カルメンという名の女』の不運なドン・ホセことジョゼフは、自分のまわりにめぐらされている犯罪計画の全貌を知りえぬままに、ただ「あとで教えてあげるわ」という女の言葉に含まれるあとでといまとの間に宙吊りにされる。その宙吊りの時＝空こそ『勝手に逃げろ／人生』の英語題名としてゴダール自身によって選ばれたスローモーションの一語が意味するものにほかならぬ。スローモーション。『勝手にしやがれ』のベルモンドの逃亡は、まぎれもなくスローモーションの疾走ともいうべきものだ。技法としての超高速度撮影こそ行なわれてはいない

『勝手に逃げろ／人生』ナタリー・バイ

が、そこでの空間と時間とはゆるやかに引きのばされてゆく。そして、『勝手に逃げろ／人生』の映画を撮らない映画作家ポール・ゴダールを演じるジャック・デュトロンは、文字通りのスローモーションによって、スローモーションの死を生きることになるだろう。別居中の妻と娘とに駅前の雑踏で出会い、ふと言葉をかわし、あとずさり気味に二人から遠ざかるデュトロンは、さしてスピードを出していたわけでもない自動車にはねられ、路上で引きのばされた死を演じる。そのゆるやかなスローモーションは、恐怖は恐ろしい、孤独は一人ぼっちである、卑怯者は卑怯である、破局は破局的であるというりくつもの同語反復的な断言命題を画面に点滅せしめるに必要なだけ時間を引きのばしてゆく。だが、それにしても、人はこれほど抒情から遠いスローモーションを見たことがあるだろうか。ゴダールは悲劇的である。それは、彼の撮る映画が引きのばされる隙間のフィルムだからである。二つのものに引き裂かれる悲劇というのであれば、それはいつだって抒情的な物語となってしまう。引き裂かれる魂、引き裂かれる肉体というものは、いつでも自分の問題を所有している。そして、可能な二つの答えを前にして苦悩するのだ。その意味で、彼の映画はいささかもシェイクスピア的でない。to be or not to be の二者択一ほどゴダール的ならざるものもまたとあるまい。to be と not to be の間にはいかなる隙間も存在していないからである。

かくして、ゴダールの世界はハワード・ホークス的なものとなる。つまり、to have

and have not というのがその世界の悲劇的な表情にほかならない。二者択一的な価値を持つ接続詞 or と二者付加的な価値を持つ接続詞 and の違いは決定的だ。前者は、二項の間の隙間をあらかじめ認めようとはしていないからである。ホークスの『脱出』の原題にあたる to have and have not は、隙間を前提としている。それは、『ワン・プラス・ワン』の隙間でもあるし、『ヒア&ゼア・こことよそ』との間の隙間でもあるだろう。

ゴダールの人物たちは、しばしば二つのものの間で迷うといわれる。だがそれは、二者択一を強要されたものの苦悩ではない。彼らは、確かに、「わからない」の一語をつぶやいて未決断の状態に落ちこむ。たとえば『軽蔑』のブリジット・バルドーは、やがて軽蔑の対象となるはずの夫ミシェル・ピッコリに向かって、自分の乳房と乳首とのどちらが好きかとたずねる。「わからない、両者とも好きだ」というのがその答えである。そのとき問題になるのは、隙間の拡がりなのだ。そしてほとんどのゴダール的な人物は、その拡がりの中に自分を置く。それが隙間の悲劇性にほかならない。そしてゴダール的な問題とは、どうしてとだってのわずかな隙間をおし拡げるゆるやかな運動、つまりスローモーションとして生きられることになるだろう。その状況を受難と呼ぶ。つまり『パッション』である。そして『カルメンという名の女』の原題 *Prénom Carmen* とは、名前と名前の前との間の隙間をわれわれの前におし拡げてみせる。そしてその隙間に、いくつもの問題が行きかうことになる。そこでの問題の群の戯れに身をさらすこと、それが人生であり、また映画なのだ。

映画は、昼と夜との隙間にそっと自分自身を滑りこませる。昼と夜との間のわずかな拡がりにあるもの、それが光である。映画館とは、昼と夜との間に走りぬける光の領域である。光線が悪いから映画は撮れないと『パッション』の映画作家はいう。彼は、昼か夜かを選択しなければならないのではない。昼と夜との隙間をおし拡げようとしているのだ。光線がうまくないとイエジー・ラジヴィオヴィッチは口にする。だが、本当だろうか。われわれが『パッション』で目にする照明は、どれもこれもみごとなものだ。彼は、嘘をついているのである。照明はちっとも悪くはない。『パッション』の面白さは、誰も、どうしてそれが悪いのかと聞いてはいないし、映画作家もまた、だってという理由の説明をまったく行なっていない点にある。つまり、照明技術の問題が提起されているのではなく、映画作家は、迷う者は迷うという断言命題の磁力に身をさらしているだけなのである。照明が悪いから迷うのではない。映画と人生との二者択一に悩んでいるのでもない。その間に拡がるほんのわずかな隙間にさしこむ光が見えていないことの悲劇性を前にして、逡巡し、迂回し、停滞しているだけなのだ。映画作家イエジーをためらわせているものは、わたくしのように、あなたのように、あのひとのように、つまりわれわれのように映画を撮ってしまうことへの恐怖である。

光は、個人的な問題の解決を容易ならしめる技術的手段であってはならない。また、われわれになりかわって「ゴダール現象」を解決するものとして、光線や照明が利用されてもならない。光は恩寵であり、優雅さなのだ。恩寵＝優雅さとしての光を期待するのは、誤った問題の提起というものだろう。ゴダールにあっての光は、解決されることがあってはならない問題なのである。

Ⅱ　映画作家は映画から遠く離れる

「白痴」の帰還

A　隠棲

交通事故（一九七一）

あと六カ月ほどで四一歳になろうとしていた映画作家ジャン＝リュック・ゴダールは、あたかも自分自身の肉体に聖なる傷痕をくっきりと刻みつけようとするかのように、いきなり派手なバイク事故に巻き込まれて意識を失う。一九七一年六月九日、パリの街頭でのことである。

自分が操縦していたわけではない二輪車のライトバンへの予期せぬ接触で空中高く放り

出されたゴダールは、落下のショックで全身にしたたかな打撲を蒙り、重傷患者として病院にかつぎ込まれる。肋骨が五本折れ、膝に重傷を負い、脳にも強い衝撃を受けていたというのが医師の診断である。一時は「危篤」という風説すら流れたこの不慮のできごとには、誰もがいたく驚かされたものだ。しかし、それはまた、あのゴダールだけに許された特権的な――たとえば、自殺の失敗にみごとに成功するというかのようないかにも矛盾しきった――身振りのようにも見えたのである。突然の衝撃に「朦朧とした」と回想しているが、かりに一瞬にせよ、彼が二四歳のときに自動車事故で他界した母親のことが、そのときジャン＝リュックの脳裏をよぎりはしなかっただろうか。一九三一年にムルナウの命を奪ったカリフォルニア州サンタ・バーバラの自動車事故のことが、その脳裏をよぎりはしなかったのだろうか。

実際、ゴダールの交通事故には、何かしら遺伝的な要素や文化的な模倣性が拭いさりがたく影を落としている。この時期の彼の身に不慮の災難が訪れようとは誰ひとり思ってもいなかったのだが、いったんそれが現実に起こってしまうと、それが母親譲りの交通事故でしかありえなかったことや、大作家の最期に類似するしかなかったことを、誰もがあっさり納得するほかないのである。母親やムルナウの生命を奪ったそのできごとは、ジャン＝リュックに死をもたらすことはなかった。それは、失敗なのだろうか、それとも成功なのだろうか。

一九七一年当時のゴダールとは、何よりもまず、処女長編『勝手にしやがれ』（一九五九）から『ワン・プラス・ワン（悪魔を憐れむ歌）』（一九六八）まで、実質一〇年にもみたぬ間に、一五本を超える長編作品を涼しい顔で撮りあげてみせた世界的な「流行作家」である。そこに人々が見ていたのは、いっさいの遺伝的な振る舞いを無視するかのような、むしろ係累なしの突然変異体がやってのける始末におえぬ身振りにほかならない。

実際、ゴダールなどという傍若無人な現象を映画はこれまで見たことがなかったのである。『勝手にしやがれ』がモノグラム社の《B》級映画に捧げられていたことをいくら頭で理解していようと、どうしてこんな映画がこの時期のフランスでいきなり撮られてしまったのか、誰にも理解できなかった。『勝手にしやがれ』につづく『小さな兵隊』が政治的な理由で公開禁止になったとき、人々はむしろほっと胸をなでおろしたのだが、それでいながら、彼のもとにはいきなり多くの依頼が殺到し始める。『新・七つの大罪』（一九六二）の一編『怠けの罪』から『福音書70』（一九六七）の一編『放蕩息子たちの出発と帰還』にいたるまで、彼は中編映画も無数に撮っているが、国際的に名高い監督たちを動員して作られるオムニバス映画の企画に、ゴダールの名前はいつのまにか必須のものとなっていたのである。とりわけ、『ベトナムから遠く離れて』（一九六七）でみずからを被写体とした彼が、キャメラを凝視するようにして語ってみせた映像が強い衝撃をもたらしたので、ゴダールという名前のみならず、あの黒眼鏡をかけた顔そのものが、六〇年代の世界映画を代表してしまったのである。

当初はクロード・シャブロールとフランソワ・トリュフォー、それにゴダールという三つの名前で代表されていた「ヌーヴェル・ヴァーグ」も、六〇年代の後半になると、あたかもゴダール一人が背負っているかのように見えたものだ。ところが、一九六八年五月パリの擬似革命的な雰囲気が、この傍若無人な「流行作家」を一挙に変質させる。スペイン内戦にも、対独レジスタンスにも、アルジェリア戦争にさえ「間に合わなかった」ゴダールにとって、時代とまがまがしく対峙する願ってもない機会だったからである。

もっとも、山田宏一の『友よ映画よ、わがヌーヴェル・ヴァーグ誌』（平凡社ライブラリー）によると、若い監督たちがその年の五月のカンヌ国際映画祭を中止においやったとき、ゴダールは僚友のトリュフォーほどラディカルな言辞を弄したりはしなかったらしい。だが、パリに戻り、16ミリキャメラをかついで騒然とした街頭をかけずりまわり始めた彼は――六月から八月にかけては『ワン・プラス・ワン』の撮影のためにフランスを離れはするのだが――ラディカルな映画作家である自分を不意に発見し、無署名の「アジビラ映画」を何本か撮る。以後、ゴダールという作家の署名で映画を作ることをしばらく放棄することになるゴダールは、「造反有理」を口にしながら商業的な映画界からも遠ざかり、「毛沢東主義」へと急速に接近する。その過程で、僚友トリュフォーとの仲も疎遠にならざるをえない。「カイエ・デュ・シネマ」誌の編集委員会の名簿からも、ゴダールの名前はいつしか姿を消している。六八年五月は、彼と映画との関わり方を、明らかに変えたのである。それと同時に、この傍若無人な突然変異体の映画との新たな関わり方が、映画そのものをわずかながら変化させることになるだろう。

「政治的な映画を撮る」のではなく「映画を政治的に撮る」こと。六八年五月以降のゴダールは、そうしたスローガンのもとに匿名性に埋没し、『ブリティッシュ・サウンズ』、『プラウダ（真実）』（一九六九）、『東風』、『イタリアにおける闘争』（一九六九―七〇）、『ウラディミールとローザ』（一九七一）などをたてつづけに発表する。いずれも、ジャーナリスト出身で「マルクス＝レーニン主義共産主義青年同盟」の活動家だったジャン＝ピエール・ゴランとの共同作業による「ジガ・ヴェルトフ」集団の作品である。ジガ・ヴェルトフ（一八九六―一九五四）とは、いうまでもなく、『これがロシアだ（カメラを持った男）』（一九二九）などで知られるソ連の前衛的な映画作家であり、構成されたニュース映画ともいうべき「キノ・プラウダ（映画・真実）」の活動で名高い。この時期、ある種の誤解から彼が「修正主義」的な映画作家と見なしていたエイゼンシュテインではなく、あえてヴェルトフの神話的な名前を借りうけることで、ゴダールは「真実」と映像とのあるべき関係を模索し始める。

こうした政治的な選択による「匿名性」が、ゴダールの個人的な「有名性」によって初めて可能となったことはいうまでもない。途方もなく有名であるが故に初めて可能となる無名性への埋没といういかにもマスメディアの時代にふさわしいこのあからさまな矛盾と、ゴダールは戦略的に戯れることになるだろう。彼が交通事故にあったのは、パレスチナ革命中央委員会からの依頼で「ジガ・ヴェルトフ」集団が撮った『勝利まで（パレスチナ革命の思考と活動の方法）』の編集作業に行き詰まり、ほとんどそれを放棄しかかっていた時期にあたっており、彼は、自殺の失敗にみごとに成功してみせる必然のさ中に生きていたのだといえる。

考えてみるまでもなく、六八年五月以前の彼の視界には、そうした失敗の概念も成功のそれも浮上していなかったはずである。ただ、そうした矛盾が不意に顕在化しても不思議でない潜在的な資質ともいうべきものが六〇年代の彼の作品にはりつめていたという不穏さを、人々は事後的に理解していたのかもしれない。

集団から匿名性へ

事故のショックから回復してから、まともに歩くには病院での二カ月半のリハビリが必要だったのだから、この入院生活はゴダールを長期にわたって映画から遠ざける。事故の瞬間、死という概念はまったく心に浮かばなかったというのだが、不意のバイク事故の余波を入院患者としてくぐりぬけた彼は、その肉体に刻みつけられた傷痕によって、みずからの「聖化」を強く意識せざるをえない。その意味で、このバイク事故には、彼自身によって口にされることになる「ゴダール Godard の中には神 God がある」という言葉がまんざら冗談でもないと思わせるに充分な何かが賭けられていたはずである。

だが、ゴダールによる「聖化」の意識は、自分自身のあられもない神秘化や、超越的な価値のみだりな信仰というかたちをとることはなく、ひとまず、必要とされていた「休暇」として、ついで首都パリを離れての「隠棲」として実現されることになる。その「隠棲」が匿名性への希求であったことは否定しがたい事実である。実際、彼は、フランス映画界にとどまらず、世界のマスメディアそのものからも一定の距離をとることになる。

かくしてゴダールは、いわば「遠い」ところに旅立つのだが、父親の家系からしての彼の「スイス性」が顕著になるのは、そのころからである。だが、ゴダールの作品を封切りごとに見ることで「ヌーヴェル・ヴァーグ」を生きてきたつもりの人びと——それを、ひとまず「シネフィル」と呼んでおこう——は、そのことにまだ充分気づいてはいない。「シネフィル」は、無名性を身にまとったはずのゴダールのイメージを、その不在ゆえにますます神話的に肥大化させていったからである。交通事故が余儀なく彼に受け入れさせた「休暇」と「隠棲」とは、ゴダールと呼ばれる映画作家の存在をごくありきたりな生活により近づけていたはずだが——何くれとなく世話を焼いてくれる病院という空間による手厚い保護を、ゴダールは子供のように満喫したらしい——その意味を理解していたものはほとんどいなかったといってよい。

長期にわたる入院生活を通じて、一人の女性が彼の病床につきそう。アンヌ＝マリー・ミエヴィルというのがその名前である。アンナ・カリーナとアンヌ・ヴィアゼムスキーについでこの映画作家と生活をともにすることになるこの女性は、いわゆる「シネフィル」ではなかった。少女時代に、両親から映画館に出入りすることを禁じられていたのだという彼女――なぜか、ジェフ・チャンドラー主演の西部劇だけは見ていたらしい――が、どのようにして彼と知り合ったのかを知ることに深い意味があるわけではないが、一九七〇年の前半にヨルダン、レバノン、シリアの各地で撮影された『勝利まで』に彼女は写真家として参加しているので、二人の遭遇はそれ以前のことと考えるのが自然だろう。一部の資料は、二人が七〇年にパリで知り合ったとしているが、シネマテーク・スイスの前館長フレディー・ビュアシュの回想によれば、ローザンヌでの『イタリアにおける闘争』上映後のディスカッションに加わった熱狂的な観客の一人が彼女だったということになる。いずれにせよ、ゴダールの「休暇」と「隠棲」に同行することになるのは、このローザンヌ生まれの、とても「シネフィル」とは呼びがたい一人のスイス人女性なのである。

事故から回復したゴダールは、「ジガ・ヴェルトフ」集団としてではなく、ジャン＝ピエール・ゴランとの共同監督というかたちで、久方ぶりの長編『万事快調』（一九七二）と、きわめて個人的な色彩の強い中編『ジェーンへの手紙』（一九七二）を撮る。『万事快調』による戦闘的な映画作家の「商業的」な映画への復帰は、それが「戦闘的な政治映画」の様相を呈していなかったことで、多くの誤解と失望を生む。この長編と中編とが、二人の共同作業の実質的な最後となり、以後、ほぼ三年にも及ぶ沈黙の一時期が訪れる。その沈黙に、「カイエ・デュ・シネマ」誌によるジガ・ヴェルトフ集団やゴダール＝ゴランの作品への高度に理論的な考察がかさなりあうのだが、多くの「シネフィル」はゴダールとともにとめどもなく急進化するこの雑誌を離れる。その間、彼はイタリア国境に近いイゼール県の首都グルノーブルに活動の拠点を移し、アンヌ＝マリー・ミエヴィルとともにアトリエ「ソニマージュ」――音響と映像の二語の短縮形にほかならぬ――を設立する。

なぜ、グルノーブルなのか。

「たぶん、アンヌ＝マリー・ミエヴィルのあとについていこうとしたからだ」と、ゴダールは回想する。「そして彼女にとってグルノーブルは、パリを去り、スイスに戻りたいという欲求を実現するためのひとつのステップだったんだ。いずれにせよ、あの移動は彼女に由来するものだ」。

グルノーブルがゴダールを惹きつけたもう一つの理由として、この地方都市で軽量の16ミリ、35ミリ新型キャメラを開発していたジャン＝ピエール・ボーヴィアラのアートン社が存在していたことがあるかもしれない。たえず技術的な問題に関心を示すゴダールは、ボーヴィアラとの討論によって新たな撮影手段を模索し、同時に友情をも築きたいと思っていたようだ。しかし、パリからグルノーブルへの移行は、彼にとって、実質的には、

「ジガ・ヴェルトフ」集団による16ミリの時代の終焉と、アンヌ＝マリー・ミエヴィルとの共同作業によるヴィデオの時代の始まりを意味していた。「ソニマージュ」は「家を工場として考える」という実践形態を可能にするはずだとゴダールはいうが、ミエヴィルとの共同作業として本格的に取り組んだのは、ヴィデオによる映画作りの方法的な模索だった。その最初の成果が、部分的にヴィデオを活用した『ヒア&ゼア・こことよそ』（一九七五）である。

B　工場

『勝利まで』（一九七〇）から『ヒア&ゼア・こことよそ』（一九七五）へ

『ヒア&ゼア・こことよそ』は、一九七〇年に「ジガ・ヴェルトフ」集団によってヨルダン、レバノン、シリアの各地で撮影され、『勝利まで』として完成されるはずだった作品が、なぜ未完に終わらざるをえなかったかをめぐっての、「音声」と「映像」による自己省察の試みである。

『勝利まで』は、「パレスチナ解放機構（PLO）」の「パレスチナ革命中央委員会」の依頼によって構想され、撮影された「アラブ人が出資するアラブ映画」となるべきものだった。撮影には、ゴダール、ミエヴィル、ゴランのほか、キャメラマンとしてアルマン・マ

『ヒア＆ゼア・こことよそ』

ルコが参加している。ゴダールの構想によれば、それは「政治的な共感」によってではなく、「政治的な議論の結果」として作られる映画となるはずだった。だが、それはPLOへのゴダールの連帯表明と受けとめられ、多くの国際的な共感と反発を引き起こすことになる。それは、七〇年安保闘争以後の日本でも、足立正生の『赤軍—PFLP・世界戦争宣言』（一九七一）を生み落とし、日本赤軍派の一部による、より政治的かつ実践的な「パレスチナ革命」擁護の流れを作り出すきっかけとなりもしたのである。

「センセーショナルな映像」を求めてはおらず、「長い時間」が必要だと予告されていた『勝利まで』は、その予告通り、「センセーショナルな映像」の不在とともに「長い時間」の中に埋もれる。ヨルダンを活動の拠点としていたPLOの中でも軍事組織アル・ファタによる「武装闘争」路線の展開、それが自国の政権基盤を揺るがせるのを怖れたヨルダンのフセイン国王による軍事的な制圧（のちに「黒い九月」と呼ばれる）、ベイルートへの拠点の移動、アラファトを議長とするパレスチナ暫定自治区の創設を目論んでのイスラエルの戦略的な承認等々、中東情勢の推移が余儀なくさせる度重なる路線の変更により、『勝利まで』が「アラブ人が出資するアラブ映画」としての側面を徐々に失い始めるからだ。多くの16ミリの映像資料、音響資料をパリに持ち帰りながら、その企画がいったん放棄されねばならなかった理由は、『勝利まで』の「勝利」の意味が曖昧になってしまったからだ。それは、まさしく「ジガ・ヴェルトフ」集団の主調音ともいうべきレーニン的な

《QUE FAIRE》（どうすればよいのか）の一語が洩れてもおかしくない事態である。

かくして「敗戦処理」の様相をおびるしかない『ヒア&ゼア・こことよそ』は、「アラブ映画」ではなく、「ソニマージュ」とフランス国立視聴覚研究所の共同製作による「フランス映画」として、一九七四年から翌七五年にかけて、パリとグルノーブルで編集されることになる。『勝利まで』のために現地で撮られたフィルムが取捨選択された上で、「こことよそ」の「よそ」の部分を構成することになるのはいうまでもない。そこに描きだされた戦士たちの多くは、「黒い九月」事件で、「帝国主義」的なイスラエル軍ではなく、同じアラブ人のヨルダン国王の軍隊によって殺戮されてしまった人々であり、「そこ」には記憶による追悼の儀式が色濃く影を落としている。そうした中で興味を惹くのは、キャメラに向かっていうべき言葉をあらかじめ暗記していたり、その場で口移しに発言すべき言葉を述べているケースがあろうと、正面を向いたパレスチナの女性たちが画面に多く登場していることだ。PLOの中でアル・ファタだけに視点が集中してはいまいかという疑問に対して「ブルジョワ報道機関がほかの組織のことはたっぷり語った」からだと弁明したゴダールの姿勢が、そこにもあらわれている。

「こことよそ」の「ここ」として、テレヴィを前にしたフランスの失業労働者の一家が登場する。その撮影のために、六八年的な風土の中で撮られた『ありきたりの映画』（一九六八）で初めてゴダールに協力したウィリアム・リュプシャンスキーが、キャメラマンとして招集される。彼は、「ソニマージュ」によるゴダール＝ミエヴィルのヴィデオ作品にかかわり、『勝手に逃げろ／人生』（一九七九）や『ヌーヴェルヴァーグ』（一九九〇）でゴダールに協力するほか、『ノロワ』（一九七六）から最近作の『恋ごころ』（二〇〇一）までのジャック・リヴェットの主要な作品を手がけ、ジャン＝マリ・ストローブとダニエル・ユイレ（『アメリカ』一九八四）、オタール・イオセリアーニ（『素敵な歌と舟はゆく』一九九九、ほか）など、多くの「ヌーヴェル・ヴァーグ」以後の監督たちに重宝がられることになる。

『ヒア＆ゼア・こことよそ』の冒頭から、「と」にあたるフランス語の接続詞《ET》が画面いっぱいに映しだされるが、ものとものとの「間」という概念はゴダールにとって未知のものではないばかりか、『勝利まで』撮影中のインタヴューでも、この作品は「映像を提示しようとしているのではなく、映像と映像との間の関係を提示しようとしている」と明言されているように、彼にとっては本質的な主題だとさえいえる。したがって、『勝利まで』が『ヒア＆ゼア・こことよそ』へと変質する過程で、フランスの失業労働者の一家が「ここ」として登場することに何の不思議もない。二人の娘がいるこの夫婦の登場は、『6×2』（一九七六）や『二人の子供のフランス漫遊記』（一九七八―七九）などに通じるものをもっているのと同時に、テレヴィ受像器の前に一家四人が座る場面で、テレヴィ情報の消費形態の問題が論じられるという意味で、『うまくいってる？』（一九七六）における、ニュース映像の見方の問題に通じるものも含まれている。

「こことよそ」との「間」に拡がる歴史的な要素として、二〇世紀の歴史を象徴する人物としてのヒトラー、一九七〇年当時の国際的な力学を象徴する人物として、アメリカ合衆国のニクソン大統領、ソ連のブレジネフ書記長、イスラエルの首相のゴルダ・メイヤーなどの肖像写真がほかのイラストなどと二重写しで登場しているが、その画像処理には、何度もあらわれる字幕の文字とともに、『映画史』（一九九八）におけるヴィデオ技術の活用の萌芽的な試みがみられる。また、引用されているさまざまなニュース映画の断片の中には、アウシュヴィッツの犠牲者たちの映像も含まれている。そこには、ユダヤ人である彼ら（彼女ら）の存在がその自己同一性を失うまでに希薄化したとき、しばしば「回教徒」と呼ばれていたという言葉がナレーションとして語られており、これは『映画史』にまで受けつがれる視点である。それは、ジョルジョ・アガンベンが『アウシュヴィッツの残りのもの――アルシーヴと証言』（二〇〇一年、上村忠男ほか訳、月曜社）で、「回教徒こそが完全な証人である」というプリモ・レーヴィの言葉にしたがって展開する議論を、ゴダール＝ミエヴィルがすでに二五年前に指摘していたことを意味している。

『ヒア&ゼア・こことよそ』は、『勝利まで』の失敗が、「他人に代わって語ること」、すなわち「表象＝代行作用」の限界を充分にみきわめていなかったからだという結論に到達するのだが、そのとき接続詞「と」は、それが併置するいくつもの概念――「わたくしとあなた」、「映像と音響」、「映画とテレヴィ」、等々——がはらむ新たな関係を人々に思考させることになるだろう。

『うまくいってる?』(一九七六)

グルノーブルにおける「ソニマージュ」の設立に必要なヴィデオ機材購入の資金は「『パート2』と『うまくいってる?』という二本の映画の注文をうけることでえた」と語られているように、ゴダール=ミエヴィルの『うまくいってる?』の製作には、ある意味で実践的な意味がこめられている。だが、ここで語られているのは、いうまでもなく、何かが「うまくいかない」現状である。では、「うまくいかない」現状とは何か。

一九七三年、フランスの社会党と共産党は共同綱領を掲げて左翼連合を組織して総選挙を闘うが、ポンピドゥー大統領を支持する与党連合の前に敗北する。翌七四年、ポンピドゥーの病死にともない大統領選挙が行なわれるが、ドゴール派ではない保守的なジスカール=デスタン候補の前に、左翼連合は改めて敗北するしかない。一九七四年の軍事独裁政権崩壊後のポルトガルでも、民政への移行に対して左翼はいかなる役割も演じえずにいる。ゴダールを変容せしめた六八年五月の革新的な雰囲気はフランスから遠ざかり、左翼はヨーロッパ全土で明らかに退潮期にある。そんなとき、左翼系のジャーナリストは、労働者としてどのように振る舞うべきか。

ゴダールはいう。「この映画は、写植をするために雇われた男の物語だ。その男は、編集者に「君の口述はぼくの手には速すぎる」という……それだけのことだ。「うまくいってる?」「速すぎる」というわけだ」。そこで問われているのは、労働における口の動きと手の動きとの関係である。その意味で、『うまくいってる?』もまた、「こことよそ」をめぐる接続詞「と」の映画となるだろう。その関係が、コミュニケーション労働のさまざまな現場に拡大される。「私はポルトガルについて語るとき、「私」を忘れたりはしない。たしかに、どのジャーナリストも忘れてはいない。しかし、記事の中で「私はポルトガルから帰国した」といったりする場合の「私」は、完全に架空のものになってしまっている。この「私」は「彼ら」の背後に姿を消してしまっているわけだ」と述べているように、ここで問われているのは「私」と「彼ら」との間の関係にほかならない。それはまた、ポルトガルのポルト市における反政府デモの写真とフランスのブルターニュ地方での工場ストライキの写真とがかさねあわされているように、映像と映像との「間」の関係でもある。あるいは、タイピストのキーを打つ動作と、そこに打ち出される文章との「間」の関係がそれでもあるだろう。さらには、共産党員としていかなる情報を提供すべきかをめぐって、新聞社の活動をヴィデオで紹介しようとする男性記者と、その製作にかかわる女性活動家(アンヌ＝マリー・ミエヴィルが顔をみせることなく演じている)との関係でもある。その関係が具体的に意識されないかぎり、政治的な立場とは無縁に、コミュニケーションはいたるところで「うまくいかない」のである。

何かが「うまくいかない」のは、また、七〇年代初頭のフランス映画そのものでもある。ジャック・リヴェット、エリック・ロメールを始めとする「カイエ・デュ・シネマ」系の作家たちの作品がようやく人々に認知され始めたとはいえ、まだまだマイナーな位置にとどまっている。ジャン・ユスターシュやフィリップ・ガレル、あるいはジャック・ドワイヨンなどのそれにつぐ世代の才能ある作家たちは、六〇年代のゴダールやトリュフォー、シャブロールのような仲間意識とは無縁に、むしろ周縁性に徹した孤独な映画作りを続けている。いずれにせよ、こうした作家たちに社会の牽引者的な役割を期待するのは無理というものだろう。

実際、「ポスト・ヌーヴェル・ヴァーグ」とも呼ぶべき流れは、むしろイタリアのベルナルド・ベルトルッチやマルコ・ベロッキオ、あるいはドイツのライナー・W・ファスビンダーやヴィム・ヴェンダース、さらにはギリシャのテオ・アンゲロプロスのような作家たちによって担われることになる。また、「カイエ・デュ・シネマ」誌そのものが、その政治的なラディカリズムによって多くの読者を失い、恒常的な経営の危機に見舞われ、フランス文化の華やかな担い手としての役割を放棄するしかない。しかも、一時は隔月刊へと移行したその紙面を彩るのは、ミシェル・フーコー、ジル・ドゥルーズのような哲学者のインタヴューであったり、ロラン・バルトやクリスチアン・メッツなどによる記号論的なテクストであり、かつて「シネフィル」を高揚させた論文とは明らかに異質のものである。もちろん、「カイエ」誌は、「ジガ・ヴェルトフ」集団や「ソニマージュ」時代のゴダールの活動にはたえず強い興味を示しており、多くの批評家たちが戸惑った『万事快調』がいわゆる「戦闘的な政治映画」でないことの意味を充分に論じつくしてはいる。だが、それが多くの読者を納得させたとはとても思えず、時代はごく雑駁に「構造主義」的と呼ばれた理論的な考察を中心として流れてゆくかにみえる。明らかに、映画はフランスを代表する知的＝感性的な活動ではなくなり始めている。

おそらく、『うまくいってる?』は、何かが「うまくいかない」さまざまな事態を現実として受け入れることで可能になった作品である。その点で、「すべてうまくいってる」を意味する『万事快調』という題名との関係で考察さるべき作品だと見なければなるまい。すでに映像が存在していた『ヒア&ゼア・こことよそ』と異なり、『うまくいってる?』は、ゴダールとミエヴィルとが脚本と監督を担当した最初の作品であり、キャメラは、前作につづいてウィリアム・リュプシャンスキーが担当している。「私は戦闘的映画の世界に属したことは一度もない。……自分が作る製品によって生活を立てねばならなかったからだ」といわれているように、この作品はなによりもまず「家族の映画」として構想されており、商業的な映画への復帰として受けとめられがちな『勝手に逃げろ/人生』（一九七九）にいたるまで、その後の作品の構造を規定することになる。

モザンビーク、ハリウッド、モントリオール、ロール

『6×2』と『二人の子供のフランス漫遊記』は、それぞれフランスのテレヴィ局FR3とA2での放映を目的として作られたヴィデオ作品だが、「ソニマージュ」には、国外からの企画もいくつか持ち込まれる。一つは、『国民の（映像の）創生』というグリフィス的な題名のもとに構想されていたモザンビークを舞台としたものである。そこでは「まだテレヴィを持っていない国と、テレヴィを持ちすぎている国の小人数のテレヴィ・スタッフとの関係」が考察されるはずだったが、一九七七年から七八年にかけてのたびかさなる現地取材にもかかわらず、この企画は実現されずに終わる。

これも実現されずに終わった企画だが、最終的には『ストーリー』という題名となったダイアン・キートン主演のアメリカ映画の構想があり、共演者にはロバート・デ・ニーロが予定されていた。出演依頼にキートンの口から否定的な言葉がもれなかったため、ゴダールはグルノーブル滞在中に四度シナリオを書き直している。その企画に興味を示したフランシス・コッポラが、アメリカ滞在中のゴダールにその撮影所を開放し、自分のスタッフをつけてテスト撮影の機会さえ与えたというといういわくつきのものである。ゴダールは、そのときたった一つのショットを撮影しており、それは後に映画『パッション』のためのシナリオ』に挿入されることになる。「あれは私がハリウッドでした唯一の撮影だが、大

いに満足した」と彼はいくぶん自嘲気味に回想しているのだが、ゴダールによるアメリカ映画はその一ショットに終わる。

三つ目は、モントリオールの映画芸術コンセルヴァトワールの責任者であり、映画祭のディレクターでもあるセルジュ・ロジックからの連続講義の提案である。ゴダールは、それをたんなるレクチャーとは異なり、『映画とテレヴィの真の歴史のためのイントロダクション』という映画のシナリオとして完成させたいという条件で引き受ける。全体で一〇回のモントリオールへの往復旅行が予定され、少なくともそのうち七回の講義は行なわれたのだが、やがて資金的に行き詰まり中断されてしまう。その講義は『真の映画史へのイントロダクション』（一九八〇、邦訳『ゴダール／映画史』I・II、奥村昭夫訳、筑摩書房）という書物として結実する。それが映画としてのゴダールの『(複数の) 映画史』（ヴィデオによるものだが）のかたちをとるには、さらに十数年の歳月が必要とされるだろう。

外国で撮影されるべきヴィデオ作品や劇場用映画のための企画が頓挫したころ、ゴダールはミエヴィルとともに活動の拠点「ソニマージュ」を、スイスのレマン湖畔の町ロールに移し、やがてペリフェリア Peripheria という新たな名前を持つことになる。フランスの地方都市グルノーブルでの仕事を切り上げたのは、何ごとであれ首都パリを通さねばことが進まぬフランス特有の中央集権制のため、あらゆる作業が困難をきわめたからである。だが、フランスの「オート・サヴォア県とスイスのフランス語圏の間にある地域を出身地とするフランス系スイス人」であるゴダールにとって、スイスへの拠点の移動は「帰郷」ではなく、「本当のよそ者」になるためだと説明されている。そこで、彼は「本当のよそ者」として、『万事快調』以来の八年ぶりの劇場用映画『勝手に逃げろ／人生』を彼一人の監督作品として撮ることになるだろう。

C　遠くから

『勝手に逃げろ／人生』（一九八〇）

「私の人生はこれからだと感じるのはこれが二度目だ。……というよりむしろ三度目の人生が始まるわけだ」という言葉で、ゴダールは『勝手に逃げろ／人生』に着手したときの気持ちを正直に語っている。「自分が不幸だと感じる時間的な余裕もない」ほどだったというそれに先だつ一時期のことを、彼は「不在の時期」として回想することになるのだが、だとするなら、「ソニマージュ」におけるさまざまなヴィデオによる活動は「不在」の作品だったというのだろうか。

久方ぶりの劇場用映画の撮影に当たって、映画作家としてのゴダールに悩みがなかったわけではない。まず、これをヴィデオで撮るかフィルムで撮るかという選択にかなりの時間を要したという。結局はスタッフの「採決」によってフィルムに落ち着いたとされているのだが、そうすることでゴダールはスタッフとの間に新たな関係の形成を導入したかったらしい。それのみならず、題名の問題で悩んだ彼は、これが「スイスとフランスの合作だから」というほとんど理由にならない理由によって、題名の二重化を選択したのだという。前半の「勝手に逃げろ」《*Sauve qui peut*》は、省略形の口語表現であり、その意味で『万事快調』や『うまくいってる?』につながる何かを感じさせる題名である。後半の「人生」《*la vie*》については、その時期の彼が、「歓喜」、「空」、「情熱」(パッション)のようなごく単純な言葉を題名とすることに興味を惹かれていたということがあるからに違いなく、それが次回作の『パッション』につながっている。

この映画の見落としえない特徴は、これまで職業的な脚本家に執筆を依頼したためしのないゴダールが、『ブルジョワジーの秘かな愉しみ』(一九七二)などのルイス・ブニュエル監督の作品で名高いジャン゠クロード・キャリエールの協力をえていることだ。同じ脚本家として名をつらねているアンヌ゠マリー・ミエヴィルとキャリエールとがどのような共同作業を行なったのか詳しいことはわからないが、ゴダールが自分の作業を「演出」ではなく「構成」(作曲の意味ともとれる)と規定していることは見落とすべきでない。

さらに注目すべきは、ショウビジネス界でのビッグネームでベイルート生まれの作曲家ガブリエル・ヤレドを映画音楽の作曲家として初起用した点だ。ヤレドは、その後、ヨーロッパからハリウッドに活躍の場を移し、アンソニー・ミンゲラ監督の『イングリッシユ・ペイシェント』（一九九六）ではアカデミー作曲賞を受賞するのだから、ゴダールの才能発掘の資質には改めて驚かされる。芸術監督とクレジットされる『三〇歳の死』の映画作家ロマン・グーピルには演出のアイディアの提供を求め、ときにはその着想にしたがって撮影を行なうこともあったという。

ジュネーヴにロケされた『小さな兵隊』（一九六〇）についで、全編がスイスで撮影されたこの作品には、『ウイークエンド』（一九六七）の後半のフランスの田園地帯とは異なる起伏の多いスイスの緑が、ゴダールの作品としては初めてフィルムにおさめられる。湿った丘陵地帯のゆるやかな勾配をナタリー・バイが自転車で流れるように滑り下ってゆくとき、何やら不器用なキャメラワークでその姿を追うゴダールを見ると、その変化がどんなものであるかも定義しえぬままに、彼は変わったと誰もがつぶやかざるをえない。キャメラと録音は、それぞれアラン・タネールやダニエル・シュミットの作品で知られるスイス人キャメラマンのレナート・ベルタ——その後、ウィリアム・リュプシャンスキーが担当するが——とリュック・イエルサンに任され、ここでも「スイス性」が強調されている。製作総指揮はゴダール自身と『バロッコ』（一九七六）と『ブロンテ姉妹』（一九七九）で「カイエ・デュ・シネマ」系の新人アンドレ・テシネを支援したアラン・サルド（映画音楽家のフィリップは彼の兄）。

自然に囲まれた高地で内省へと向かう女性ドゥニーズにトリュフォーの『緑色の部屋』

（一九七八）のナタリー・バイ、都会でみずからの肉体を商品とする女性イザベルをマイケル・チミノの『天国の門』（一九八〇）でフランス人娼婦を演じたばかりのイザベル・ユペール、その間で自分の仕事を確信しえずに揺れ動く離婚したテレヴィ・ディレクターのポールを、クロード・ルルーシュやクロード・ソーテなどの作品で売り出した二枚目ジャック・デュトロンが演じている。彼らが、それぞれ自分の場所を見いだしたり、見いだしそこねたりするさまが、「想像」、「恐怖」、「商売」、「音楽」の四部構成で描かれる。あえてゴダールという苗字を与えられた男性の影はいたって薄く、別居している妻（キャメラマンのレナート・ベルタの配偶者のポール・ミュレ）と娘や、声だけ響くマルグリット・デュラスをも含め、これ以前の劇場映画にくらべて女性たちの存在が遥かに印象深い輪郭におさまっている。

『勝手に逃げろ／人生』は、一秒間に二四コマが自然なものとして受けとめられてきた映画のリズムを変えようとする試みでもある。ある意味ではサイレント映画への回帰ともみえるこの方法は、スローモーションやストップモーションの多用という、ヴィデオによる映像処理の反映とみることもできる。ゴダールによれば、「人生」における時間こそ、異なるリズムで流れているからだ。そして、それは、ときに「破局的なスローモーション」として、彼自身の交通事故の記憶をそうと意識することなく反復しているかに見える。

「二度目の処女作」ともいうべき『勝手に逃げろ／人生』は一九八〇年のカンヌ国際映画

祭に出品されゴダールの健在ぶりを印象づけ、その後、『カルメンという名の女』（一九八三）はヴェネチア国際映画祭で「金獅子賞」を獲得する。八〇年代を通じて、彼はほぼ一年に一本の新作を発表し、『ゴダールのマリア』（一九八四）の場合は、ゴダールの長編『こんにちは、マリア』とアンヌ＝マリー・ミエヴィルの処女短編『マリアの本』とを同じ一本のプリントとして提示し、映画作家としてのミエヴィルのデビューを準備することになる。また、国際的な監督たちによるさまざまなオムニバス映画や、レナウンやジルボーなどの服飾メイカーや家電販売店ダルティーなどのテレヴィ・コマーシャルを、手当たり次第にめまぐるしく撮りあげてみせる。あたかも、「遠く」への旅立ちなどなかったかのように、ゴダールは六〇年代のリズムを生きているかに見える。だとするなら、『勝手に逃げろ／人生』は、文字通りの「二度目の処女作」として機能したのだろうか。だが、とわれわれは思わず考えこむ。一人の映画作家にとって、はたして「二度目の処女作」というものが存在しうるものだろうか。

帰還

八〇年代ゴダールを特徴づけるものは、何にもまして、ゴダール自身の画面への登場である。勿論、彼は、処女長編『勝手にしやがれ』や『小さな兵隊』にも自分自身を登場させているが、それはどちらかといえばヒッチコック的な身振りに近く、役柄を演技する作

『映画というささやかな商売の栄華と衰退』

中人物とは明らかに異なる姿の見せ方だった。また、彼は、『軽蔑』でも、フリッツ・ラングの監督助手の役を演じ、「ムッシュー・ラング、本番です」という台詞まで誇らしげに口にしていたし、『ウイークエンド』の自動車事故の場面にもその姿をみることができたものだ。だが、八〇年代のゴダールの作品におけるゴダール自身は、明らかにそうした役柄の演技を超えたある昇華されたイメージとして画面に登場している。その昇華されたイメージとは、この地上の映画的な時間とは異質の持続を生きてきた者だけがまとう絶対的な距離の意識と、それをすかして見えてくる彼自身のおさまるいささか抽象的な輪郭の希薄さがそれである。もはや黒眼鏡で瞳を隠すことなくスクリーンに素肌をさらす八〇年代のゴダールは、どこかしら「ここにはいない」遠い存在なのである。実際、『映画というささやかな商売の栄華と衰退』(一九八六)の終わり近くに彼自身がひょっこり姿を見せるとき、その妙にすがすがしい表情は、資金繰りに苦労するプロデューサーと進行主任として映画に関わり合うほかはない元監督の繰り拡げる日々の困難な撮影準備に対して、いかにも遠い存在として映る。

物語の展開としては、しばらく首都に姿を見せていなかった名高い監督の不意の登場に、プロデューサーを演じるジャン゠ピエール・モッキーが殺伐とした表情で驚いて見せるという挿話なのだが、自分はいまレイキャビックに住んでいると涼しい顔で口にするゴダール自身は、「ここ」にはいない者としての翳りのなさを浮かべている。ジャン゠ピエール・レオが進行主任としてとりしきる撮影現場は混乱しきっているのだが、ゴダールは、その混乱とはいっさい関わりがないというかのごときあっけらかんとした風情で彼らと接しているのである。サングラスをかけていない分だけ鮮明な輪郭におさまっているかに見える八〇年代のゴダールの人影は、あたかも幽霊のように薄くてとらえどころがない。実際、『映画というささやかな商売の栄華と衰退』に姿を見せるゴダールは、この地上の映画的な時間とは異なる持続を生きてきた者の存在の抽象性といったものを身にまとい、いまの自分がアイスランドの首都に住む身であるという言葉で、あえて「遠さ」をきわだたせているとしかいえない。その「遠さ」が、彼の表情からいっさいの悩みの痕跡を遠ざけているのである。

すでに『万事快調』のイヴ・モンタンがそうだったように、交通事故以後のゴダールは、映画を撮ることにまつわる困難を作品の主題とするとき、監督としての悩みをきまって高名な俳優に仮託している。実際、『勝手に逃げろ/人生』のジャック・デュトロンがそうだったし、『パッション』のイエジー・ラジヴィオヴィッチもまたそうであったように、自分には撮れないといって逡巡するのはこうした俳優たちが演じる作中人物なのであり、その傾向は、『フォーエヴァー・モーツアルト』のヴィッキー・メシカまで受け継がれてゆく。

ところが、『カルメンという名の女』でゴダール自身が「失業中の映画作家」を演じるとき、若者たちから「ジャン伯父さん」と呼ばれるこの精神病院の入院患者は、撮影がうまく行こうが行くまいがそんなことにはいっさい拘泥しておらず、現場の混乱の責任などとろうとする気配すら示すことなく、カフェに足を踏み入れれば誰にいうともなく「ブリオッシュ」と声を高める。八〇年代のゴダールが演じる彼自身の身にまとう「遠さ」とは、他者の存在をほとんど意に介さないこの無責任さにほかならず、映画監督を演じるときですら、彼は現場としての「ここ」にはいないのである。『ゴダールのリア王』（一九八七）でも彼は道化的な役柄を演じることになるのだが、自分自身をあえて滑稽な被写体として登場させるのは、「ここ」にいずにおくための手段にすぎないように見える。「ここ」にいるのはもっぱらウィリアム・シェイクスピア五世を名乗るピーター・セラーズにすぎず、何やらオーディオ器具だのコードだのを色鮮やかに髪にまきつけたプラギー教授を自称するゴダールは、周囲に起こる事態を掌握してもいなければ、またあえてそれを混乱させようともしていない。だとするなら、あくまで「遠い」存在としてフィルムに闖入するここでのゴダールは、まだ帰還をはたしてはいないのかもしれない。

だが、どこからの帰還だというのか。『右側に気をつけろ』の冒頭のナレーションは、ゴダールの住まう場所をどうやらレマン湖畔に位置づけている。「南ドイツの森林地帯と湖水の多い北イタリアのちょうど中間の、ヨーロッパの誰からも見捨てられてしまったような過疎地帯」の湖畔に住む「白痴」のもとに、「二〇世紀も暮れなずむある朝」、首都か

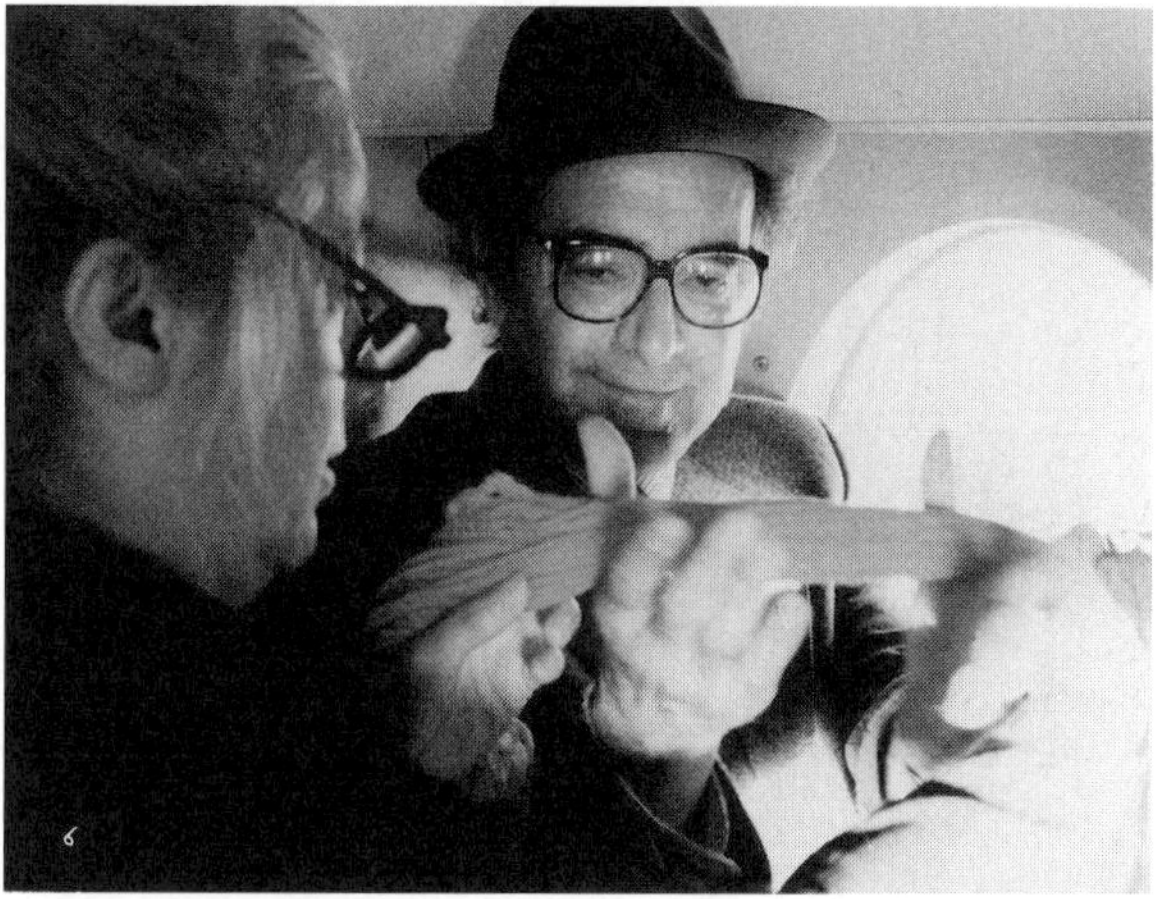

『右側に気をつけろ』ジャン＝リュック・ゴダール

らの電話がかかり、物語を作り出してそれを映画にして持参すれば、これまでのすべての罪を帳消しにするといっているからである。そこから、映画監督ゴダールのパリまでの旅が始まるのだが、周囲の者から殿下と呼ばれる彼はとにかく「白痴」なのだから、彼自身にはそこに住んでいるという自覚などいっさいない。どうやら、電話で依頼された映画をあっさり撮ってしまったらしい殿下は、いかにも「白痴」にふさわしい影のない無表情のままフィルムをかかえ、自動車へ身軽に頭から飛び込むかと思うと、飛行場のカウンターでラシーヌの古典劇『ベレニス』の一二音節の台詞で愛を語り合う若い男女（女を演じるロランス・マスリアは『ゴダールの決別』に主演するだろう）のかたわらで搭乗手続きをすませ、機上で乗客全員にロートレアモンの『マルドロールの歌』の朗誦をせまるパイロットの「提督」ミシェル・ガラブリュに耳を傾け、隣の席の老婦人から編み物の手伝いを頼まれると、『白痴パート2』に読みふけっていた彼は、あらゆる人を武装解除せずにはおかぬ嬰児のような微笑とともにそのいいなりになる。

およそ悩みを欠いたこの異様なまでの素直さは、いったい何なのだろう。それは、「ここ」にはいない者だけに可能なほとんど透明な身振りにほかなるまい。だとするなら、彼は、まだ「遠い」場所からの帰還をはたしていないのだろうか。「天上にもあるように、地上に一つの場を」というこの映画の副題は、そのことをいっているのだろうか。

誤解のないようにすぐさま言いそえておくが、映画作家としてのジャン＝リュック・ゴダールその人が「遠い」場所からの帰還をいまだはたしていないというのではない。彼は、もろもろの困難に満ちているはずの撮影現場をそれなりのやりかたでそのつど乗り切っており、映画作家としては間違いなくそのつど「ここ」にいるのである。「ここ」にいないのは、あくまでゴダールが演じる作中人物の方なのであり、レイキャビックに住んでいたり、精神病院に監禁されていたり、誇張にみちた衣装の「道化」であったり、湖畔の「白痴」と呼ばれたりする映画作家を彼自身が演じているのは、あくまで映画作家ゴダールが描きあげるフィクションとしての必然にすぎない。だから、ここで問われるべきは、「第二の出発」以後のゴダールが、なぜ、自分自身に、ひたすら現実感覚を欠いた「遠さ」を仮託しつづけているのかでなければならない。見る者がことさら敏感であることを要請されているのは、キャメラの背後に位置して間違っても被写体とはならないゴダールと、六〇年代にはとうてい想像もつかなかったほどの頻度でその被写体となることを受け入れているゴダールとのずれであるはずなのだ。

人びとは、いま、見えてはいない「ここ」にいるゴダールと、見えている「ここ」にはいないゴダールとのあからさまな差異に直面する。その偏差は、たえず微妙に揺れ動くことで差異たりつづけているかに見える。視線は、このとき、苛酷な試練にさらされる。思考もまた、それに劣らぬ苛酷な体験をくぐり抜けねばならないはずだ。実際、見えてはいないゴダールと見えているゴダールとをどのように把握すればよいのか、まだ誰も知らず

『映画史』を撮った見えているゴダールは、『映画史』にときおり登場する見えているゴダールは、あるいはかさなりあわぬのか。この問いは、勿論、『JLG／自画像』についても口にされねばならないだろう。さらには、『アワーミュージック』についても、同じ問いかけがなされねばなるまい。確かなことは、六〇年代のゴダールが、こうした苛酷な試練とはおよそ無縁の場所で映画を撮っていたということだ。だから、「遠さ」に惑わされることなく、人はひたすら画面を凝視していればよかった。だが、八〇年代以降のゴダールは、その快い凝視の特権を見る者から「遠さ」によって奪ったのである。では、どうすればよいのか。人びとは、《QUE FAIRE》――どうすればよいのか――という問題と改めて向き合う勇気を持っているだろうか。

Ⅲ　映画作家は決算の身振りを演じる

ゴダールの「孤独」

A　欠陥

はた目には気になる欠陥の一つや二つは誰もがかかえこんでいるはずだから、ジャン＝リュック・ゴダールがそれをまぬかれていると思うのはもちろん愚かな錯覚である。実際、彼には何とも人騒がせな性癖がいくつもそなわっており、そのほとんどは、映画作家としてのキャリアが五〇年に及ばんとしているいまにいたるも、いっこうに改善されるきざしがみえない。二つの世紀を跨ぎ越えるはた迷惑な欠陥として社会的な制裁を蒙ってもよさそうなものだが、それに脅える気配など彼の周囲にはいっさい漂ってはいない。

ことによると、「異星人」JLGにとって、それがごく自然な振る舞いなのだろうか。それとも、人騒がせではあってでも「犯罪」の域には達していないとみなされ、生まれつきの不器用さとしてその性癖が許されてしまったとでもいうのだろうか。

どこの家庭にもそんな子供が一人ぐらいはいて不思議はないが、ゴダール家のジャン＝リュックの場合は、成人したのちもなお、あらゆる待ち合わせに遅刻せずにはいられないという習性を捨てきれずにいる。意図的か否かはひとまずおくが、映画監督ゴダールは、約束の時間に間に合ったためしがないのである。「間に合わないこと」。それこそ、彼の人騒がせな性癖の中でもとりわけ厄介な一つにほかならない。

実際、『カルメンという名の女』に登場する映画監督が期限通りに作品を完成させたりはしなかったように、いたるところで約束は履行されずに終わる。昨今の来日中止騒ぎもそうであったように、彼も一応は口約束めいたものを微笑とともに交わしはするらしい。だが、それがどんな言葉遣いによるものであろうと、たがいに確認しあっておいたはずの時刻に姿を見せることなど、まずないと考えておいたほうがよろしい。それで決定的な瞬間を取りのがそうと、そんなことを彼はまったく意に介さない。

こうしたはた迷惑なゴダール的性癖は、もちろんそれにとどまるものではない。むなしく時間をやりすごすという姿勢にも、彼はいたたまれない苛立ちを覚えてしまう。映画監督ゴダールは、何につけても「待つ」という姿勢だけは我慢できないのである。だから、探しものが見つからぬ場合など、まわりにあるものを何でも手当たり次第にとりあげ、それで問題を解決したことにしてしまう。

事実、ゴダールの映画には、そうしたやりかたのほうがはるかにふさわしい。リチャード・バートンとシルヴィー・ヴァルタンを主演に迎えるという当初のアイディアに固執し、そのための厄介な資金集めやスケジュール調整などを時間をかけて行なっていたとしたら、『気狂いピエロ』という美しい作品など生まれはしなかったからである。たまたま彼の身近にいたアンナ・カリーナとジャン＝ポール・ベルモンドでさっと撮り上げてしまったがゆえに、ゴダール特有の色彩がとりわけきわだったのである。

この性急さを「待てないこと」と翻訳しよう。それが人騒がせなゴダール的性癖の二つ目にほかならない。実際、探していた書物が本屋の棚に並んでいなければ、たまたまそこにあった別の書物をあっさり買い求め、それで満足してしまうのが彼なのだ。「待つ」ことなどもってのほかで、間違っても版元から取り寄せるといったのんびりした解決を求めたりはしないだろう。マリヴォーの戯曲の代わりにミュッセでことをすませてしまう『フォーエヴァー・モーツアルト』の挿話が、そんなゴダール的性癖の一貫性をあっけらかんと証拠立てている。あらゆる事態に即断をもってあたるのを原則としているので、何かを期待して時間を引きのばしたりすることなど、彼の目には、およそ想像しがたい無駄な振る舞いとしか映らないのである。

約束の時間には決まって「遅刻」し、「待つこと」も苦手だというゴダールの傍若無人ぶりは、たしかに目に余るものがある。そんな人騒がせな映画作家には、さらに厄介な三つ目の性癖がそなわっている。それは、やはり時間をめぐる生来の不器用さとして姿を見せるものである。不器用さというより、この性癖はむしろ意地悪と呼ぶべきかもしれない。実際、彼には、それが親しい仲間であろうと、他人にただでものを与えるということができない性格なのだ。

「与えないこと」。この三つ目のゴダール的な欠陥は、いくつもの異なるかたちをとっていたるところに観察される。たとえば、時間とともに自分の中に堆積したものを、貴重な何かとして他人に譲り渡すという大らかな振る舞いに、彼はいかなる意味も見いだしていない。事実、『映画史』は映画の歴史の豊かな拡がりを何ひとつ教えてはくれない。交換の人ジャン＝リュックは、贈与をいっさい認めないのである。

だからといって、そこから彼がことのほか吝嗇な男だという結論を引き出すことはつつしまねばならない。事実、彼は、ときおりどきりとするほど多額な謝礼を与えることでまわりのものを茫然とさせる。一人のスタッフの証言によれば、あるビストロを借りての撮影を終えた後、プロデューサーの提示した額の四倍もの紙幣を、彼は店の主人に手渡してしまったのだという(1)。そこから、彼の金銭感覚には到底ついて行けない人もでてくるのだが、そこに彼なりの原則が働いていることはたしかなのだ。つまり、ゴダールはあくまで正当に対価を支払ったまでであり、彼の頭の中では、その途方もない金額もしかるべきバランスがとれているのである。彼が認めないのは、あくまで無償の贈与だ。「与えないこと」。それは、当然、ただでは「受け取らない」ことをも意味している。たとえば、先行の批評家たちから、若いジャン＝リュックは何ひとつまなびはしなかった。フランク・ボゼーギの『河』のマリー・ダンカンが素晴らしいとジャン＝ジョルジュ・オリオールから何度も聞かされたときも、青年ゴダールは、たんに「借り」としてその事実を記憶にとどめたにすぎない。だから、老年期に足を踏み入れてから、『映画史』の「3A」であえてその批評家の名前を挙げ、律儀に「借りを返す」ことを忘れないのである。

もっとも、「借りを返す」にあたって感謝の言葉一つも口にしていないところが、いかにもゴダール的である。フランソワ・トリュフォーやヴィム・ヴェンダースといった映画作家と彼をへだてているものは、いかにもぶっきらぼうなその対人関係にあるというべきだろう。負債はすでに支払ったのだから、それにそえるべき言葉があろうなどと彼は思ってもいない。ゴダールの『映画史』がいささかも教育的ではなく、むしろその廃棄をめざしているかにみえるのはそのためである。フローベールの『感情教育』がしばしば話題になったとしても、「教育」という無償の体験は廃棄されるしかない世界に、「異星人」ＪＬＧは生息しているのである。

後世の不特定多数の存在に希望を託したりはせず、すべてを自分一代で完結させようという孤独な意志の実現としての『映画史』。たしかに、「4B」の終わりちかくで、作曲家に自分をなぞらえるゴダールは、「時代を聞き取る耳」をしめし、「その時代のことを聞かせて……未来に姿を現わしてもみたい」とのべてはいる。だが、同時に、「ある活動が一つの芸術にまで高まるのは、その時代が終わってからのことでしかない」ともいっている。当然、『映画史』を撮ったゴダールは、後継者など持ちうるはずもない。そして、おそらくは、映画もまた、継承者の不在によってかろうじて映画たりえているにすぎない。

B　決算

すでに明らかになり始めているとは思うが、ここにとりあえず列挙した三つの厄介なゴダール的性癖は、間違ってもジャン＝リュック個人の性格的な欠陥なのではない。それは、ゴダールが映画作家として引き受けた映画の歴史的な現実に由来する必然的な身振りなのである。この世界で生きて行くには、そうしなければならないという職業的な心構えのようなものだというべきかもしれない。映画から借りたものは、映画に返す。これがゴダールの原則なのである。

たとえばマーチン・スコセッシのようにたんなる「映画好き」がそのまま成長して映画を撮っているような監督に、この言葉を口にする覚悟はない。また、その自覚さえありはしないだろう。彼らと『映画史』の作者をへだてているのは、この「貸借関係」をゼロにしておかずにはいられないゴダール的な「決算」の姿勢にほかならない。

「借り」のないものについてはいっさい語らない。この原則を、ゴダールは一瞬たりとも見失いはしないだろう。そのかぎりにおいて、タルコフスキーも、ホオ・シャオシェンも、キアロスタミも、その作品の題名がちらりと登場していようと、『映画史』の主要な登場人物とはなりえないのである。彼らには「貸し」こそあれ、「借り」はいっさいない。ゴダールがそう凜々しくいい放つとき、その言葉を導き出したはずの「与えないこと」という原則は、もはや欠陥とは呼べなくなっているはずだ。

「間に合わないこと」、「待てないこと」、「与えないこと」。この三つの性癖を通して、ゴダールは一挙に映画に近づく。近づくというより、ほとんど重なり合ってしまうといいかえてもよい。事実、一八九五年に誕生した映画は、一九世紀に「間に合わなかった」。それが『映画史』の主要なモチーフだったことは誰もが記憶しているはずだ。ゴダールは、「2B」の冒頭で、セルジュ・ダネーに向かって、「わたしなら、映画は一九世紀の問題で、それが二〇世紀に解消されたといいたいところだ」と口にしているからである。

これまた『映画史』や『フォーエヴァー・モーツアルト』や『愛の世紀』でも語られているように、映画は「人民戦線」にも、「スペイン内戦」にも、「レジスタンス」にも、「アウシュヴィッツ」にも遅れて到着することしかできなかった。フィクションを撮っていた偉大なる監督たちは、ルノワールでさえ、この時期、「現実の復讐を統御しえなかった」からである。生誕の瞬間にはかろうじて維持されていた時間との正常な関係はたちまち崩れ、映画は、遅刻の常習者として二〇世紀を生きるしかなかったのだ。それが、映画の背負い込んだ「宿命の美」にほかならない。

そのことに気づくなら、「待てないこと」が映画そのものの厄介きわまりない性癖であることもたやすく納得しうるはずだ。実際、もし、映画が「待つ」ことさえ知っていたら、「ありえたかもしれない『映画史』」は、さらなる拡がりを持ちえたはずである。だが、写真術から豊かな資産をうけついでいたはずの映画は、自分自身の潜在的な資質がどんな可能性を秘めており、それが顕在化されればどんな威力を発揮するかを時間をかけて探ろうとなど、一度たりともしなかった。

映画は、文字通り「待てない」のである。だから、おのれの深部にじっくりと視線をそそぐことをおこたり、たまたまかたわらにあった「性と死」と深い関係を結んでしまう。そのことで「思考する形式」たりえたはずの映画は、早い時期から「どこにも通じない道」に迷いこむしかなかったのである。「マフィアのちゃちな会計係」の思いつきにすぎない「シナリオ」にとびついてしまったばかりに、映画は「視覚」としての自分さえ見失わざるをえなかったのだ。

「何も与えない」こともまた、映画にふさわしい特権的な身振りである。というより、映

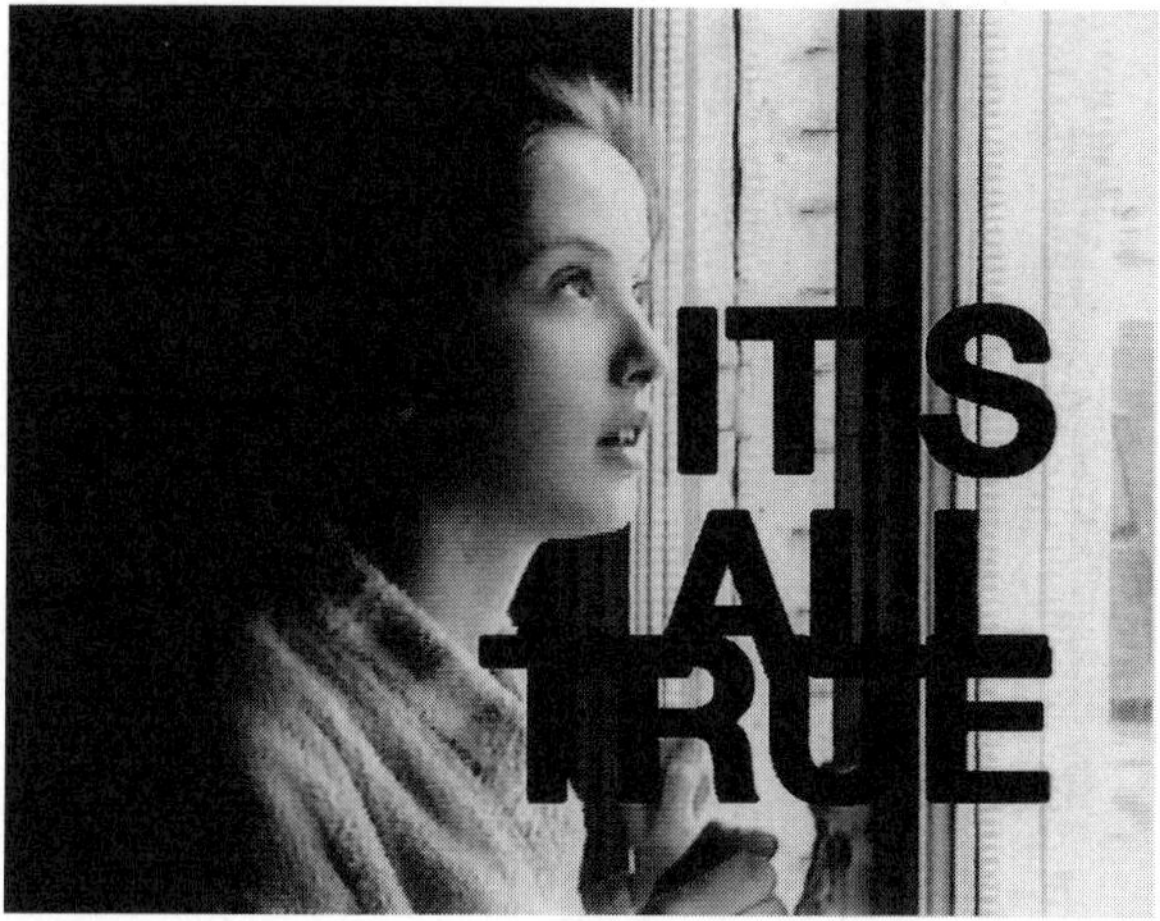

『映画史』

画には、そもそもの始まりから、何ひとつ「与える」べきものなどなかったというほうが正確かもしれない。リュミエール兄弟が映画には未来がないと宣言したとき、そのことに充分すぎるほど自覚的だったはずだ。にもかかわらず、自分の持ってはいないものばかりをひたすら与えつづけたのが映画だ、という見方も成立する。しかも、人びとは映画から無理に「奪ったもの」を何ひとつ映画に返したりはしなかった。その結果、「何も与えない」映画は、むなしく「夢の工場」となるほかはなかったのである。いま、「貸借関係」をゼロにするゴダール的な「総決算」が必要なのは、そのためである。

　その「総決算」という言葉を耳にして、ゴダールがいよいよ「映画の死」を口にし始めていると考えるのは、何とも愚かな錯覚だというほかない。ごく個人的な作品だから、ここでは好き勝手なことをいくらやっても許されると考えることもまた、愚かな錯覚である。『映画史』では、「間に合わないこと」、「待てないこと」、「与えないこと」としてある映画の歴史だけが問題なのであり、その圏外にある個々の作品はことごとく無視されるだろう。

　この無視は、生存にかかわるものであり、いささかも個人的な趣味を反映したものではない。ゴダール的な性癖と映画の歴史とが寸分の狂いもなく重なり合うというまさしくその一点において、『映画史』は、ゴダール個人の人騒がせな性格からゆっくりと身を引き離し、普遍的な「思考の形式」をめざしてまがまがしくも飛翔するのである。だから、『映画史』に、間違っても「普遍的な映画の歴史」など読んではならない。それは、そこに「個人的な映画の歴史」を読むことに劣らず愚かな姿勢である。人びとがここに読むべきものは、「決算」という身振りの普遍性につきているからだ。

C　遅刻

いずれにせよ、ゴダールは「遅刻」するしかない。彼は映画の誕生にも立ち会えなかったし、無声映画の隆盛期の生きた証人となることもなかった。何しろ、彼が一九三〇年に生誕するよりも数年前に、合衆国に移住していたムルナウは、すでに『サンライズ』を撮り上げてしまっていたのである。『ファウスト』の監督は、木立の中から滑るように姿を見せるあの路面電車にキャメラを向け、一組の若い男女を乗せて新世界の都会に向けて滑ってゆくそのイメージをしっかりとフィルムにおさめていたのである。

ムルナウに「間に合わなかった」こと。それはゴダールにとって決定的な事態を意味している。「取り返し」がつかぬ「遅刻」というほかはないからである。もちろん、グリフィスはいうまでもなく、初期のフリッツ・ラングにも彼は「間に合わなかった」。だが、批評家時代のゴダールは、アメリカ時代のラングの作品をいくらでも擁護することができたし、隠棲していた晩年のラング自身にあえて出演を依頼し、ブレヒトの詩を、ブリジット・バルドーに向けた台詞としてつぶやいてもらうという贅沢さえできたのである。ゴダールはフリッツ・ラングには「間に合った」のであり、『軽蔑』は、この偉大なる映画作家に対する「貸借関係」をゼロとするための彼なりの「決算」でもあったわけだ。『勝手にしやがれ』の最後でジャン＝ポール・ベルモンドにグリフィスの『散り行く花』のリリアン・ギッシュの身振りを模倣させたとき、彼女は、まだ「現役」のハリウッド女優だった。だからゴダールはグリフィスにもかろうじて「間に合った」のだといえる。だが、彼が生まれてから一年もしないうちに交通事故で他界してしまったムルナウに対して、その機会は永遠に奪われている。では、どうすればよいのか。

ことによると、誰でも何ごとかには遅れて生まれるしかないのだから、ゴダールがムルナウに「間に合わなかった」ことなど、ことさら問題とするには当たらないという人がいるかも知れない。だが、その種の一般論は、このさい何ごとも解決しない抽象的な言葉である。ゴダールがその一翼をになっていた「ヌーヴェル・ヴァーグ」とは、まさに『サンライズ』以前にマルセル・カルネの『霧の波止場』やクロード・オータン＝ララの『乙女の星』を知ってしまった者たちの、映画に対する居心地の悪さを「決算」する試みにほかならなかったからである。事実、『映画史』の「3B」の章で、ゴダールは、その居心地の悪さこそが「ヌーヴェル・ヴァーグ」のアイデンティティだったと明言している。

「ある晩、われわれは、アンリ・ラングロワのもとを訪れた。そして光が生まれた」とゴダールはつぶやく。だが、この言葉を、当時はメッシーナ街にあったシネマテーク・フランセーズにかよいつめたゴダールとその仲間たちが、そこではじめて、「映画」に出会ったと翻訳するだけでは充分でないし、むしろ誤訳だといわねばならない。事実、存在するすべての映画を浴びるように見るだけでは、「ヌーヴェル・ヴァーグ」はまだ成立しないのである。シネマテークのネズミどもが浴びた「光」には、自分たちが何を知らずにいる存在であるかを「不在」によって容赦なく照らしだし、そのいたたまれなさをきわだたせる効果がそなわっていたからである。

その「不在」の一つが、フランク・ボゼーギによる『河』のマリー・ダンカンであることはすでに触れておいたとおりだ。二つ目がエイゼンシュテインの『十月』や『メキシコ万歳』の群衆であり、三つ目が『サンライズ』の路面電車にほかならない。この「不在」の選択には明らかにゴダール的な凝縮が働いており、もちろんこれがすべてだというわけではない。しかし、たまたま選ばれたものに排他的な決定性をおびさせてしまうところに、ゴダール的な凝縮の有効性を超えた怖ろしさがある。

これら三つの作品は、いずれも見ることのできない映画だったのであり、その「不在」を気づかせるきっかけとなったのが、批評家であり映画史家でもあったジャン゠ジョルジュ・オリオール、ジェイ・レダ、ロッテ・アイスナーの三人だった。マリー・ダンカンと群衆と路面電車は、シネマテークの存在にもかかわらず「なお禁じられ、つねに不可視なもの」たり続けていたのであり、その「不在」こそが、ゴダールとその仲間の背後から映画を照らしだしてくれた光の正体なのだ。ラングロワは、素知らぬ顔で、その「不在」の放つ光を組織する魔術師となっていたのである。

「そうではないか、ジャン゠ジョルジュ・オリオールよ……ジェイ・レダよ……ロッテ・アイスナーよ」という「不在」に向けられたゴダールの呼びかけは、『映画史』に硬質の抒情を導入する。かつてあったものを見失ったものの湿った郷愁ではなく、それに「間に合わなかった」ものの郷愁を欠いた記憶。事実、「真の映画は、われわれの田舎じみた眼にとっては、フレデリック・モローが夢想するアルヌー夫人の顔つきさえしていなかった」。だから、ここで感情の糸を震わせているのは、「遅刻」したものだけが知っている「取り返しのつかなさ」の物質化された自覚にほかならない。「物質と記憶」、あるいは「物質の記憶」。この思い出を知らぬ記憶によって、ジャン゠リュックは「異星人」ＪＬＧへと変貌する準備を整える。

ゴダールがムルナウに「間に合わなかった」ということは、だから、『サンライズ』がジャン゠リュック自身の生誕以前にすでにこの世界に存在していたという時間的な前後関係とはいっさい無縁の事態を意味する。「遅刻」とは、何にもまして「不在」の体験なのである。あの路面電車の息をのまずには見られない滑走運動を知らなかったにもかかわらず、人なみのフランスの青年として、ゴダールはルネ・クレールやカルネやオータン゠ララをごく自然に知ってしまっていた。そのことの「取り返しのつかなさ」の自覚だけが、

「間に合わなかった」という現実をきわだたせるのである。そこに、初めて、「ヌーヴェル・ヴァーグ」が生まれる素地がかたちづくられる。

ムルナウに「間に合わなかった」ゴダールは、こうして、物質化されたいたたまれなさとともに映画と接しつづけることになる。それが募らせる時間感覚の揺らぎに対して、もっと早く生まれていればよかったという自戒の念は、映画などいつでも見られるという慰めの言葉と同様に、いかなる力ともなりがたい。映画作家ゴダールは、真の「遅刻者」としていたたまれなさに立ち向かうことで、「ヌーヴェル・ヴァーグ」にふさわしい映画作家となったのである。

かくしてゴダールは、はた目には堂々と「遅刻」することになるだろう。そして、それが、映画作家として、いささかも例外的な振る舞いではないことを立証しつづけねばならない。したがって、「決算」の試みであった『映画史』は、実践的な「立証」の試みともならなければならない。その過程で、彼はシャルル・ペギーとジョン・フォードとに同時に出会う。

『映画史』の「4B」に引かれているシャルル・ペギーの言葉にもあるように、「一秒の歴史を書くには……一日の歴史を書くには……永遠の時間が必要となる」。映画作家とは、ペギーの『クリオ』の女主人公のように、そもそも間に合うはずのない仕事を請け負う不条理な存在にほかならない。その不条理をごく自然なものに仕立て上げるために、歴史家が持つことのなかったプロデューサーという職業が成立する。その仕事は、物質化されたいたたまれなさをときほぐし、監督を「不在」の光から解放することに存している。

すでに神話化されている監督と製作者との対立は、だから、芸術か金銭かという不毛の二者択一にはとうてい還元しがたいものなのである。作品の「存在」を当然視するのが製作者だとするなら、監督にとって、それは決して自明のものではない。映画作家が向き合っている「不在」の光というものが、製作者の目には映るはずもないからである。だから、製作者は、撮影の遅れを、システム上の計算によっていくらでも回避できる人為的な事故だと確信するしかない。「存在」と「不在」をめぐるこの行き違いから、完成の時期をめぐる多くのトラブルが発生するのだとは考えられないことがプロデューサーの宿命なのだ。

ジョン・フォードがかろうじて時間通りに撮影を終えることができたのは、プロデューサーにせきたてられるたびごとに、涼しい顔で脚本の数ページ分を、撮影現場で破り捨ててしまったからだ。これは、シャルル・ペギーとは異なり、「存在」しないものは撮れないというユーモラスな解決である。フォードにならって、ゴダールも『フォーエヴァー・モーツアルト』のドゥルーズを思わせる映画監督ヴィッキーに、脚本を破る仕草を模倣させている。

だが、なぜジョン・フォードなのか。『映画史』にも『捜索者』からの抜粋が何度か登場し、『フォーエヴァー・モーツアルト』でもその名に言及されているのはなぜか。アン

『映画史』

ドレ・バザンを「決算」するためである。フォードを否定することで成立したといってもよいバザンの映画信仰から、ゴダールは、その後に発見したフォードによって解放されたと確信しえたのである。どこかしらバザンを思わせもするシャルル・ペギーだけでは、その『映画史』が単調になりかねぬという強い自覚が働いていたのである。

だが、ジョン・フォードを模倣するこの仕草は、必ずしもゴダールにふさわしい身振りとはいいがたい。涼しい顔で「遅刻」をまぬがれてみせるフォードとは違い、彼の場合は、むしろ「遅刻」を実践的に正当化すべき立場に置かれているからだ。そのため、これまでのゴダールの映画に登場したほとんどの映画作家たちは、何らかの理由で撮影のリズムを崩され、完成期限に「間に合わない」という事態を体験せねばならなかったのである。

たとえば、『万事快調』の映画監督イヴ・モンタンは、組合のストライキで撮影のリズムを大幅に狂わされてしまう。『パッション』の映画監督イエジー・ラジヴィオヴィッチは、照明の具合が悪いという理由ではかばかしく撮影が進まず、頭をかかえこむしかない。精神病院で治療中の『カルメンという名の女』の映画監督ゴダールは、そもそも姪の犯罪に利用されただけのピエロのような存在で、撮影にとりかかるきっかけさえ見いだせずにいる。なぜか撮影の企画がまいこんだ『右側に気をつけろ』の「白痴」ことゴダールの場合は、空港のタラップを降りかけたところで足をふみはずし、かかえていた完成フィルムのロール缶を放り出し、納期に遅れそうになる。『ゴダールのリア王』や『フォーエヴァー・モーツアルト』の映画監督がどんな立場に置かれていたかは、すでにみたとおりだ。ゴダール的な映画作家のまわりでは、いたるところで予期せぬ事件が起こり、「遅刻」が日常化されている。いずれにせよ、ゴダールは「遅刻」するしかないのである。

だが、それは奇妙なことではないか。ペギーとともに「一日の歴史を書くには……永遠の時間が必要だ」と口にしていながら、ゴダールその人は、映画「百年の歴史」を『映画史』としてとにかく撮り上げてしまっている。のみならず、「未完に終わった映画のすべてを語る」とまでいっていながら、「1A」に引用されたエイゼンシュテインの『ベージン草原』やオーソン・ウェルズの『イッツ・オール・トゥルー』のような未完の作品など、彼は一つとして残してはいない。だが、『映画史』こそ、それに拮抗すべき偉大な「未完」の作品たる資格をそなえていたはずではないか。だというのに、人びとの前に投げだされたのは、まぎれもない完成品なのである。

たしかにゴダールは、『JLG／自画像』の中で、「実現しなかった映画のリストは途方もなく長い」といってはいる。だが、いったん撮り始めた映画は、たとえ納期が遅れようと、必ず完成させている。それによって、エイゼンシュテインやオーソン・ウェルズのような「呪われた作家」に仲間入りする機会をみすみす逃しているのはなぜなのだろうか。

ことによると、ゴダールは、自分のあらゆる作品がそうであるように、『映画史』もまた未完成だといいはるのだろうか。実際、構想のある段階では、「1A」に始まり「4B」

で終わっている現在の構造とは異なり、「A」も「B」もそえられていない「5」という独立の章を彼が撮るつもりでいた形跡がある。(2)その「5」が放棄された理由は何か。あるいは、その放棄は決定的ではないというのだろうか。ゴダールに、なお「待つ」ことが可能だというのだろうか。

D　性急

「待つ」ことなどとても我慢できないゴダールは、撮り上げられた一本の映画を、構成された意味作用の場としてとらえようなどとは、はなから考えていない。何かにつけて「性急」な彼は、そこにかたちづくられているはずの文脈と、その中でたしかな輪郭におさまるだろう意味へとたどりつこうとする緩慢な歩みに同調する意志を、あらかじめ放棄している。そもそも映画は「待たない」ものなのだから、「待つ」といったのんびりした姿勢でこれに接していたのでは、映画そのものを取り逃がしてしまうだろう。すべては、一瞬ごとの勝負にかかっている。

『映画史』が「性急」さの擁護と顕揚として撮られていることは、誰の目にも明らかである。「宇宙の統御」と題された「4A」の中心ともいうべき「アルフレッド・ヒッチコックの方法序説」で語られているのは、まさしくそれである。しかし、その「性急」さは、たとえばジャック・ランシエールがいっている「筋に対する映像の優位というゴダールの本質的なテーゼ」などとはいっさい無縁のものである[3]。

たしかにゴダールのいうごとく、『海外特派員』の「ジョエル・マックリーがオランダに何をしにいったか」を忘れてしまった人も、あの風にさからって逆向きに回転する「風車のことは……覚えている」かもしれない。ゴダールは「沙漠の中のバス」といっているがじつは「トウモロコシ畑の中のバス」や、『断崖』の「白いミルク」や、『汚名』のワインセラーに「並んだボトル」のことだけは誰もが覚えているというのだが、それに先立つ画面の連鎖のことを、彼は本当に忘れているのだろうか。もちろん、彼にしても、それをまったく覚えていないわけではない。ここでのゴダールの「性急」なレトリックから読みとるべきは、あたかも忘れてしまったかのように振る舞うことで、彼にとってのヒッチコックが初めて成立するという視点でなければならない。

ランシエールは、ゴダールに対する反駁可能な視点の一つとして、「物語的な状況に完全に由来する感情的な負荷」によってそうした細部がきわだつにすぎず、「画面の絵画的な特性によってではない」と書いている。なるほど、この主張は、一般論としての映画解読には妥当しうるかもしれない。だが、ゴダールにとってはまったく役に立たない指摘だというしかあるまい。というのも、「アルフレッド・ヒッチコックの方法序説」がごく簡潔にいっているのは、「物語的な状況に完全に由来する感情的な負荷」の増大などにつきあっている暇は自分にはないという「性急」さの擁護と顕揚にほかならぬからだ。

さすがに「単に映像を物語的な連鎖から切り離すこと」だけが問題なのではないと気づき、重要なのは「映像の本性を変えること」だとその視点を変更せざるをえないランシエールは、こんどはアリストテレスの「カタルシス」の概念に助けをもとめる。「白いミルク」の入ったグラスを盆にのせてゆっくり階段を上るケイリー・グラントと、寝室のベッドで不安に脅えるジョーン・フォンテインを交互にしめす『断崖』のこの場面に、彼は「すぐれて劇的な情熱である恐れのカタルシス」を見ようとするのである。「同一化を誘う様態で引きおこされると同時に、不安を横断してそれから解放される知の戯れにおいて浄化され、軽減される」という二重の効果がそこにこめられていると、彼はいう。

だが、ヒッチコックをめぐってアリストテレスの「カタルシス」を持ちだすというこの芸術学的な視点は、たんに誤っているという以前に、あまりにも無益な試みだといわねばならない。「風車」や「バス」や「白いミルク」や「並んだボトル」は、アリストテレス的な作劇術における物語の終局とは何の関係も持ってはおらず、たんに大筋からはこぼれ落ちた細部にすぎない。それにしても、ジャック・ランシエールにはまだ理解できないのだろうか、ゴダールにとって、ヒッチコックという存在が絶対的な矛盾にほかならぬということを。『映画史』が、何にもまして「性急」さの擁護と顕揚であり、その作者が、撮り上げられた一本の映画を、構成された意味作用の場などとはとらえていないということを。そして、「方法序説」のゴダールが、「カタルシス」の前提となる周到に組織されたヒッチコック的持続に、深い苛立ちさえ隠さずにいるということを。

実際、「性急」なゴダールは、ヒッチコック的なサスペンスなどにひとかけらの興味もしめしてはいない。抒情詩人ヒッチコックが得意とする愛の成就に向けてのゆるやかなメロドラマ的展開にもいかなる関心もしめしてはいない。何であれ「待つ」という姿勢が受け入れがたい彼は、それがヒッチコックによるものであれ、「カタルシス」の導入に不可欠な宙づりの時間に自分を同調させることなどとてもたえられないのである。だから、彼は、その周到な組織化にほかならぬヒッチコックの演出そのものに惹かれたりはしない。ヒッチコックに一瞬遅れて進み、その画面の聡明な連鎖がつむぎあげるみごとな劇的効果を追認したりはしないだろう。そのサスペンスやメロドラマの演出技法をまなびたいというなら、『ヒッチコック／トリュフォー　映画術』でも読めばよろしい。だが、自分にはそんな暇などない。『映画史』における「アルフレッド・ヒッチコックの方法序説」は、トリュフォー的なヒッチコックをも「決算」する試みとして受けとめられねばならない。

映画を見るとは、何にもまして早さを競う体験なのだ。そして、その体験において、ゴダールは、たえずヒッチコックよりも一歩先んじていなければならない。「風車」や「白いミルク」や「トウモロコシ畑の中のバス」や「並んだボトル」のイメージは、息をきらせて先回りしているゴダールにヒッチコック的な虚構の持続が奇跡のように追いつく一瞬にほかならない。その奇跡を作品に導入しえたがゆえに、ヒッチコックは「呪われた詩人」としては唯一成功した」映画作家とみなしうるのである。

「アルフレッド・ヒッチコックの方法序説」は、「性急」さの人ゴダールが、いかにしてヒッチコックを「決算」するかという試みにほかならず、『汚名』や『断崖』の作者の周到な演出ぶりに捧げられたオマージュではいささかもない。実際、『映画史』の作者は、一度たりともヒッチコックのように、ヒッチコックのような映画を撮ったためしがない。何かの間違いで偶然にもヒッチコックに似てしまうといった体験すら彼には起こっていない。その意味で、彼は、トリュフォーやクロード・シャブロール、あるいはブライアン・デ・パルマのような映画作家とはおよそ異質の世界に暮らすしかない「異星人」なのである。

分析も統合も知らない「異星人」JLGは、文脈によって生成する意味作用というものが理解できない。『右側に気をつけろ』の映画監督が「白痴」と呼ばれていたことは、だから偶然ではないのである。「記号はいたるところに」存在していながら、誰とも「ゲームの法則」を共有しえない「異星人」は、遍在する個々の記号の意味に到達することはないだろう。どれほどその作品にヴィトゲンシュタインの名前が引かれようと、ゴダール＝「白痴」は「言語ゲーム」という概念の外に位置するしかない存在だからである。

彼がその作品を通して発信する記号も、構成された意味作用の場をすりぬけ、命題におさまることなくわれわれのもとに送りとどけられる。実際、『映画史』の「2A」の章の題名「映画だけが」が、文字として画面に繰り返し登場するとき、その記号のつらなりは、ジュリー・デルピーの朗読するボードレールの詩編『旅』からの長い抜粋に触れることで、より高度な意味を誘発しているのだろうか。「2B」の章の題名「宿命の美」が、文字として画面に繰り返されるとき、その単語のつらなりは、サビーヌ・アゼマが朗読するヘルマン・ブロッホの『ヴェルギリウスの死』の長い抜粋に触れることで、より高度な意味を誘発しているというのだろうか。

いうまでもなく、ゴダールの作品を他の映画作家の作品から引き離しているのは、そこに氾濫しているさまざまな芸術作品の引用である。だが、ここにも「性急」さが姿を見せていることに注意が向けられねばならない。つまり、それが全編の文脈を構成するにあたってもっともふさわしい断片であるか否かの判断に充分な時間をかけたりはせず、むしろ素っ気なさをとどめたまま引用されているからである。マリヴォーが見あたらねばミュッセでことをすませてしまうというあの性癖が、ここにも顔をのぞかせている。そのため、原典との齟齬をきたしたり、細部に誤りが混入することさえしばしば起こるが、それも「遅刻」せずにおくための身振りからくるものであり、人はそのまま受け入れるしかない。

たまたま選ばれたにすぎないものが排他的な決定性を身にまとってしまうというゴダール的な凝縮がここでも強烈に作用している。その意味でボードレールの『旅』と、それを読むジュリー・デルピーの声と表情と、「映画だけが」という記号の繰り返しは、一つの文脈を形成することなく孤独に宙を漂う。同時に宙を迷っているものたちが作用させあう無自覚な吸引の磁力。「わが美しき悩み」としての「モンタージュ」とはまさにそれなのだ。「そこには、作用も反作用もない」というロベール・ブレッソンの言葉が引かれているように、ここでの文脈の形成に貢献しない「モンタージュ」は、いささかもエイゼンシュテイン的な概念なのではない。

もっぱら孤独に流通するその記号は、構成された意味作用の場を離れたまま、ただ芸もなく「反復」され、あるいは僥倖というしかない何かと「遭遇」することによって、素裸の「強度」において人の心を打つ。『映画史』のいかなる状況がその言葉を導き出したかを記憶してはいない人でも、「映画だけが」や「宿命の美」という記号は忘れずにいるはずだからである。ゴダールは、アルフレッド・ヒッチコックとはまったく異なるやりかたで、記憶の残存を可能にしているのだ。

そのかぎりにおいて、ゴダールの作品が送りだしている視覚的、聴覚的な記号の配置は、厄介な二つのものに似ざるをえない。まず、そこでは、ひたすら「反復」されることで「強度」を深める記号だけが流通しているという点で、ファシズム的な社会の統治機構にかぎりなく接近する。また、同時に、思いもかけぬものとの出会いによって「強度」を深める記号だけが流通しているという点で、信仰という宗教的な体験にかぎりなく接近しもするだろう。

「ファシズム」と「信仰」。この二つのものへの接近の身振りは、一方で、ゴダールを「二〇世紀」の混沌へと向かわせ、いま一方で、「永遠」の秩序へと向かわせるかに見える。いうまでもなく、それと戯れるには危険がともなう混沌であり、秩序である。だが、その混沌と秩序なしに映画が成立しえないことをゴダールは知っている。事実、全体主義的な統治を夢見ない映画作家などいはしないのだし、故郷の喪失をめぐるある種の詠嘆がそれに寄与することを知らぬ映画作家も存在しはしない。また、永遠を夢見ない映画作家などいはしないのだし、創造が、ときとして奇跡のよみがえりに、あるいは処女懐胎に似てしまうことを知らない映画作家も存在しはしまい。その意味で、映画作家ゴダールもまた、ほとんどファシストとして、ほとんど信仰者として振る舞うことをいささかも怖れてはいない。その『映画史』の魅力は、その二つの厄介な事態をあえて回避しようという余裕さえ持とうとはしない「性急」さにあるのだが、はたして、人は、それを真摯な身振りと呼べるのだろうか。

E　教育

『映画史』のゴダールは、「2B」の「宿命の美」において、フリードリヒ・ウィルヘルム・ムルナウとカール・フロイントをめぐって、「ヒトラーがミュンヘンのカフェで、まだビールを買う金すらなかった頃から、ニュルンベルクの照明は、彼らが発明していた」といっている。また、「3A」の「絶対の貨幣」においては、同時録音の技術さえ確立していなかったイタリア映画がかくも偉大なものたりえたことの理由として、「オヴィディウスやヴェルギリウス、ダンテやレオパルディの言葉が、映像の中を通過したからだ」という事実を挙げている。本当だろうかなどと、ことさらいぶかしげに眉をひそめてみるにもおよぶまい。この指摘には、『映画史』のゴダールが向かわんとしているかに見える混沌と秩序への映画の関わり方が素描されているにすぎず、それ以外には何の意味も含まれてはいないからである。

ニュルンベルクのナチスの党大会におけるヒトラーの登場と、それを受けとめる参列者たちの集団的な熱狂ぶりをフィルムにおさめた『意志の勝利』のレニ・リーフェンシュタールが、その照明の技法を、ムルナウとそのキャメラマンであるカール・フロイントから学んだか否かを検証することには、もちろん何の意味もあるまい。また、ロッセリーニとヴィスコンティとデ・シーカのうち、いったい誰が、オヴィディウスの言葉を、あるいはヴェルギリウス、ダンテ、レオパルディの言葉を継承するにふさわしい映画作家であるかを検証することにも、何の意味もありはしない。オヴィディウスやヴェルギリウスがイタリア語を話したのかと論駁することは、ヒトラーと映画の関係についてなら、ジークフ

『映画史』

リート・クラカウアーの書物でも読めば充分だなどと半畳を入れることと同様、愚かな反応だといわねばならない。それを嘲笑するかのように『JLG／自画像』の最後にオヴィディウスを原典通りラテン語で朗誦する老女を登場させているのだ。

『映画史』に氾濫している多くの言説は、いま見た二つの例がそうであるように、厳密な意味での検証にはあたいしない。それらのほとんどは、反証によっても、あるいは部分的な修正によっても正当な文脈におさまるあてのない無責任な断言というに近い。にもかかわらず、それがその場で波及させる記号としての「強度」だけは否定しがたい厄介な断言なのだ。それは、ときに気の利いた警句の形式におさまりそうに見えても、それを介して貴重な何かを他人に伝達することはひたすらこばんでおり、文字通り、「与えないこと」の実践であるかにみえる。だが、ここで言及されねばならない何かがあるとするなら、それは「性急」なゴダール独特の言語使用のモードの問題につきている。

実際、疑問文も、否定文も、語調緩和も、比喩表象も、婉曲話法も、間接話法も知らない「異星人」の言葉のように、すべては有無をいわせぬ断定のかたちをとってしまう。「あたかもヒトラーは、ナチスの党大会の舞台装置をきわだたせるために、ムルナウを始めとするドイツの無声映画の照明を採用したかのようだ」といった婉曲な文章の成立を、彼は待ってはいられないからである。「イタリアのネオ・レアリスムの登場に立ち会ったものたちは、あたかもこの国の豊かな文学的伝統が映画のかたちをとって不意によみがえ

ったかのよう
な驚きを覚えたのかもしれない」といった丁寧な文章を口にしている余裕などは、彼にはないのである。

疑問も否定も婉曲も比喩も知らない「性急」な断定、そしてその単調な繰り返し。「ファシズム」と「信仰」への接近を隠そうとはしないゴダール的な言葉遣いは、幼児言語をはじめ、いくつかの類似の記号を思い起こさせる。たとえば夢という記号、イメージという記号、奇跡という記号などがそれだ。実際、夢をかたちづくる心象は、それ自体として否定形を知らぬ記号である。イメージ＝映像もまた、いかなる逡巡もなく、それが表象するものを端的に肯定する。奇跡に立ち会ったものの言葉も、それを肯定し、疑問や否定のまぎれこむ余地を排除する。「異星人」ＪＬＧの言葉は、その意味で、記号としての夢やイメージや奇跡にかぎりなく近づき、推論や論証の手段となることをあらかじめ放棄しているかにみえる。『映画史』がいささかも教育的な作品たりえないのは、そうした理由による。

だが、ここでのゴダールは、真の意味で反＝教育的な存在たろうとしているのだろうか。ここでやや気になるのは、「ありえたかも知れない映画史」という言葉をのぞいてほとんどが直接的な断定の形式におさまっている『映画史』の記号の中で、数少ない例外として姿を見せている条件法の構文のことだ。それは、ほかでもない、多くの物議をかもしもしたあの「1A」で語られている「もしジョージ・スティーヴンスが最初に、初めての16ミリ・カラーフィルムをアウシュヴィッツとラーヴェンスブリュックで使っていなかったとしたら、たぶん決して、エリザベス・テイラーは「陽の当たる場所」を見いだしていなかっただろう」という文章である。

そこでいわれていることがはたして正当か否かを論じることは、すでに指摘しておいた理由によってほとんど意味がない。問題は、「異星人」JLGに、なぜ、この長い条件法構文を完結した命題として維持しようとする時間の余裕があったのかということだ。いったい、なぜ、短い単語による肯定ではなく、「仮に……ではなかったとするなら……」という否定形の仮説で始まり、同じく「……そうなりはしなかったろう」という否定形の条件法で結ばれる長い文章がここに登場するのだろうか。彼の「性急」さは、それとどのような折り合いをつけるのだろうか。

もちろん、ここにもゴダールの「性急」さが顔をのぞかせているという解釈は充分になりたつ。実際、一度に多くのことをいおうとして（性と死、光と影、強制収容所とハリウッド、スターと匿名の存在、エリザベス・テイラーとジョージ・スティーヴンス、記録とフィクション、キャメラとその被写体、表象とその限界、男性と女性、カラーとモノクローム、等々）、それに関わりのあるすべての要素（たとえば、『陽のあたる場所』でエリザベス・テイラーを主演に迎えてアカデミー監督賞を受賞したジョージ・スティーヴンスは、三〇年代からすでにハリウッドで活躍していたが、第二次世界大戦中にはアメリカ軍の映画班に所属し、ヨーロッパ戦線でキャメラをまわし……等々）を思い切り凝縮し、可能なかぎり短い一つの文章にしようとした結果、こうした複文が成立してしまったというのがその解釈である。

いま一つの解釈は、ここでのゴダールがいつになく教育的であることが、いつもの思い切りのよい時空を超えた断定的な併置――たとえば「2B」に見られる「エイゼンシュテインの、拷問にかけられたいくつもの身体」や「ヴェサリウスの最初の人体標本」、あるいは「ミルクのグラスを見つめるジョーン・フォンテインの名高い眼差し」や「パストゥールの犬」、等々――の力学を鈍らせたのではないかというものだ。誰もが当然知っておくべきでありながら、あまり言及されることのない歴史的な事実をとりあげ、それに人目を惹く固有名詞をまぎれこませ、そこに時間的な前後関係をも見失わないための配慮を施しつつ一貫した情報に仕立て上げ、それを広く流通させようという彼らしからぬ教育的な善意がまず存在していた。だが、その善意は、過去の事実の反対の仮定といった事態にはあまり慣れてはいない「異星人」ＪＬＧの思考の中で空転し、その結果、構文としては形式が整っていながら、論理的な脈絡には飛躍のある言説が生まれてしまったのではないかという解釈である。

いずれにせよ、見落としてならないのは、この否定形におかれた条件文が、「性急」さの擁護と顕揚としてある『映画史』に、やや異質な色調をしのびこませているという点である。かりにそれが正確さを欠いているにせよ、ハワード・ヒューズを「『市民ケーン』のプロデューサーにして、トランスワールド航空（TWA）のオーナー」と大胆にいい切ることのほうがはるかにゴダール的であるはずだ。それに似たいつもの無責任な断言であるかに見えて、「A」でなかったとしたら、「B」という結果は生まれ落ちなかったかもしれないとする論理的な脈絡の存在が、あっけらかんとしたいつもの併置——「A」も「Z」も——にはそぐわない念入りな身振りを素描させているからである。

その結果として、二つの事態が生起する。一つは、「貸借関係」をゼロにしようとする「決算」の姿勢の鈍化である。いま一つは、無償の「贈与」への無自覚な執着である。事実、ここでのゴダールは、かぎりなく「教育」に接近しているかにみえる。にもかかわらず、ゴダール的と呼ぶほかない逆転がここで起こっていることに注目せねばならない。たった一度しか口にされていないにもかかわらず、たとえば「ジョーン・フォンテインの眼差し」と「パストゥールの犬」というぶっきらぼうな断定的併置よりも、「アウシュヴィッツ」と「エリザベス・テイラー」の例外的なまでに念入りな論理的文脈の設定のほうが、ある種の「スキャンダル」として、人びとの感性を強く刺激することになるからである。こうした刺激とも好んで戯れる「異星人」JLGを、ジャーナリスティックなゴダールと呼ぼう。この種のジャーナリスティックな発言は、『映画史』が対象とすべき映画に向けてはおらず、したがって、彼自身の「決算」とも無関係でありながら、マスメディア向けのコマーシャルとしてはきわめて有効な記号なのである。

では、なぜ、『映画史』に、それも冒頭部分からジャーナリスティックなコマーシャルをすべりこませるのか。理由はあっけないほど単純なものだ。スティーヴン・スピルバーグに対抗するためである。ゴダール対スピルバーグ。実際、映画作家ゴダールは、シンボルとしてのスピルバーグを無視することのできない数少ない「異星人」なのである。『映画史』にも『愛の世紀』にもスピルバーグの名前はいささか否定的なかたちで登場しているが、それを間違っても揶揄の対象としてとらえてはならない。スピルバーグが『E.T.』を撮ってしまった瞬間、真の『E.T.』を撮るべき監督は自分をおいていないはずだとゴダールは確信したのであり、その確信はいまにいたるも揺らいではいない。

モーツァルトのメロディーに耳を傾け、マネの絵画に親しみ、フローベールの長編小説に読みふけり、なお多くの映画にも興味をしめしつづけるというだけではとらえそこねる『映画史』に重要な側面があるとするなら、それはこの作品においてスティーヴン・スピルバーグがしめるべき位置の曖昧さである。自分よりあとに登場した世代の監督たちに真摯な興味をしめしたためしのないゴダールが、『映画史』においても、それ以外の場においても、間接的にではあれ『E.T.』の作者に何度も言及している点に、人はいま少し敏感でなければならない。だが、そのことに多少なりとも自覚的な論者が、ゴダールのスピルバーグに対する寛容さを許しがたいと批判するランズマンの『ショアー』擁護派の見当違いな立論にかぎられているという構図の単調さには、いささかげんなりしないでもない[4]。スピルバーグに対抗してとまではいえぬとしても、『映画史』は、『E.T.』の作者への複雑な心的屈折なしには成立しない作品なのだ。ゴダールは、『未知との遭遇』にフランソワ・トリュフォーを登場させたこのアメリカの映画作家を、いまだ「決算」しえずにいるのである。実際、その「貸借関係」は、いまなおゼロになってはいない。「貸し」はあっても「借り」はないとさえ断言しかねているのである。その意味で、『映画史』は、この「異星人」にとって、ある種の「未完」の作品だと見なしうるかも知れない。

「異星人」JLGは、いま、「抗いがたい衰退への道を、毎日一歩ずつ下って行く国」で亡命生活を送っている。その亡命の地で『映画史』を撮ることによって、彼は、その生来の人騒がせな性癖である「間に合わないこと」、「待てないこと」、「与えないこと」をどう処理しえたというのだろうか。ゴダールは、なおも遅刻しつづけるのだろうか。思いもかけぬ「性急」さを、なおも発揮するのだろうか。すべてを自分一代で「決算」しきったといえるのだろうか。

わたくしたちは、覚悟を決めている。夢でとおりすぎた楽園で一輪の花を受け取り、目覚めてもなおその花を手にしていたという男が、ジャン゠リュック・ゴダールその人だったという『映画史』の最後の言葉など、いささかも信じはしまいということを。「私が、その男だった」というその「私」が誰であるかなど、「異星人」JLGが識別しうるはずもないからだ。ゴダールは、自分自身のうちにさえ後継者を持たぬまま、なおも「孤独」である。

註

（1）Jean-Luc Douin, *Jean-Luc Godard*, Rivages/Cinéma, Edition augmentée, 1994 の Bernard Bouix の証言による。三六頁参照。

（2）Jean-Luc Godard, *Histoire(s) du Cinéma*, Festival International du Cinéma Locarno, 1995（ロカルノ映画祭による私家版『映画史』）にその形跡が見える。

（3）Jacques Rancière, 'Une fable sans morale: Godard, le cinéma, les histoires' in *La Fable cinématographiques*, Editions du Seuil, 2001（堀潤之訳「教訓なき寓話」、『批評空間』Ⅳ―3、二〇〇二年）を参照。

（4）Gérard Wajcman, '《Saint Paul》Godard contre《Moïse》Lanzmann, le match', *L'Infini*, no. 65, 1999. ジェラール・ヴァイクマン「《聖パウロ》ゴダール対《モーゼ》ランズマンの試合」（堀潤之訳、四方田犬彦＋堀編『ゴダール・映像・歴史』産業図書、二〇〇一年所収）参照。

なお、執筆にあたっては、『ゴダール　映画史　テクスト』（愛育社、二〇〇〇年）所収の「テクスト採録」（堀潤之、橋本一径）を参照した。

Ⅳ　映画作家は世紀のはざまを生きる

そして、誰もいなくなってしまった、のだろうか……

――『新ドイツ零年』

何の役に立つのか皆目見当もつかない巨大な鉄骨の装置ばかりが作動しているひとけのない草原で、ドイツ語を話すラ・マンチャの騎士とすれ違ったばかりの年老いた密偵レミー・コーションは、ひたすら西を目指してそのおぼつかない歩みを続けながら、不意に、モーツァルトが死んでちょうど二〇〇年がたっていることに思いあたる。アンドレ・S・ラバルトが語っているはずなのに、なぜかエディー・コンスタンチーヌのそれを思わせてしまう嗄れた声が、ふとそのことに気づいたのだとつぶやくように口にするとき、真黒な画面には、一瞬、白抜きの文字で、「われ、深き淵より……」の言葉が浮き上がるのだが、それに続く画面には、何の変哲もない冬枯れの乾いた風景がぶっきらぼうに写しだされるばかりだ。

あくまで淡い斜めの日ざしが北国の印象をことさらきわだたせるその風景の中に、レミー・コーションの姿は見あたらない。『新ドイツ零年』を埋めつくしている「音響と映像」の零地帯が不意に出現したかのように、ありとあらゆる聴覚と視覚とがそこでむなしく宙につられ、ただでさえおぼつかないものだった解読の枠組が、あとかたもなく消えてしまったかにみえる。ウィーンから四〇〇キロ離れた土地であることが道路脇の標識から知られるゆるやかに傾斜した地形にそって、ただ、二匹の犬が、せっぱつまった足取りで画面を斜めにかけぬけてゆくばかりなのである。もはや、ドイツが二つの国家に分断されてはいないという事実が、この動物からものどかな散策の習慣を奪ってしまったかのように、その走り方にはせっぱつまったものが感じられる。何ごとか緊急の事態——まさか、アントン・ウェーベルンの不慮の死ではあるまい——を仲間の犬たちに告げようとしているようでもあり、同類どもとの暮らしがどうにも耐え難く、やおら意を決して孤独な逃亡を企てたかのようにも見えるそのひたむきな走り方が、はた目にはどうも尋常ではない。実際、『ジュラシック・パーク』の恐竜たちの群れをなす疾走ぶりよりも、これは遥かに不気味なのである。いったい、SFXが動かしているわけでもないこの本物の犬どもは、どこに向かって、何のために、これほど急いで走っているのだろうか。

とはいえ、何しろ、『新ドイツ零年』はあのジャン゠リュック・ゴダールが撮った映画

『新ドイツ零年』エディー・コンスタンチーヌ

なのだから、モーツァルトの死後二〇〇年目にウィーンからさして遠くない土地で起こったこの犬たちのいささか場違いな疾走ぶりの意味するものが何なのかなどと、無粋な問いを口にしたりする者はもちろんひとりとしていまい。誰もが、唐突に視覚を不意撃ちするこのイメージを、それがそこに表象しているだけのものとして素直に受け入れる覚悟はできているはずである。にもかかわらず、薄曇りの寒々とした土地を迂回しながら走り下りてくる二匹の犬のイメージは、「レミー・コーション最後の冒険」と副題されたこの作品にあって、薄気味悪く突出した細部をかたちづくって見る者を戸惑わせる。

実際、それをふと目にしてしまった者の感性は、何とも解消しがたい不均衡に陥るほかはなく、ことによると、この二匹の動物が、モーツァルトの死んだ瞬間から今日まで、二世紀もの時の厚みを超えてひたすら走りぬけようとしていたのではないかといった錯覚さえ覚えてしまう。この犬どもは、二〇〇年にもおよぶ歴史の流れにとり残されまいとしてやみくもに走り続けているうちに、いつしか動物本来の愚鈍きわまりない本能にたちかえり、人類にとってはかけがえのないものだったはずのあの「起源」だの「目的」だのといった概念を、きれいさっぱりこの世から抹殺してしまっているかのようなのだ。それにつれて、歴史をあれこれ思考してきた人類までが、ひとり、またひとりと地上から姿を消してゆき、ついに、歴史には徹底して無頓着な愚鈍さのみがあたりに拡がりだしているのだろうかといった不吉な思いが、ふと頭をもたげる。だがそれにしても、本当に、誰もいなくなってしまったのだろうか。ことによると、この動物たちは、ブヴァールとペキュシェという名で呼ばれるあの始末におえぬ二人組の化身だったのかもしれない。

『アルファヴィル』の最後でお姫様アンナ・カリーナを星雲都市から救い出していらい、レミー・コーションことエディー・コンスタンチーヌは、ベルリンの壁の東側にある冴えない美容院の曖昧な下宿人としてつぎなる指令を待ちながら、どうやら三〇年近くの時を過ごしてしまったらしい。だが、「東西対立」も終わりを告げ、もはや「東」に身をひそめて暮らす意味をなくしてしまった老齢の密偵が西へと向かう途上ですれ違う人影という人影は、いまという時間を生きる人間というより、どこかの本棚の書物――ヘーゲル、ゲーテ、リルケ、スタール夫人等々――から漂いだしたような、影に似たつかみどころのない曖昧さを身にまとっている。衣装を着がえただけでドラにもなればシャルロッテにもなるという変幻自在な若い女性がレミー・コーションに誘うような視線を向けたり、彼の知らぬ間にいきなり長い髪の毛にブラシをあてたりもするデルフィーヌとやらが、その思いつめたような横顔をキャメラに向けて高架線の電車に揺られていたりしても、それらが誰なのかはさっぱりわからない。バスや市電が横切る繁華街の光景にしてからが、カラーで撮られているはずなのに鈍い光線の中に沈みこみ、そこに行き交う歩行者たちも、撮られることでこの世から消滅することを当然な事態として受け入れているかのようだ。夜の雑踏にキャメラが向けられるときですら、電灯の明るさがひとびとを保護しているようにはとても見えない。なぜか伯爵と呼ばれたりする情報局員の役を演じているハンス・ツィシュラーさえが、その襟元に垂れる深紅の長いマフラーにもかかわらず、どうして、いま、自分がヴェンダースの映画に出ていないのか不思議でならないといった怪訝な表情を浮かべてみせたりもする。実際、『さすらい』の最後で彼が目にしたものは、まだ健在だったころの東独との国境線ではなかったか。

それにくらべると、ごく短く挿入されるロベルト・ロッセリーニの『ドイツ零年』を始めとする過去の映画の黒白画面は、その粒子の粗さにもかかわらず、思いもかけずに瞬間的な蘇生を許された自分を祝福するかのように、いかにも潑剌としている。ベルリンの壁などあっさり崩壊しても、ムルナウの『最後の人』やフリッツ・ラングのいくつかの作品は、たとえごく短い断片としてでも輝く術を心得ているし、共産党政権があっという間に瓦解してしまったソ連においても、エイゼンシュテインの『アレクサンドル・ネフスキー』やバルネットの『青い青い海』は、たとえヴィデオで再生された粗悪なイメージであろうと、瞳に快く微笑みかけてくる。だというのに、いま生きているはずの人影がこうも希薄に漂っているというのはどうしてなのか。

ことによると、歴史はいうまでもなく、ありとあらゆるものがネガの断片のようにあたりに散乱し、世界は、もはや切り刻まれたフィルムとしてしか残されてはいないのかもしれない。事実、その表面にちっぽけなポジの画像として定着されたものだけが、いま、かろうじて生き残っているかにみえる。だとするなら、「起源」や「目的」などいっさい記憶することのない愚鈍さだけが、二匹の犬として視界を横切りながら、そのひたすらな疾走ぶりによって、没後二〇〇年が祝われているのだというモーツァルトの楽曲に耳を傾けたりする呑気な人間たちを、何の役にも立たぬ無数のネガの切れはしのように、あたりいったいに撒き散らしてゆくのだろうか。

ここで孤独なものと映るのは、もはや「人間」などではない。実際、悲しみという感情は、遥か以前から人類の資質であることをやめてしまっている。だから、疾走する二匹の犬のいささか唐突なイメージが、ベルリンの壁の崩壊によって二つの国であることをやめてしまった東西ドイツの混乱と、その土地をおおっている孤独や悲しみの映画的な表現だなどと勘違いすることは許されない。ここで痛ましいまでの孤独な悲しみとして露呈されているのは、間違っても人類の不幸などといった事態ではなく、まさしく切り刻まれたポジのちっぽけな画面そのものとして生き続けるしかないフィルムのたとえようのない孤独、癒すことのできない悲しみにほかならない。それは、はからずも生き残ってしまった映画が耐えねばならぬ悲しみであり、映画が芸術として永遠の生命を享受しつつあると信じたりすることの無邪気さとはいっさい無縁の純粋状態の悲しみなのである。

いまや、映画は死んだなどという根も葉もない世迷いごとに騙される者はよもやいまいと思う。二匹の犬がそうであるように、映画からは、自死の特権さえ奪われているからである。あたかも社会主義が崩壊したり、西欧が没落したり、歴史が終焉したりすると信じているかのように、映画が崩壊し、没落し、終焉するなどと涼しい顔で公言する者たちこそ、そう口にすることで、あらかじめ世界から姿を消そうとしているかに振る舞うシニカルな連中にすぎない。

映画の不幸は、それ本来のオプチミズムゆえに、そうしたシニシズムをフィルムにおさめることができないことにある。密偵レミー・コーションがすれ違う人影が何とも希薄なのも、そうした理由による。あたかも、そして、誰もいなくなってしまったかのように、たしかに人影がいくつも映っていながら、『新ドイツ零年』の画面からはその生気が漂ってこないのである。いま、映画が途方もなく悲しいのは、だから、その終焉の瞬間が近づいているからではなく、世界にキャメラを向けようとすると、世界そのものが、あたかもおのれの輪郭を曖昧に揺るがせるかのようにして被写体たることをこばみ、ファインダーの向こうに浮上するものは、ただ、愚鈍さばかりだからである。

愚鈍さとともに、またしても生き残ってしまった映画。そんな苛酷さに耐えられる映画作家は、もちろん、この地上にたったひとりしか存在しない。

喪中のゴダール
――『JLG／自画像』

　戦下のサラエヴォあたりでコピーされたとしか思えない粗悪な子供の肖像写真が、窓ぎわで戸外の鈍い光線を受けとめている。それが、ゴダールの『JLG／自画像』の導入部で人が目にするイメージである。いかにも時代ものめいた電話のベルなど背後に響いていたようにも思うが、人は、まずこの不出来なモノクロームの肖像写真に目を奪われ、誰も受話器をとりあげそうにない気配にいらだったりはしない。どうしてそんなことになるのかは定かではないが、ひたすら瞳を凝らしてスクリーンを見据えるのみである。

　誰にも少年だったり少女だったりした時代はあるのだから、ジャン＝リュックにもそのころの写真が残されていて何の不思議はない。見る者は思わずそうつぶやきはするが、それがはたして本当に彼自身の少年時代の肖像写真なのだろうかと訝らずにもいられない。何しろ、相手はあのゴダールなのだから、ボスニア＝ヘルツェゴヴィナの幼い犠牲者の写真などを捜し当て、それを自分の少年時代の写真だなどと強弁することだって大いにありうる。そもそも、どんな理由で、ここに子供の肖像写真がいきなり登場しなければならないのか。

正直なところ、粗悪な肖像写真が再現している少年の容貌は、とりわけ利発そうでもなければ、瞳を放棄して思わず同化せずにはいられないほど愛くるしくもない。画面の背後には、どこかで遊んでいるらしい子供たちの無邪気な叫び声が低く響き、犬まで孤独に遠吠えしている。ロジェ・レーナルトの『最後のバカンス』のサウンド・トラックから来ているらしいそんなもの音をかきわけるようにしながら、ゴダールその人のナレーションがいつもの舌足らずな口調で始まる。それに耳を傾けてみると、他の人なら死が訪れてから喪に服するものだが、私の場合は、まず喪に服することから人生を生き始めたなどと、ぶつぶつつぶやいている。

追悼が逝去にさきだつという時間＝歴史を身をもって生きること。それが、ここでJLGを名乗る主体の自己同一性なのだと『JLG／自画像』はいいたいらしい。おいそれとは訪れそうもない死を待ちながら、喪としての生涯を送り続けて来た男がここにいる。その「肖像画」をこれからお目にかけよう。あたかもそういうかのように、彼は、おもむろに、革命期の共和暦「霧月」の一語をつぶやく。

かりに、それが『JLG／自画像』というフィルムだとするなら、ここにはいつものゴダール的な時間の取り違えが描かれている。実際、映画が「一二月の自画像」と副題されているとおり、ジャン＝リュックは確かに一二月に生まれているのだが、共和暦の「霧月」は一〇月から一一月にかけてのことにすぎず、ここでのナレーターは、あたかも生誕以前におのれの生誕を語り始めてしまうという不注意をまぬがれていないかにみえる。あるいは、ことによると、「霧月」に当たるある日、間違っても時刻通りに姿を見せたりはしないジャン＝リュック少年が、いきなり喪服姿でサロンに現われたりして、招待客と対応している母親を当惑させたりしたのかもしれない。「どなたか、お亡くなりになったの？……」、「いいえ……」。母親は低くそうつぶやき、黒ずくめの幼いジャン＝リュックをそっとサロンから追いやる。そのときの記憶が六十数年後によみがえり、老年と呼ぶにふさわしい年齢のゴダールに、この映画を撮らせているのかもしれない。人は、どこにも存在しないそんな光景を、つい思い描いてしまう。あたかもその種の反応を予期していたかのように、ナレーターの言葉は几帳面な弁明へと移行する。ことわっておくが、私は、誰か親しい他人が亡くなったから喪に服しているわけではない。私は、ただ、私の喪に服しているにすぎない。たった一人しかいない私の友人である私自身の喪に服していたのだ……。

だとするなら、『JLG／自画像』は、またしても時刻を取り違え、自分自身の死の早すぎた追悼の儀式を演じる男の肖像画ということになるのだろうか。世界がなお存続しているかに見えるのは愚かな錯覚にすぎず、世界はとうの昔に終焉している。そして、詩人だけが、その終焉を身をもって生きつつ、それを追悼しうる存在なのだ。ゴダールは、そういいはるのだろうか。だが、そんなことなら、一世紀以上も前に、ドイツ・ロマン派の詩人たちが、得意のイロニーをたっぷりこめてやっていたことではないか。二〇世紀末のレマン湖畔にさまよいだした時代遅れのドイツ・ロマン派詩人ゴダール！……これは亡霊なのか、それとも出来損ないの反復＝コピーなのか。

もちろん、冗談もほどほどにするがよいと舌打ちして、『JLG／自画像』を見るのをきっぱりやめることもできる。映画にはどこかしら楽天的なところがあるので、彼が映画作家であったら、みずから生命を断つことなどなかったはずだという言葉で画家のニコラ・ド・スタールを追悼したのは、お前さんではなかったのかい。そのご当人が、死の訪れる以前から喪に服していたなどとうそぶいてみたって、そんな言葉を誰が信じられようか。そう口にしながらスクリーンから遠ざかることも、決して禁じられていない。

にもかかわらず、あなたが『JLG／自画像』を最後まで見てしまうのは何故なのか。それが、映画を見るという習慣の恐ろしさなのだろうか。ゴダールのいつもの悪い冗談とつきあうことが、刺激的な体験だとまではいわぬにしても、暇つぶしとしては決して不快

『JLG／自画像』

ではないからだろうか。それとも、いいっぱなしの無責任な断言にこそ、読むべき意味が隠されていると信じるからだろうか。あるいは、ゴダールが、黙ってそれを見るか、黙ってそれを見ずにおくかの選択しか許さない過酷な映画作家だからだろうか。

粗雑なコピーとしか思えない少年時代のジャン＝リュックの肖像写真を見ながら、この瞳は、まだ何ひとつ見てはおらず、今後もまた見ることはあるまいと人は確信する。それが映画作家ゴダールの瞳へと変貌するには、この少年は死ななければならない。アウシュヴィッツなり、パレスチナなり、ボスニア＝ヘルツェゴヴィナなりで死ななければならない。にもかかわらず、少年ジャン＝リュックはアウシュヴィッツにも、パレスチナにも、ボスニア＝ヘルツェゴヴィナにも立ち会いそびれたまま、レマン湖畔を今日も徘徊している。だとするなら、ジャン＝リュックは、かりにフィクションであろうとその死を演じきり、しかるのちに喪に服すことで映画作家ゴダールとならねばならない。そして、その追悼の身振りが、映画が自分とともに終焉したというフィクションを支えてくれれば申し分あるまい。

かくして、『JLG／自画像』は、「父親殺し」ではなく、奇怪な「息子殺し」の物語として二〇世紀末の人類に送りとどけられることになる。その物語は、自分が映画作家となるために自分自身であった少年を殺戮した瞬間以降、映画など存在することを許さないという宣言でもあるはずだ。事実、ゴダールの『映画史』は、自分より年下の映画作家の存在など一人として容認しないぞという宣言にほかならなかった。そのアリバイを、あなたは認めるか、認めないのか。いま、過酷な選択があなたの目の前につきつけられている。

老齢であることの若さについて
――『フォーエヴァー・モーツアルト』

サラエヴォへと向かう娘や甥から逃れるようにしてパリに舞い戻ったヴィッキーは、カフェに腰をおろしてひとりビールを飲む。誰とも言葉をかわすことなくグラスを傾ける老齢の映画作家のまわりには、都会の夜の気配がテラスのガラスごしに無慈悲にしのびよってくる。ごく短いショットがとらえるこの小柄な男の横顔には、色濃く孤独の影がさしている。『フォーエヴァー・モーツアルト』の監督ジャン゠リュック・ゴダールほど著名な人物ともみえないが、やや視線を伏せたまま、彼はしきりに思いにふけっているかにみえる。その思いは、深い悔恨に彩られているのだろうか。屈辱だろうか。無力感だろうか。それとも、思考のまったき不在と裸で向かい合うことの戸惑いだろうか。

戦火のサラエヴォでミュッセの戯曲『戯れに恋はすまじ』を上演することを思いたった娘カミーユは、いとこのジェロームと語らい、イスラム系メイドのジャミラまで道づれにして、二〇世紀の宿命的な廃都めざしていちもくさんに走り出してしまった。カミーユから同行を求められた自分は、もとより彼らのひたむきな疾走をおしとどめることなどできはしない。この自分に可能だったのは、彼らの前から黙って姿を消すことぐらいでしかなかった。このショットをみたしている映画作家の沈黙は、『フォーエヴァー・モーツアルト』でこれまでに起こった事態を簡潔に要約しているかにみえる。それにしても、あの無鉄砲な若い男女は、いま、どうしているのだろうか。難儀しつつも、目的地にたどりつくことができたのだろうか。

ことによると、そんな想像をめぐらす権利さえ、自分には認められないのかもしれない。声にだすことなくみずからにそうつぶやきかけるヴィッキーは、またしても、「歴史」と出会いそびれてしまった自分を恥じているようにもみえる。実際、ボスニア紛争を回避するしかなかった彼は、せめて、自分の世代が立ち会いえなかったスペイン戦争へのこだわりを納得しようと、マルローの『希望』を戯曲として上演する企画に取り組んでいる。そのため、マドリッドまで行って必要な文献を買い求めもしたし、役者のオーディションさえ始めていたところだ。映画を撮ることなどなかばあきらめかけていたヴィッキーは、演劇という、映画とは異なる表象手段をふと試みてみる気になっていたのである。しかるべき年齢に達したこの映画作家には、いま転機にさしかかっているという鈍い意識があったのだろう。

そこに、降ってわいたように、『宿命のボレロ』とやらのいかがわしい企画が舞い込む。資金を提供するのは、「男爵」を名乗る年輩の富豪である。脚本家は別に用意されているというのだから、これはまったくの雇われ仕事だ。失業中の哲学教師である娘は、思ってもみない提案に心を動かされる父親を口汚く罵り、サラエヴォへの同行を強く求める。彼女のたっての願いを聞き入れ、途中まで若者たちと曖昧に行動をともにしながらも、結局は彼らを置き去りにして安全なパリに戻り、持ち込まれた新作の企画を実現に移そうとしている。最終的な承諾の言葉を口にしさえすれば、「男爵」からしかるべき金額の小切手が送られてくるはずだ。その小切手一枚のために、ヴィッキーは、「この腐敗しきった、自ら浄化する術すら知らぬヨーロッパ」で、またぞろ映画など撮ることになるだろう。だが、映画作家が映画を撮って何の不都合があるというのか。彼は、そう無理やり自分にいいきかせているようにもみえる。

もちろん、これはゴダールの映画なのだから、たった一つのイメージを饒舌な言葉で補足するナレーションなど音として流れたりするはずもない。実際、それ自体としてはごくぶっきらぼうなこのショットは、ビールを飲んでいるヴィッキーの姿を、ほんの一瞬、視界に浮上させるにすぎない。いま見たような老映画作家の心の揺れがそこにこめられていると思い込む権利など、本来ならだれひとり持ってはいないはずである。

にもかかわらず、ゴダールにあってはいかにも稀なことだが、このショットを導きだしている画面の連鎖には、見るものに、あえてそんな心理的文脈をたどらせてしまう何かがこめられている。映画作家がひとりでビールを飲む直前のシークェンスは、彼がその安否を気づかって何の不思議もない娘のカミーユがパルチザンの人質となり、その裸の白い尻を戦士たちの視線にさらしている光景で終わっているからだ。彼が置き去りにしてきた若い男女の身には、屈辱的な危機が迫っていたのである。

だが、それにしても、これはいかにも奇妙な事態だというべきではないか。ジャン＝リュック・ゴダールが、二つの異なる空間でのできごとを交互に示し、それらを結びつける説話論的な脈絡を提示するといった念入りな演出をしたことなど、ほとんどなかったからである。しかも、その脈絡を支えるものが「父」と「娘」という血縁関係だったことなどもまた、これまで一度としてなかった。その意味で、人はあくまで例外的な状況に立ち会っているのだといわねばならない。

実際、これまでのゴダールのフィクションでは、家族は希薄な影として漂っていたにすぎない。その単位もほとんど夫婦に限られ、『軽蔑』いらい、『万事快調』を通過して『ヌーヴェルヴァーグ』にいたるまで、夫とその妻、あるいは愛人がさまざまな危機に瀕することが口実としての物語を支えていたにすぎない。そこには、親と子の演ずべき役割など、まったくといっていいほど認められなかった。なるほど『カルメンという名の女』には、姪と伯父という関係が描かれてはいる。だが、ジャン伯父と呼ばれるゴダールその人がカフェでいきなり「ブリオッシュ!」と声をあらだてただけで、そんな血縁関係はあっさりはじけとんでしまった。実際、精神病院で手厚く看護をうけている失業中の映画作家ジャンは、姪の身の上のことなど、これっぽっちも考えてはいない。

サラエヴォへの旅を準備する父ヴィッキーと娘のカミーユの間では、演劇においては戯曲の作者が父親で、それを演じる俳優が母親だといった奇妙な関係が比喩的に語られてはいる。だが、ここでも、両親と子供という関係は、比喩としてさえ話題にはなっていない。ところが、この作品では、その冒頭から、兄と妹だの、叔父と甥だの、叔母と姪だのといった、これまでのゴダールでは見たこともない入り組んだ家族構成が登場し、見るものを戸惑わせる。

その意味で、『映画史』とかさなりあうようにして撮影され、一九九六年に完成した『フォーエヴァー・モーツアルト』は、ゴダールのフィルモグラフィーの中で、まぎれもなく例外的な作品だといわねばならない。しかも、ヴィッキーがビールを飲むショットには、現実的な父親の妥協と理想主義的な娘の殉死といった、アンチゴネー的ともいえる親子関係の屈折が読みとれかねない画面の連鎖が形成されている。ゴダールの意図にかかわりなく、そんな心理的文脈にそって物語をたどろうとするものがいても不思議ではなく、

『フォーエヴァー・モーツアルト』ヴィッキー・メシカ（右端）

それを押しとどめる力はいっさい作用していない。ヴィッキーが姿を消す直前にカミーユがかぶっていた横縞の帽子が、なぜか痛ましいイメージとして残ってしまうからだ。いったい、ゴダールに何が起こったというのだろうか。

見るものが驚かされるのは、ここに、ある種の「クレショフ効果」ともいうべきものが作動していることだ。横たわる裸の女性のイメージに男の顔のクローズアップが続けば、その表情にいやでも淫乱さが読みとれてしまうというあのレフ・クレショフの提起した編集効果が、まぎれもなく認められるのである。だから、画面の前後関係によって、あたかも、この映画作家が娘の不憫な身の上を嘆き、自分の身勝手な振る舞いを悔いているかのようにこのショットを読みとる人がいても決しておかしくはない。

だが、それはいかにも凡庸な事態の推移ではなかろうか。そんな演出なら、「ヌーヴェル・ヴァーグ」が清算したはずのマルセル・カルネにも、クロード・オータン＝ララにもできたはずだからである。「良質」のフランス映画や「詩的レアリスム」は、むしろその種の効果を期待しつつ撮られていたとさえいえる。「ブレッソン的」とも「ルヴェルディ的」ともいうべきモンタージュが「美しき心遣い」として擁護されていたゴダールの『映画史』では、そうした映像と音声のほどよい調和をとりわけ否定することが目指されていたはずではなかったのか。

『映画史』の「4A」で語られている「アルフレッド・ヒッチコックの方法序説」で何が

語られていたかを思い出してみるなら、ここで起こっていることがどれほど異常な事態であるか、誰にも理解できるはずだ。実際、ヒッチコックが擁護され賞賛されていたのは、『海外特派員』の「ジョエル・マックリーがオランダに何をしにいったか」をまったく憶えていない人でも、風にさからって回転する「風車のことは……よく憶えている」からにほかならない。それは、『カルメンという名の女』のゴダールがもらした「ブリオッシュ！」の一語をほとんどの人が憶えていても、それがどんな状況において口にされたものであったかは誰も憶えていないのと同じことである。ところが、『フォーエヴァー・モーツアルト』を見たものは、どんな事情があってヴィッキーがパリでビールを飲んでいるかをよく憶えているし、そのショットにはりつめている冷たい孤独の痛みもまたよく憶えているのである。

それにもまして驚くべきは、パリに戻った映画作家が孤独にビールを飲む画面が、この作品に正確に二度も姿を見せていることである。しかもその二つのショットに挟まれたかたちで、銃殺刑に処せられようとしている娘と甥が、乱れた服装のまま、泥まみれでみずからの墓穴を掘り、突然の砲撃に混乱する戦場で、誰のものともわからぬ流れ弾にあたって絶命してしまうシークェンスが語られている。この律儀なまでの丁寧さは、いったい何なのだろう。実際、おそらくカミーユのものだろう地面に投げだされた裸の足首のクローズアップに続いて、ふたたび映画監督ヴィッキーがパリのカフェでビールを飲む短いショットが挿入されるとき、人は、ここでの画面の連鎖がどうも念入りすぎるといった印象を否定しがたい。そんな贅沢な余裕を、これまでのゴダールの映画が、見ているものに許しただろうか。

この二つのショットには、「ここ」との対比において「そこ」での戦闘場面を物語に導入し、かつ、それに決着をつけるという額縁のような効果が仕掛けられている。いつになく律儀な演出家ゴダールの振る舞いに、人はある種の居心地の悪さを覚えずにはいられない。それほど念入りな構成は、ゴダールにはふさわしからぬ説話論的な配慮といわざるをえないからだ。

実際、無方向に炸裂する映像と音響とで見るものを戸惑わせ、同時に、脈絡を欠いた「断片」としての細部の強度によって見るものを深く魅了してもきたゴダールが、ここではむしろ、ごく穏当な身振りで文脈の形成を心がけているかにみえる。『フォーエヴァー・モーツアルト』の作者は、「断片」を放棄し、「脈絡」の人へと変容しようとしているのだろうか。それとも、それとは次元を異にする変容の必然的な帰結として、心理的ともいえる文脈による映像と音声との統合が機能してしまうのだろうか。

ゴダールはこれまでに二度、フィクションとしての戦争を描いている。『カラビニエ』とこの『フォーエヴァー・モーツアルト』がそれである。『カラビニエ』における戦闘場面は断片的な映像と音響からなっており、そのこと故に、奇妙な現実感が見るものをつらぬいていたものだ。そこでは、戦争を映画的に表象するというより、それをめぐる意識を素肌のまま喚起することが目指されていたといってよい。そのため、「戦争の恐ろしさについて、観客は不器用なだけでなく、不愉快で、気持ちを傷つけるような場面を見いだすだろう」（クロード・モーリヤック）といった反応を始め、「このフィルムは、大急ぎで撮影され、やっとのことで編集され、つなぎ間違いをあちこちに混ぜて作られたショットの連続にすぎない」（ジャン・ロシュロー）といった反応まで、おおむね否定的な評価が下されたのである。つまり、これは「戦争」に似てもいなければ、「映画における戦争」にも似ていないと多くの人に断じられた。「この映画は出来が悪く、照明も悪く、何もかも悪い」（ミッシェル・クルノー）。

こうした反応は、いわゆる初期のゴダールの映画が、それの封切られた当時、どのようなものとして受けとめられていたかを思い出させる貴重な資料を構成している。まず、戦争というものに対して映画がとりうる姿勢には一定の許容度が存在しており、ゴダールの『カラビニエ』はそれを遥かに超えていると判断されたということがある。さらに、映画を撮るには、それにふさわしい撮影と、編集と、画面の連鎖が尊重されねばならないが、『カラビニエ』はその基準を大きく逸脱していると判断されもしたのである。その結果、これは「映画」にも、「映画における戦争」にも似ていないとみなされたのだ。

それに対して、ゴダールは律儀な反論を試みている。ここにでてくる戦闘機は、すべてそれが搭載しているエンジンの音を忠実に響かせており、ここにでてくる自動小銃は、まぎれもなくその機種の発射音を忠実に響かせている。『史上最大の作戦』のストックショットをダリル・F・ザナックから譲り受けるようなことはいっさいしていないので、この作品の戦争場面は、ほかのどれにもまして真実に近いはずだと彼は続ける。市場に出回っているもっとも精度の高いコダックXXのネガで撮影され、編集には『勝手にしやがれ』以上の時間がかけられ、録音はレネやブレッソンにも劣らぬ入念さで行なわれている。彼は、「カイエ・デュ・シネマ」誌に発表した「カラビニエたちを撃つ」にそう書いているのだ。

おそらく、というよりまぎれもなく、ゴダールの反論は決定的に正しい。にもかかわらず、これは「映画における戦争」にどうも似ていないと論じるものたちの反応の「正直」さが、否定しがたい現実として残る。そうした「正直」な反応を惹起しているのは、『カラビニエ』が戦争の映画的な表象を目指してはおらず、映像と音声の強度によって、その等価物を意識に提示しようとしているからにほかならない。「不器用」で、「不愉快」で、「気持ちを傷つけ」、「大急ぎで撮影され」、「やっとのことで編集された」ような印象を与え、「何もかも悪い」と判断されるのはそのためである。だが、そんな印象など、『フォーエヴァー・モーツアルト』はほんのひとかけらももたらしはしない。

だとするなら、戦車が三台も木立をぬって登場し、砲弾が人物の至近距離で派手に炸裂し、にわかには識別しがたい外国語が飛び交うという『フォーエヴァー・モーツアルト』

の戦闘場面の殺伐とした臨場感は、むしろ『カラビニエ』の対極にあるというべきなのだろうか。ゴダールが敵視したスタンリー・キューブリックの『フルメタル・ジャケット』に似ているとまではいわぬにしても、これは、戦闘場面としてたしかに「よくできている」。しかも、それがおさまるべき脈絡さえ誰もがたどることができる。では、ゴダールは変貌したのだろうか。

ここまで述べたことがらは、ことによると、映画作家ヴィッキーを演じたヴィッキー・メシカの妙に身近な存在感と無縁ではないのかもしれない。実際、ここでのヴィッキー像には、これまでのゴダールの作品で映画作家を演じたいかなる俳優にもまして、さりげなく人の心を惹きつけ、それに揺さぶりをかける何かがそなわっている。どこかしらジル・ドゥルーズを思わせる風貌といい、セリフを口にするときの声の抑揚といい、無言の後姿が喚起しうる翳りの多層性といい、映画ではほとんど無名に近いこの俳優は、周囲のあらゆる要素としなやかに交流しうる無数の気孔を全身にまとっているかにみえる。融通無碍な多孔質の存在といったらよいだろうか、とにかく排除の身振りだけは演じることのないやわらかさが彼をつつみこんでいる。それに加えて、この作品に出演してからさして時間もたたない時期にヴィッキー・メシカが他界しているという事実が、これを見るものをたやすく武装解除してしまうのかもしれない。

実際、先述の『カルメンという名の女』のジャン伯父を始め、「白痴」を名乗る『右側に気をつけろ』のゴダール自身はいうまでもなく、ゴダール氏という呼び名さえ持っていた『勝手に逃げろ／人生』のジャック・デュトロン、あるいは『映画というささやかな商売の栄華と衰退』のジャン＝ピエール・レオなどとは異なり、同じ映画作家を演じていながら、ヴィッキー・メシカは、およそ排他性を知らぬ輪郭の柔軟さによって、作中人物と深いところで親しく同調している。だから、人は、むしろ、こう問い直すべきなのだ。語のあらゆる意味での「距離」を廃棄しかねないこの俳優の存在が、はたしてゴダールの意図にふさわしいものであったのか否か、と。

この疑問に対する答えは、『フォーエヴァー・モーツアルト』の後半部分に用意されている。『宿命のボレロ』の撮影現場で、ヴィッキーがいきなり厄介な映画作家へと変貌することになるからだ。融通無碍な多孔質の存在としてあらゆるものを受け入れていたかにみえながら、同じ一つの仕種で、彼はすべてをこばむことさえできたからである。これこそ、これまでのゴダール的な映画作家が持ちえなかったしたたかさにほかならず、ドイツ・ロマン派的な挫折の美学からこの作品をかぎりなく遠ざけることになるのである。

実際、誰もがコクトーさながらに「何ということだ」と眼をそむけずにはいられない陰惨な光景にも、ヴィッキーはいささかもたじろぐことはない。死体置き場から拾ってきた「まだ息のある」若い女性の死骸を役者にするというプロデューサーのけちな思いつきを彼はたじろぎもせず受け入れ、おそらくは強姦されたものだろうその裸の遺骸を、『駅馬車』のジョン・キャラダインさながらにそっと衣装で覆わせ、その身振りによって、彼は「まだ息のある」死骸を文字通り生きかえらせてみせるのだ。

この蘇生は、驚くべきことに、二重に推移する。まず、瀕死の状態から、キャメラの被写体たりうる女優への遺骸のよみがえりがある。それと同時に、息をふきかえした女性が、サラエヴォで絶命したカミーユへと変貌するといういま一つのよみがえりがある。実際、異なる女優によって演じられていながら、二人はまったく同じ台詞をしゃべるし、まったく同じ横縞の帽子さえかぶっている。それぞれがまったく異なっているが故に、この二つの存在は、あたかも永劫回帰のように同じなのである。

かくして、『宿命のボレロ』は、融通無碍な多孔質な映画作家によって、いつのまにか『戯れに恋はすまじ』へとすりかえられてしまう。その運動をごく自然に導きだすために、ゴダールはヴィッキー・メシカというやわらかな俳優のしたたかさを必要としていたのかもしれない。自分自身が映画作家を演じた場合、こんな手品めいたよみがえりの術などとても披露できないと知っていたからである。

だから、ヴィッキーが、自分は断じて戦争を撮らないと涼しい顔で宣言するとき、そこに作家としての確固たる理念など読んではならない。ミュッセの戯曲に戦争など描かれてはいないのだから。それはごく当然のことなのだ。それに、戦闘場面なら、『フォーエヴァー・モーツアルト』のゴダールが、臨場感あふれるシークェンスとしてすでに撮っており、しかも娘のカミーユはその犠牲になって命を落としたのだから、今度は『戯れに恋はすまじ』の撮影のために彼女をよみがえらせてもらう。そして、この提案をゴダールが受け入れるなら、映画作家という超越的な存在は、いつのまにか曖昧に廃棄されることになるだろう。そのためにも、自分は戦争を撮らない。

ここには、現実の映画作家ゴダールとその虚構の登場人物である映画作家ヴィッキーとの間の、奇妙な相互浸透ともいうべき現象がみられる。二人は、いかにもゴダール的な接続詞「と」で並置されてさえおらず、彼らの間には、ブレヒト的な「異化効果」も、エイゼンシュテイン的な「弁証法」も機能する余地がない。死骸からよみがえった女優とカミーユとのように、ゴダールとヴィッキーは、それぞれ異なっていながらも同じなのである。実際、二人はたがいの一部を融通無碍に交換したり、貸与しあったりしているようにさえみえる。ゴダール自身によるあくまで個人的な決着の試みであった『映画史』にくらべて、『フォーエヴァー・モーツアルト』で耳にする声がいかにもやわらかく響くのはそのためである。妥協とは無縁のこのやわらかさは、ゴダールが『映画史』を代償にして初めて身につけたしたたかさにほかならない。『JLG／自画像』の歴史の孤独がここに希薄なのも、そのためである。

こうした変貌がなお可能であったこの映画作家の若さを祝福しよう。そして、ゴダールとともに、若さが老いといささかも矛盾せず、融通無碍に交流しあっていることを学ぼうではないか。そうすることで、『愛の世紀』の思いもかけぬ若々しさが見えてくるはずだ。事実、この七一歳の映画作家の新作が上映されている日本の首都の劇場には、小学生の姿がちらほらみえたりしたのである。そんな客層がゴダールにつめかけるこの国が不景気であったりするはずもあるまい。

女と夜景
——『愛の世紀』

何両連結なのか見当もつかない長い客車のつらなりが、真夜中の操車場の殺風景な照明を受けとめながら音もなくキャメラに近づき、その正面が万遍のない斜めの構図におさまったところでぴたりと動きをとめる。その鋼鉄製の車体を暗闇に浮きあがらせる無機質的な運動と停止は、『愛の世紀』をここまで見つづけてきた者を、爽快さと不快さとで有無をいわせずに引き裂く。

そのショットは、まず、思いもかけぬ爽快さで見る者をとらえる。客など一人として乗っていないはずの何の変哲もない列車の到着を、かくも鮮明な輪郭のもとにモノクロームの夜景としてフィルムに定着させてみせるゴダールの演出の揺るぎのなさに、人は思わず息をのむ。夜のパリを舞台としたこの作品のこの場面での落ちつきはらったキャメラ・ワークは、どうもただごとでないからである。画面に右側から走り込んできた列車の先頭車輛のゆるやかな動きをその直前に目にしていただけに、ショットの連鎖もまた完璧なリズムにおさまっていると賛嘆せざるをえない。

それと同時に、この画面を目にした者は気詰まりというほかはない居心地の悪さに陥る。いかにも丁寧に撮られたこの操車場の二つのショットを、みごとな夜景として受けとめるだけでよいのだろうかと、誰もが訝しく思わずにもいられないからだ。そのとき、おそらくゴダールの意図を超えたものだろうある不快さが、このショットの背後に拡がってゆく。闇の中に何本も鈍く直線状にのびているレールの上に停まったり動いていたりしている車体の中で起こっていることこそが、ここで見るべきものではないのか。誰もが、そう思わずにはいられないからである。

ところが、客車の内部にキャメラを据えるゴダールは、そこにせわしなく動きまわる人びとを、列車の到着のような鮮明な輪郭のショットとして見せてはくれない。それは、見たいならそう簡単に見せてはやらぬぞという、あの誰もが知っているゴダールの底意地の悪さによるものだろうか。それとも、そこに原題である「愛の賛歌」にふさわしい特殊な「愛」の身振りが演じられていると理解すべきなのだろうか。見る者は、にわかには答えもみいだせぬまま、爽快さと不快さに引き裂かれたまま途方に暮れる。『愛の世紀』は、この爽快な不快さ（あるいは、不快な爽快さ）ともいうべきものとともに、ゆるやかなリズムを刻む。

客車の狭くて薄暗い廊下を行ったりきたりしているのは、一組の男女である。だが、人影はいずれも深い暗さにつつまれ、あるいは逆光で画面におさまっていたり、レンズの焦点からずれたところに位置していたりして、その容貌は一貫して視界から遠ざけられている。聞こえてくるのは男と女のいさかいめいた言葉のやりとりばかりで、どこかで会ってゆっくり話をしたいという男の懇願を、女はかたくなにこばみつづけている。女がくわえている煙草の火がときおりその横顔を薄暗く浮かび上がらせそうになるが、不意に咳き込んで煙草を唇から遠ざけるので、彼女の容貌はついに画面にとらえられることがない。

男はすでに何度か登場している旧知の人物である。彼は、いかにも探求する人にふさわしい寡黙な容貌とともに、何かを探し求めて、さまざまな場所でさまざまな人と出会ったり別れたりしている。探求といっても、他に先がけて何かを発見せずにはいられない者の性急さとはおよそ無縁のゆるやかな身振りで、彼は世界と向かい合っている。男は、死んだ母親を深く愛していたのかも知れない老齢の画商から援助を受けて——まさか、彼の子供だったわけではあるまいが——小説でもよい、オペラでもよい、あるいはオペラでもオラトリオでもよいのだが、二〇世紀の歴史にふさわしい物語に作品として確かなかたちを与えてみたいと思っている。

　この二一世紀の若者にとっての二〇世紀とは、資料が豊かになればなるほど肝心な点が視界からそれてしまう「レジスタンス」の歴史にほかならない。彼は画商やその助手からエドガールと呼ばれているが、女は名前はおろか、顔立ちさえはっきりしない。二人はどうやら二年前に、女の祖父が経営するブルターニュのホテルでごく曖昧に出会っているらしい。男は「レジスタンス」の歴史を明らかにすべくその僻地に赴いていたのだが、そのとき受けた強い印象から、この女性こそが自分の語ろうとする物語を作品として昇華せしめる核になってくれるはずだと思い当たる。彼女の存在が自分の物語の輪郭をきわだたせてくれはしまいかという期待から、女優となる道をみずから断ち、いまは操車場で夜勤をしているという彼女を難儀しながら捜し当てたところである。

　だから、この夜景は、再会という「愛」の主題にふさわしい挿話として描かれうるはずでありながら、ゴダールは、あたかも、その顔をひたすら画面から遠ざけることが作品の主題である「愛」にふさわしい身振りだというかのように、女をひたすら暗さの中に漂わせている。到着する列車の夜景とはあまりにも対照的なその容貌のとらえどころのなさが、見る者の居心地の悪さをつのらせずにはおかない。ゴダールは、なぜ彼女の顔を見せようとはしないのか。

『愛の世紀』の物語は、決して若くはない声の抑揚と髪の長さだけを希薄な記号としてまとった女性をめぐってゆるやかに進展する。操車場の錆びた鋼鉄の無機質的な雰囲気の中で「見いだされた」女は、明日は会えないかという男の言葉に、息子を地方の親戚のもとにつれてゆくからそれは無理だと答える。だが、二人はどうやら再会したらしい。らしいというのは、その後の場面でエドガールが髪の長い女性を同伴していても、何しろ出会いの瞬間に容貌が鮮明な輪郭におさまってはいなかったので、見ている者にその識別はほぼ不可能だからである。にもかかわらず、『愛の世紀』のゴダールは、彼女を識別せよと不条理にいいつのっているかにみえる。

ごくありきたりな映画作家であれば、誰もがその登場の瞬間から、彼女の容貌を強く印象づける演出をしているはずだ。そうしたやりかたをあえて排してみせるゴダールは、何しろこれは映画であってテレヴィ番組ではないのだからこれで充分だというかのように、主役の女優の表情を視界から遠ざける。その結果、人は、後ろ姿で登場したり、影の中に沈んでいる髪の長い女性を目にすると、これがあの彼女ではなかろうかとそのつど自信もないままに見当をつける。勿論、ゴダールは、その予測が正しいかどうかを、それに続くショットで明らかにしたりはしない。

かくして、『愛の世紀』は、はたしてこれは彼女だろうかという見る者のおぼつかない自問自答の連鎖によって支えられることになる。その段階で物語ののどかな「消費」を禁

『愛の世紀』

じられた観客は、エドガールとともに「探求」する存在へと変貌せざるをえない。ことによると、われわれは、知らぬ間に「愛」の身振りににたものを演じ始めているのかもしれない。

たとえば、『愛の世紀』には、アメリカ人のジャーナリストが、閉店後のある書店でコソボ情勢をめぐって英語で報告をする場面が挿入されている。会場にたちこめているほの暗さを目にすると、人は、ほとんどこれという理由もないまま、それに立ち会っている人影の一人が探し求めている彼女に違いないという確信をいだく。戸外は夜で、場内にはごく弱い照明しか漂ってはおらず、誰のものとも知れぬいくつもの声がゆきかっている。そこで、われわれは、ことによると彼女かも知れない若い女性の顔を、いくつかの暗いショットの連鎖を通して、ごく短くはあっても、正面から目にしたと思わずにはいられない。

なぜ、エドガールと彼女がそこに来ているのかはわからない。だが、彼がその肩ごしに語りかけるとき、鈍い照明を素肌の頰に受けとめているその女性は、落ちかかる髪になかば隠れた瞳を、一瞬、生なましく画面の外に送る。これが、われわれの初めて目にする彼女の生きた表情である。だが、それが操車場で煙草をすいながら彼の誘いを断った女性と同一人物かどうかを確かめるにたる細部を、『愛の世紀』はいっさい提供していない。

その後、といってもそれが同じ晩のことかどうかさえ確かでないのだが、エドガールは、彼女をともなって深夜のパリを散策する。ここでも、かなりの距離からのキャメラが、じっと動かない彼女の顔を正面からとらえてはいるのだが、それが書店で上目遣いに視線を動かした女性と同一人物だという保証はどこにもない。見る者は、そのつど、これは彼女なのかとおぼつかない自問自答をくりかえすしかない。

そんなわれわれの苛立ちを察知したかのように、ゴダールは、エドガールと彼女を明け方の淡い光の中に立たせてみせる。パリを離れようとするセーヌ川がゆるやかに迂回するスガン島の、旧ルノー工場を対岸からのぞむ位置にキャメラは据えられている。だが、ここでの男女はもっぱら背中から画面におさまるのみで、長い固定ショットを通じて、二人の行き違った会話が聞こえているばかりだ。エドガールは、かつて労働争議がはなやかだったルノー工場の廃墟を見やりながら——それは、三〇年代のシモーヌ・ヴェイユが労働者とともに生活した場所でもある——「うつろな砦」と口にする。「うつろなんて存在しない。どこかしら言葉があるものよ」、「沈黙しているときでも?」、「沈黙の中にさえあるわ」、「死んでしまっても?」、「死など存在しないわ。死が訪れるとき、私という意識があらわれるの。私という……」。

それからどれほどの時間がたったのかはわからない。あるとき、彼女は、書店の薄暗がりの中から、エドガールに長い電話をかけてから姿を消す。シモーヌ・ヴェイユに捧げるカンタータを構想中のエドガールは、彼女の年老いた祖父から、パリのカフェで、彼女がヴェイユさながらに結核で命を落としたことを知らされる。その遺品の中に、彼は、かつてコソボ報告が行なわれた書店で目にしたことのある彼女のノートを目にする。だが、その名前を、ついに知ることはない。

いきなり画面は鮮やかな色彩をおび、二年前にさかのぼる。あらゆる媒介を排したこの過激な時間の遡行ぶりが、ある痛ましさをカラー画面にゆきわたらせる。

エドガールは、彼女の祖父母が経営するブルターニュのさびれたホテルで、スティーヴン・スピルバーグのクラスメートだという合衆国の外交官とすれ違う。パソコンのメモリーばかりはあっても歴史が記憶を持ったためしのない合衆国は、他国の「レジスタンス」の記憶を買って、それを映画にするしかないという言葉が聞えたりするのだが、そのことについてはいまは触れずにおく。ここでは、そうとは意識されていないエドガールの宿命的な出会いを跡づけておかねばならぬからである。

祖父から当時の話をくわしく聞きだそうとしていた彼は、庭に面した大きなガラス扉の前に立つ。その向こうに、黄色のコートをまとった大きな瞳の若い女性が、何の前ぶれもなくいきなり姿を見せる。部屋の奥に据えられたキャメラからはかなりの距離に位置していながら、湿った外気にさらされたまま、上目遣いに室内のエドガールに挨拶を送る女の表情を鮮明にとらえる。ごく短いほんの一瞬のことでありながら、誰もがこれだと確信する。事実、この黄色の衣装につつまれた大きな瞳の女のイメージは、鮮やかな色調とともに脳裏に刻みつけられ、『愛の世紀』の全編はその記憶に彩られる。いきなり垂直に作用するこのショットの強度こそ映画なのだ。ゴダールは、そういっているかのようだ。

事実、二年の歳月を律儀にさかのぼったりすることなく、またこれという確証もないいま、人はすべてを一瞬にして理解する。黄色のコートをまとった大きな瞳の女性が、その表情をほとんど見せぬままモノクロームの暗がりで呟き込んでいたあの髪の長い女性にほかならぬということを。それは、視線の動きと黄色のコートとをきわだたせるこのごく短いカラー・ショットが、夜の操車場のレールの上をゆるやかに滑ってきた客車のつらなりより、遥かに濃密なイメージを身にまとっているからだ。それが、ショットの強さにほかならない。この女性は、その後、同じコートをまとった小さなロングショットとして画面を横切ったまま、二度と姿を見せることはない。その後は、異なる色彩のスウェーターをまとった後姿や、運転する車のバックミラーに反映する瞳のクローズアップとしてのみ登場するのだが、髪の長い女の人影を黒白画面に認めていたときのように、人はもはや逡巡することなく、そのつどこれが彼女だと確信する。上目遣いに挨拶を送るカラー・ショットの濃密さから誰もがとめどもない勇気を受けとめたかのように、人は、そのつど自信をもってこれが彼女だと自分にいいきかせるのである。

そう、『愛の世紀』の「愛」とは、勇気の問題なのだ。操車場の夜景の中で呟き込みながら、日々、死へと向けて自分の存在を組織していた彼女の勇気を、エドガールはついに自分のものとしえなかった。だが、それは、彼女の言葉が彼を説得しそびれたからではない。映画が何ひとつ説得したりはしないように、彼女には他人を説得する意志などこれっぽっちもなかったのである。女性だけに許されているかのようなこの抑制された凶暴さは、『フォーエヴァー・モーツアルト』の映画作家ヴィッキーの娘のサラエヴォ行きの身振りを支えていたものだし、『愛の世紀』の名前のない「彼女」から、『アワーミュージック』の「赤いバッグの乙女」のひたむきさへと着実に受けつがれてゆくだろう。こうした女性たちは、いっときも逡巡することのない大胆さを身にまとっているかに見える。

老齢に達した二一世紀のジャン＝リュック・ゴダールは、あたかもショットを万遍なくつらねて物語ることの退屈な男性性にいい加減うんざりし始めたというかのように、こうした一本気な女性たちにとめどもなく惹きつけられている。

赤いバッグの乙女
——『アワーミュージック』

ジャン゠リュック・ゴダールの作品の題名には、厳密さと曖昧さとがたえず矛盾なく共存している。新作『アワーミュージック』のフランス語の題名 *Notre Musique* もまた同様である。「われわれの音楽」と訳せばよいのだから、そこに誤解のまぎれこむ余地はまったくない。だが、その簡潔な語のつらなりが映画の題名として何を予告しているかといえば、これは誰にも想像できないのである。その意味については、ゴダール自身が「カイエ・デュ・シネマ」誌五九〇号のインタヴューでジャン゠ミシェル・フロドンにあれこれ説明を加えているが、ゴダールの発言の過度の厳密さは、ここでもいつもの通り曖昧さを招き寄せてしまうばかりだ。そこで、「われわれの音楽」にかかわる一つの副題をここに提案したいと思う。「赤いバッグの乙女」というのがそれである。

第二部《煉獄》の後半でオルガという名前だと明らかにされるその若い女性は、肩からたらした「赤いバッグ」をゆさぶりながら、息せき切って画面にかけこんでくる。だが、急ぐことだけがその生き甲斐だというかのように、それが誰なのかもよくわからないうちに、彼女はこの《煉獄》からいきなり姿を消してしまう。どこへ姿を消したのか。第三部で描かれる《天国》へ姿を消したのだと作者のゴダールはいう。おそらく、姿を消す直前に彼女が作中のゴダールに託したDVDには、第一部の《地獄》にふさわしい光景が記録されていたはずであり、それがこのダンテに倣った三部作の構造だと考えることも不可能ではない。ゴダールはたぶん違うというだろうが、『アワーミュージック』が「赤いバッグの乙女」の物語として撮られていることは誰にも否定できないはずだと思う。

そうした解釈へと見るものを導くこの若い女性オルガの重要さについては後に詳しく触れることにする。ここで「われわれの音楽」という題名の意味を改めて考えておくなら、その「音楽」はレクイエムだとひとまずいえるかもしれない。しかし、レクイエムには生き残った者たちによる鎮魂の意味がこめられているので、死者たちは三人称の「彼ら（彼女ら）」としてその主体から排除されてしまう。「われわれの音楽」の「われわれ」にゴダールがそこで暮らしているヨーロッパ性が強くこめられているのは確かだが、パレスチナやヒロシマやヴェトナムもそこから排除されてはおらず、死者も生者も含め、二〇世紀の歴史を横切ったすべての存在が「われわれ」なのだとひとまず考えておくべきだろう。

そのような「われわれ」の奏でるものだという意味で、音楽はエレジーだといえるかもしれない。しかし、ゴダールの作品には、アレクサンドル・ソクーロフが撮り続ける「エレジー」シリーズのように、犠牲となった者たちへの悲しみをこめた追憶という基調音は響いていない。実際、ゴダールのすべての作品では、とりわけ八〇年代以降、あるときは不条理なまでに滑稽な、あるときは意地悪なまでに挑発的な、またあるときは無償なまでに啓蒙的な音響と映像が無秩序に炸裂している。到底一つのコンテクストにはおさまりがたいこの雑多な音響と映像とは、作品ごとに異なる音色を響かせており、『ゴダールのリア王』にはバーレスク的ともいえる場違いな生真面目さが、『新ドイツ零年』にはメランコリックで凍てつくような透明さが、『フォーエヴァー・モーツアルト』にはルサンチマンに行きつくことのない醒めた諦念が漂っている。そこでは、感傷からはもっとも遠い抒情が不意に画面を横切ったり、思いもかけぬ哄笑が遠近法を狂わせたり、美と呼ぶほかはない意味の不在がいきなり饒舌を断ちきったりする。

『アワーミュージック』もまた、そうしたゴダールならではの作品の一つである。そこに聞きとるべき音楽は、サラエヴォで始まりサラエヴォで終わった戦乱の世紀の雑多な物音、すなわち統御されがたいノイズのような騒音だといえる。生と死との、勝利と敗北との、自己と他者との境界をいたるところで曖昧に崩壊させるこの雑多な物音は、たしかにホメロスいらい人類につきまとっているものではあろうが、そこには敗者の言葉が響いていないとパレスチナの詩人マホムード・ダルヴィッシュはいう。ホメロスに題材を提供したギリシャとトロイとの対立をイスラエルとパレスチナのそれに置き換え、それが「切り返しショット」の詐術にほかならぬと、作中人物の一人であるゴダールはいつもながらのあっけらかんとした風情で解説する。「切り返しショット」の二つのイメージからは差異が嘘のように消滅してしまうのに、人類は映画とともにそのことに驚くことを忘れてしまっている。この映画に登場するゴダールと名乗る人物――それはこの映画の作者ゴダールとは微妙にずれている――は、サラエヴォの学生たちを前にした講演でそう説明するのである。

『アワーミュージック』には、映画作家のゴダール自身を始め、スペインの作家ゴイティソロや、パレスチナの詩人ダルヴィッシュ、断絶の象徴となったサラエヴォのモスタル橋を修復する技師のジル・ペクーなどが実名で登場しており、彼らのかたわらに、ほとんど無名の俳優たちが演じている虚構の人物が何人も姿をみせる。そうして交錯しあういくつもの人影によって奏でられる旋律は、主題を欠いた変奏として騒がしく反復され、すぐには聴取しがたい。だが、その中に、ゴダールがとりわけ執着しているとしかみえない一人の若い女性が含まれている。すでに触れておいた「赤いバッグの乙女」オルガがそれである。誰も見のがすまいとは思うが、この女性の被写体に向けられたキャメラのアングル、

『アワーミュージック』

フレーム、照明のニュアンス、等々が、多様な登場人物の中で彼女の輪郭をひときわ鮮やかにきわだたせている。

サラエヴォの歩道をひたむきに走っている彼女が初めて画面に登場するとき、われわれはそれが誰であるのかまったく知らされていない。しかし、その動きを追うキャメラのただならぬ気配から、彼女が選ばれた人物であることを人はただちに理解する。このショットは、《煉獄》としてのサラエヴォにエリック・ロメールの「六つの教訓物語」シリーズのどれか一つのヒロインがいきなりまぎれこんだかのように見るものを驚かせる。彼女は、移動する黄色の路面電車をとらえたパン・ショットの中に、赤いバッグを肩からさげた軽装で足早に駆け込んできて、流れるようなキャメラの動きにつれて、公園を思わせる木陰の斜面をひたむきに歩みさる。

しばらくして、ゴダールの講演会場に彼女の姿が認められる。聴衆を正面から見据えたキャメラが前列の学生たちを二度ほど左右の横移動で捉えてから、やや奥まった席にいる一人の女性の前でぴたりと動きを止める。その思いつめたような表情が、客席の深い影の中に浮き上がる。これが、あのロメール風のヒロインであるか否かの識別はまだつかない。だが、講演会場の暗い照明の中で捉えられた彼女のクローズアップは、その沈黙において、ファルコネッティが演じるジャンヌ・ダルクを見つめていた『女と男のいる舗道』のアンナ・カリーナの無言の表情を思い出させずにはおかない。実際、講演者ゴダールが聴衆に回覧するフランス語の印刷された何枚かの紙片は、カール・ドライヤーの無声作品『裁かる、ジャンヌ』の字幕にほかならない。手元の紙片から瞳を遠ざけ、真正面を見すえる「赤いバッグの乙女」のものいわぬ横顔は、息詰まるほどの緊張感をあたりに波及させる。ゴダールは、久方ぶりに無言のクローズアップにたえる女性にめぐり合った幸運に鈍い興奮をおさえきれないかにみえる。

講演者が聴衆に回覧する紙面に目を落とす彼女のクローズアップの素晴らしさは、どうもただごとでない。《私の殉教のときです》や《今夜、私は天国にまいります》と印刷された紙片を視線で追ってから瞳を正面に向ける瞬間の彼女は、何かをつぶやこうとしながらその言葉をのみこむ。ここでのゴダールは、リリアン・ギッシュにキャメラを向けることでクローズアップを映画の技法としたグリフィスへの負債を支払う以上のことをしている。この時点では彼女が何を考えているのかまるで見当もつかないのだから、これは純粋状態のクローズアップだといってよい。純粋状態のというのは、「切り返しショット」に奉仕することのないという意味だ。その限りにおいて、この美しいショットは審美的な対象であることを超え、高度に倫理的な意味をおびる。

彼女が他の登場人物から身を引き離すのは、その深い沈黙によってである。白昼の街頭で、フォーカスのあわぬショットの中に姿をみせる彼女は、黒いコートに赤いバッグを肩からさげている。フォーカスの合った位置で歩みをとめると太陽を見つめ、左右に視線を送り、正面に向きなおって何かつぶやくのだが、その言葉は誰の耳にも聞こえないが、この作品でもっとも重要な場面である。それから振り返ると、ふたたびフォーカスのあわぬ遠景へと歩みさるのだが、腰に揺れているバッグの赤さだけが視線を惹き続けている。

オルガの声が初めて聞こえるのは、ガルシアという名の伯父と薄暗いカフェで出会って語り合う場面である。作品の冒頭で、六カ国語の通訳としてパリからやってきた伯父はサラエヴォに住む姪を捜すといっていたが、その姪が「赤いバッグの乙女」にほかならぬことがここで初めて明らかになる。オルガと呼ばれるそのロシア出身のユダヤ系フランス人女性は、伯父を前にして死について執拗に語り続け、まるでアンチゴーヌのように年長者の言葉にはいっさい耳をかさない。暗がりの中に伯父と姪とを真正面からとらえたほとんど小津的ともいえるここでのクローズアップがまた素晴らしい。ゴダールにしては稀なことだが――『こんにちは、マリア』のミリエム・ルーセルと『映画というささやかな商売の栄華と衰退』のマリー・ヴァレラだけが、例外的にそれににたキャメラの被写体になっていたことを思いだしておこう――オルガのひたいから下だけをフレームにおさめた至近距離からのショットは、瞳と唇の動きの艶めかしさで見るものに迫ってくる。

この会話のあとで、彼女は作中人物のゴダールと短い会話を交わし、ＤＶＤで撮った作品があるので見て貰いたいという。映画作家はごく素っ気なく、誰かに手渡しておけばホテルに届くだろうといってその場を遠ざかる。

『アワーミュージック』の面白さの一つは、ゴダールがアンチゴーヌのようにひたむきなオルガとただすれ違うだけの無力なクレオンの役を演じていることだ。実際、『右側に気をつけろ』での彼のように人騒がせな「白痴」でもなく、『ゴダールのリア王』におけるように諧謔にみちた「道化」でもなく、『JLG／自画像』におけるように過度に荘厳化された「芸術家の肖像」でもなく、ここでのゴダールは過激さを自粛した年齢相応のおとなしい人物像におさまっている。いうまでもなく映画作家ゴダールを演じているゴダールは、『アワーミュージック』の作者ゴダールその人ではない。登場人物としてのゴダールはオルガにまったく興味を示さないが、作者のゴダールはほとんどこの「赤いバッグの乙女」にしか興味がないかのようだ。出発間際の空港で、彼は接待係の女性からオルガが撮ったという作品を手渡される。そのディスクに印刷されている彼女の顔写真を、スイスへと戻ろうとしている彼は黙ってみつめているばかりだ。

帰宅後、ガルシアからの電話で、ゴダールはオルガの突然の死を知らされる。その言葉を耳にする彼は、庭仕事の手を休めぬまま、「ああ、そう……」といかにも素っ気ない。エルサレムの映画館で和解のために自爆するといって仲間をつのった彼女は、「赤いバッグ」から本をとりだそうとした瞬間、狙撃兵に射殺されたのだという。ここで初めてバッグの赤さが強調されるのだが、そこにおさめられていた書物がジュリアン・グリーン『真夜中」であることはほぼ間違いない。ひたすら死を語る姪の前で、伯父が読み上げた「しかし、彼女は落ちてゆく実感がなかった。それどころか、おそろしい早さで地面が近づいて来るように思えた」という文章は、『真夜中』の終わり近くの一行だからである。いつものゴダールのように、極度に簡潔化されたごく不正確な文章ではあるのだが。

レマン湖畔で撮られたことがあまりに明らかな《天国》に足を踏み入れたとき、もはや「赤いバッグ」をさげてはいないオルガは、まるで素肌を無防備に人目にさらしているかのように痛ましい。見るものは、「赤いバッグ」の不在を通して彼女の死を受け入れる。『アワーミュージック』が湖に瞳を注ぐ彼女のクローズアップで終わっているのはいうまでもない。彼女の死を真摯な問題として体験しえない作中人物ゴダールとは異なり、作者ゴダールはこのクローズアップに万感の思いをこめている。この作品の魅力は、この二人のゴダールの修正しがたい偏差にある。オルガの悲劇をきわだたせるこの偏差は、もちろん意図された演出である。オルガとは何一つ共有しえない老齢の映画作家ゴダールをここまで突き放して描いてみせた映画作家ゴダールの演出は、メランコリーとは無縁の悲劇をほとんど透明の影としてスクリーンに推移させる。「赤いバッグの乙女」を間近から息を殺して見つめていたのは、作中人物ゴダールではなく、もちろん映画作家ゴダールにほかならない。

V　映画作家の仕事をたどる

『勝手にしやがれ』（一九五九）

自動車泥棒の若いスイス人と、新聞売りのアルバイトで生活費をかせぐアメリカの女子学生とが、パリを舞台に、信頼と裏切りの遊戯を真剣に演じあう。これは、男と女と自動車があれば映画が撮れるという『イタリア旅行』を見た当時の若者が、ロッセリーニから受け取った教訓だ。そんな題材を映画にするにあたって、一人の新人監督が、すべての活劇の要素をことごとくフィルムにおさめようとしながら、その財政的な余裕も、時間的な余裕もないことに気づく。その決定的な余裕のなさが、映画作家ジャン＝リュック・ゴダールの生誕に加担しているのだが、以後、映画は、この作品を超える活劇を撮るにはいたっていない。

（1996）

『はなればなれに』（一九六四）

ゴダール自身のプロダクション「アヌーシュカ・フィルム」の第一作。配役の関係で撮影延期になった『気狂いピエロ』にかわって黒白スタンダードで作られた。アメリカの暗黒小説を発想源としている点で両者は結ばれるが、『はなればなれに』の舞台は冬の灰色のパリで、内面の日記風な趣きが濃い。

アルチュール（ピエールの息子クロード・ブラッスール）、フランツ（サミー・フレイ）と一人の女子学生オディール（アンナ・カリーナ）をめぐる青春への訣別のドラマ。「アウトサイダーの一群」を意味する原題*Bande à part*が示すごとく、罪もないいたずらとギャングごっこで日をすごす彼らが、オディールがアルバイトで働く郊外の一軒家に大金があることをつきとめ、映画さながら強盗を決行し、その結果一人の青年が死に、一組の男女が南米へ逃亡する。

男性をでなく恋を求める女と、金ではなく幸福を求める青年とが、うっとうしい冬のパリの空のもとで青春を生きかねている姿は痛ましい。広角レンズで捉えたルーブル美術館を騒々しくかけぬけ（守衛があっけにとられてみている）、カフェのジューク・ボックスの脇で当時流行のハリ・ガリを踊り、何もすることがなくなると一分間の沈黙をする（画面からはもの音がたえる）。そこにはたしかに、レーモン・クノーの言葉による理不尽な世界があるが、より絶望の香りの高い『巴里の屋根の下』の現代版とも読める。パリの雑踏から郊外の殺風景な『カラビニエ』的風土までの行程を愛妻カリーナに自転車で走らせ、それを遥かにカメラで追うゴダールは、決して抒情には流れないが、それでも胸の痛みがしみ出している。日常性と非日常性の奇妙な同居、喜劇と悲劇の崇高なまでの共存、親密さと拒絶感の甘美にすぎる融合。ことによると、裸のゴダールがその精神と肉体とを最も美しくさらした映画かもしれない。最後に、「この後日譚は、シネマスコープ、イーストマン・カラーで」などと一行画面にあらわれているが、もちろんその後篇など撮られてはいない。

(1971)

『恋人のいる時間』(一九六四)

ゴダールの『映画史』がおびただしい数の他人の映像、他人の音響、他人の言葉の交錯からなっていたように、彼自身の作品もまた、他人の映像、他人の音響、他人の言葉の介入によっていちじるしく活気をおびる。ジャン＝リュック・ゴダールとは、他人の映像と音響と言葉に占拠されつくされた映画作家にほかならず、自分自身の音響や言葉はいうまでもなく、自分自身の映像さえ、ほとんどといってよいほど彼には存在していない。すべては、他人に帰属していた映像であり、音響であり、言葉なのだが、ゴダールは、作品を撮るたびごとにその帰属関係を荒々しく無視し、自分の側に一挙に引き寄せているかにみえる。彼は、もっぱら映像泥棒、音響泥棒、言葉泥棒としてみずからを確立した映画作家なのであり、その事実を、処女長編の『勝手にしやがれ』いらい、一度として隠したことがない。

盗む身振りをいささかも隠そうとはせず、あからさまな窃盗行為によって映画との折り合いをつけること。まさしく、その無謀な試みこそ、映画作家ゴダールの「独自性」を保証するものである。隠蔽の意志のまったき不在が、起訴や逮捕や有罪判決から彼を遠ざけているのだが、その犯罪歴は誰にも手にとるようによくわかってしまう。その意味で、ゴダールの『映画史』は、「映画泥棒日記」と呼ばれるにふさわしい自伝的なプライヴェート・フィルムだといえるかもしれない。

そこで、『恋人のいる時間』を、三〇年後に「映画泥棒日記」を撮ることになる「独自」な窃盗犯の若き日の犯罪歴を鮮やかにいろどる作品のひとつとみなしてみるとどうなるか。まず、音響の面でいうなら、ゴダールがこの作品のために新たに作り出したメロディーなどひとつとしてなく、その窃盗癖はあまりにも明瞭だといわねばならない。何しろ、近作の『JLG／自画像』から『フォーエヴァー・モーツアルト』にまで通じるベートーヴェンのメロディーで始まり、ハイドンの主題をジャズ風にアレンジした『ラ・ジャヴァ』がそれにつづくといった按配なのだから。また、映像についてみれば、アラン・レネの『夜と霧』の一部がそのままスクリーンに映しだされたり、新聞や雑誌の広告ページが大きくインサートされたりしている。言葉についていうなら、ここでの作中人物たちが口にしているのは、ルイ＝フェルディナン・セリーヌの『なしくずしの死』からの抜粋であったり、ラシーヌの悲劇『ベレニス』の台詞の一部であったり、女性週刊誌の短い記事の朗読であったりする。「脚本ジャン＝リュック・ゴダール」といったクレジットが、すぐに

（上）『勝手にしやがれ』ジーン・セバーグ
（下）『はなればなれに』アンナ・カリーナ（中央）とサミー・フレイとクロード・ブラッスール

も崩れるアリバイのひとつにすぎないことは誰の目にも明らかである。

実際、ゴダールは、物語の大枠をレヴィ＝ストロースから盗んでおり、そのことをいささかも隠そうとはしていない。実際、この名高い文化人類学者が未開社会における女性の機能を摘出してみせたように、自分は同時代のパリという「未開社会」の神話体系における女性の役割をきわだたせてみたかったのだとゴダールはいっている。マーシャ・メリルの演じる二〇世紀の「未開」の人妻が、もっぱら分解された肉体の細部としてフィルムにおさめられていることも、それと無縁ではないはずだ。

実際、心理の描写ではなくその行動形態の把握をめざそうとするゴダールは、女性の肉体を「可視」/「不可視」という二項対立にしたがって三つの要素に還元している。まず、顔、首、背中、手、太股という「可視」的な要素と、乳房、性器という「不可視」の要素が分類される。そして、その中間に、サングラスの存在と不在によって「可視」的なものともなれば「不可視」ともなる瞳という曖昧な要素が、濃密な構造的な機能を演じるものとして浮上することになる。現代という「未開社会」における恋人のいる時間とは、「可視」と「不可視」の間を揺れ動く瞳によって象徴されるあやうげな時間にほかならず、サングラスが、その神話体系においては、いくらでも乗り捨てられるタクシーのように象徴的な機能を演じているのである。つまり、現代と「未開社会」における人妻は、肌には図形として残らぬ刺青としてのサングラスによって、二人の男性に同時に所属しうる女性となるだろう。そのとき、妊娠は、ひとつの家族の豊穣化とはいっさい無縁の営みとなるしかない。

ゴダールが文化人類学から盗んだものは、「未開社会」における神話分析の手法にとどまるものではない。彼は、アフリカの黒人社会にキャメラを向けるジャン・ルーシュが得意とした映像人類学の手法を導入することで、現代の「未開社会」たるパリのアパルトマンを横切る老若男女にキャメラを向け、シネマ・ヴェリテさながらのインタヴューさえ試みている。そこでは、神話の構造分析とはおよそ異質の生なましさが露呈されることになるのだが、他人の言葉という点で注目さるべきは、「知性」という断章に本名で登場しているロジェ・レーナルトにほかならない。

レーナルトを名乗ってマーシャ・メリルのアパルトマンを訪れ、彼女の夫であるフィリップ・ルロワとともに夕食をとるこの初老の紳士は、きわめて曖昧な自己同一性におさまる存在である。夫の仕事仲間として作品に登場しているその人物を演じているのは、まぎれもなく映画作家ロジェ・レーナルトその人だからである。一九三四年から短編を撮っていながら、長編としては『最後のバカンス』と『真夜中のランデヴー』の二本しか残していないのだから、彼を映画作家と呼ぶのは正確さを欠いているかもしれない。彼は、アンドレ・バザンへの影響力によって「カイエ・デュ・シネマ」誌の方向を決めたといってもよい映画理論家でもあり、小説も書けば、短編映画を製作する小さなプロダクションの社長でもあった人間なのだ。ジョン・フォードを否定してウイリアム・ワイラーを擁護せよとバザンの耳元にささやいたのもレーナルトその人であり、その誤りは「カイエ」をしたたかに傷つけはしたが、しかし彼の残した二本の作品は、それをおぎなってあまりある豊かさをそなえている。

この寡作な映画作家に対するゴダールの執着がどれほどのものであるかは、『映画史』や『JLG/自画像』での彼への度重なる言及をみれば明らかだろう。実際、『右側に気をつけろ』で唐突にその名を呼んで死を悼んだオディール・ヴェルソワが、傷つきやすい無垢な少女として映画にデビューしたのが『最後のバカンス』だったのであり、おそらく幼年期の恋心を描いたもっとも美しいこの作品が、第二次大戦後のフランス映画にもたらした爽快さは、「ヌーヴェル・ヴァーグ」期に出現したジャック・ロジエの『アデュー・フィリッピーヌ』に匹敵するものがあったと思う。そのレーナルトが、一九六一年に映画のメタ映画性を優雅に検証した『真夜中のランデヴー』を十数年ぶりに発表したのだから、ゴダールが彼に出演を依頼したのは当然の成り行きかもしれない。だが、『恋人のいる時間』には、この人物が映画作家でなければならない文脈は存在しておらず、「知性」の断章でシネマ・ヴェリテ風のインタヴューに答える彼の言葉が、純粋に彼自身の言葉なのか、ゴダールとのしめしあわせによるものかはにわかには判別しがたい。

『勝手にしやがれ』のジャン=ピエール・メルヴィルいらい、初期のゴダールの作品に多くの映画作家が登場していることは誰もが知っており、あえて指摘するまでもあるまい。『軽蔑』のフリッツ・ラング、『気狂いピエロ』のサミュエル・フラーなどは、明らかに「彼ら自身」として画面に登場しており、決して饒舌とはいえない彼らの言葉が、ゴダールによって示された文脈にそったものであろうことはほぼ見当がつく。だが、『女と男のいる舗道』のブリス・パランや『中国女』のフランシス・ジャンソンのように、映画とは無縁の知識人もまた姿を見せ、ヒロインのアンナ・カリーナやアンヌ・ヴィアゼムスキーと長い会話を交わしており、それも多くの人が知っていることだろう。だが、後者の場合、おそらく演出家としてのゴダールが介入することは不可能に近く、その台詞のほとんどが「彼ら自身」の言葉であることはほぼ間違いない。そして、『恋人のいる時間』に登場するロジェ・レーナルトは、キャメラを見据えるその表情と声の抑揚からして、ブリス・パランやフランシス・ジャンソンの場合と同様、ほとんど「彼自身」の言葉と解釈することができる。

「自分が懐疑主義者だとはいうまいが……」とことわったうえで、「妥協というものは、知性的な活動にあってももっとも美しく、もっとも勇気のいるものなのだ」だの、「この世界は完全に不条理なものではないといいつづけたい」だのと口にするこの作品のレーナルトは、映画作家というより、フランス伝統のユマニスムを体現する人物のように思える。その意味で、断章として「知性」と訳しておいた言葉を、ゴダールが「聡明さ」の意味でこの作品に挿入していると考えたい誘惑にかられるのだが、最後の言葉はそれを裏切っているいる。「六〇歳という年齢とともに、ときどき知性に休息を与えたい」といってから、「自分にそんなことが可能かどうか自信はないが、分別のある若者と気狂いじみた老人を愛さねばならないのだ」と言葉を結ぶとき、それをゴダールが自分の言葉にしたがっていることだけは確かである。

だが、ここで見落としえないのは、レーナルトの声の抑揚である。「レーナルトのすべては、彼の知的で鋭い声にあり、マイクロフォンの機械仕掛けがそれを腐食させることはいっさいないだろう。それほど、彼の声は、精神の動きに同調している」とアンドレ・バザンが賛嘆したその声こそ、ここでのゴダールが自分のものにしたかったものなのだ。『恋人のいる時間』は、その「知性」に同調した音響を巧みに盗むことで、映画泥棒としての彼の勘の良さを証明することとなったのである。実際、「映画泥棒日記」としての『映画史』が撮られてしまったいま、ロジェ・レーナルトの声と言葉は、『恋人のいる時間』の突出した細部として見るものにせまってくる。

最後に一言。ゴダールの作品は、他人の映像、他人の音響、他人の言葉によって活気をおびると冒頭に書いたが、それを、引用やパロディーの手法の重視によるポストモダン的な作風の擁護だと思うことだけは避けねばなるまい。これは、映画においては、むしろ「古典的」ともいうべき正統的な姿勢なのだ。実際、映画には、自分の映像、自分の音響、自分の言葉など存在したためしがない。あらゆる映画作家は、他人の映像、他人の音響、他人の言葉でしかないものと向かい合うことで初めてキャメラをまわすことができるのだ。「映画泥棒日記」の作者は、その真実のみをつぶやきつづけている。

（2002）

『モンパルナスとルヴァロワ』（一九六四）

ヌーヴェル・ヴァーグの中心的人物シャブロールほか六人による『パリところどころ』中の一篇。16ミリ・カラーを35ミリに拡大したもの。すでに『女は女である』の中でベルモンドが新聞で読んだといって語った挿話を映画にしたもの。もとはといえばジュヌヴィエーヴ・クリュニーの発想であり、これは六〇年代の初期に、フィリップ・ド・ブロカが映画にしている。

物語の骨子は、二人の男を同時に恋人に持つ女（ゴダール的主題）が、両者に出した速達便の恋文の宛名を間違えたと思って急いでかけつけ、事情を説明するのだが、実は間違ってはいなかった。そこで彼女は二人の男からこっぴどい仕打ちをうけるというもの。その二人の男が、パリ左岸の中心街モンパルナスと郊外のルヴァロワに住んでいるという設定である。女はジョアンナ・シムカス。

この短編の中心は、しかし、物語や演技より、ダイレクト・シネマの名キャメラマン、アルバート・メイスルズ（リーコックの協力者）とゴダールの組みあわせである。それは、みごとな成功というより、ゴダールの即興が、いかにダイレクト・シネマの概念から遠いものかを示す意味で興味深い。むしろおとなしくおさまりかえった流麗な画面なのである。このオムニバス映画には、手法の上でジャン・ルーシュ『北駅』、題材の上でシャブロールの『ミュエット』等の傑作が存在するので、ゴダールがいかにも優等生じみてみえてくるという奇妙な現象が起こっている。

(1971)

『アルファヴィル』（一九六五）

フランスの「新しい波」も決して流行には無関心ではいられなかったようだ。フランソワ・トリュフォーが数年かけて完成させた『華氏451』がそうであるように、『アルファヴィル』もまた、今はやりのSFの体裁をかりた冒険物語である。だが、未来都市の悪夢を構築するにあたり、ジャン＝リュック・ゴダールは奇想天外な着想も、大規模なセットも必要とはしなかった。彼にとって、最上の舞台装置は、永遠の闇をおいてはなかったようだ。『女と男のいる舗道』の娼婦ナナを包んだのと同じ夜が、ここではパリとその周辺を一挙に一九八四年のアルファヴィルに変貌させてしまう。そして『恋人のいる時間』の人妻シャルロットを逢い引きの宿へと急がせたハイウェイが、浮かぬ顔の密偵レミー・

（上）『恋人のいる時間』マーシャ・メリル
（下）『気狂いピエロ』ジャン＝ポール・ベルモンドとジャン＝リュック・ゴダール

コーション（エディー・コンスタンチーヌ）をはて知れぬ時間の迷路へと導く。こうしてぼくたちは、『ミクロの決死圏』に代表されるSFの世界からは最も遠い地点で未来生活の悪夢に立ちあうことになる。

アルファヴィルにおける生活とぼくたちのそれとをへだてているものは、政治体制の違いでもなければ経済機構の差でもない。いま、現実のいろいろな場所で起こりつつあることがらそれ自体が、実はその悪夢の正体なのだ。だから、レミーがアルファヴィルの迷路で目にするものは、それらがすべてぼくたちの周囲にころがっているものと酷似しているが故に、かえってショッキングなのである。

では、ゴダールにとって、アルファヴィルに生活する人間たちは、ぼくたちと如何なる点において異なるのか?

観客は、物語が発展するにつれて、彼等の思考体系および意思伝達の手段が、日常生活のそれとはいささか違っていることに気がつく。相手の考えを肯定しながら首を横に振ってみせるナターシャ(アンナ・カリーナ)の仕草は、少なからずぼくたちの平衡感覚を乱さずにはおかない。そして、ぼくたちの世界で最も本質的な言葉が、もはやそこでは何の意味も持ってはいないという事実を発見する時、そのおどろきは不安に変らざるを得ない。そこでは、また、ピストルは何の解決にもならず、唯一の救いは失われた言葉の回復という行為によってもたらされる。従って、レミーは、英国系の同業者ジェイムズ・某のライバルであることをいさぎよくあきらめ、フォン・ブラウン教授を射殺することより、ナターシャに《愛》の一語を発見させる作業にすべてを傾注する。そして、愛の再発見によって、失われていたコミュニケーションがレミーとナターシャの間に成立する時、人工頭脳は内部から崩壊し彼等の迷宮脱出はかくしてきわめて楽天的な愛の讃歌によって成就する。だが、すでに幾つか現代の悪夢を体験しているぼくたちとしては、残念ながら夜のはてで二人を待ちうけているものを手ばなしで信じきるわけには行かない。

（1966）

『気狂いピエロ』（一九六五）

マリアンヌをたずさえてのフェルディナンがたどる彷徨は、ときに自動車を疾駆し、また鏡のような河を徒歩で横切り、いきなりカフェのテラスでくりひろげられるシネマ・ヴェリテ風のインタヴューにつきあいながらも、『勝手にしやがれ』のミシェル・ポワカールが人目を避けてかけぬけた南仏からパリまでの行程を正確に逆になぞっている。それは、『はなればなれに』の二人の男女が、ブラジルへの脱出を目論みつつより少ないスペクタクルとより多くの親密さとで南下した、パリからマルセイユへの軌跡とも一致しているが、またイタリアが舞台となった『軽蔑』におけるローマとカプリ島との関係もこれに相当するとみることができよう。つまり、首府と呼ばれる内陸の人口稠密地帯と、人影のまばらな海辺とをへだてる越えがたい距離が、ゴダール的人物たちに疾走を強いることになり、その曖昧な中間地帯を、「気狂い、気狂い。あなたは直線をまっしぐらに果ての果てまで行けばいいのよ」というマリアンヌの言葉どおり、フェルディナンが駆けぬけるのだ。ときに迂回し、停滞し、静止するかとさえみえるその足どりは、しかしきわめてラディカルな北から南への走行をかたちづくり、ちょうど彼の運転するフォード・ギャラクシーの運命さながらに海辺におどりでて歩みをとめることになる。つまり、その瞬間からロビンソン・クルーソーを地で行った狩猟と思索の生活が始まるのだが、この海への志向の一貫した直線性が、たとえばトリュフォーの『大人は判ってくれない』の最後に描かれる海への歩みの無方向性ときわだった対照をつくりあげている点に注目しよう。

フェルディナンが無意識に希求する海は南になければならず、海辺の光景は空と水の青さを裸の色彩そのものに還元しうるものでなければならず、またその水が、彼の存在を最終的には拒絶するものでもなければならない。そうした意味からすると、トリュフォーが提供したシナリオの段階では北の海に面した霧と曇天の港ル・アーヴルに起点を持つはずになっていた『勝手にしやがれ』の物語が、ゴダールによって陽光のみなぎる地中海岸のマルセイユへと移し替えられた事実は、きわめて重要だとみなければなるまい。それは、太陽を顔にうけて走ることとそれに背を向けて走ることとの違いなのだが、ラウール・クタールがイーストマンカラーで捉えた大型画面が追い続けるゴダールの男たちの歩みを止めるものは、湿って冷たく、人を溺死へと誘う液体の拡がりではなく、あたりに氾濫する透明な光りの、まばゆいまでの反映なのだ。作家自身の証言を基盤にした作品解釈の持つ同語反復的な危険をあえて承知で試みるなら、『軽蔑』の夫ポールのカプリ島での逡巡は、まさにゴダールの言葉どおり、「『リオ・ブラボー』の人物を演じようとする『マリエンバート』の人物」が襲われるであろう、あまりの透明さ故のめまいとして理解するしかない。その透明さとは、あのカリフォルニアの空のそれであり、またハワード・ホークスの仕草が描く軌跡の透明さでもあるわけで、だとするなら、『気狂いピエロ』のフェルディナンの直線状の南下は、裸の真実への二律背反的な志向に支えられながら、走ることの不可能性を証明すべく遂行されていたことになるだろう。

だからわれわれは、フェルディナンのパリ脱出を、空疎な言葉の行き交う都会生活への文明批評的な姿勢だなどとは間違っても解釈してはならない。冒頭に頽廃的な社交パーティが捉えられ、後半に原始的な生活情景が点描されていようと、ここで重要なのは、『勝手にしやがれ』のミシェルが行きそこなったヨーロッパの南を目指して、ゴダールの作品のフォルムの内的力学に促されて走りだしたフェルディナンが、海というより、もはや青そのものというほかはないものの圧倒的な顕在ぶりに出あって立ちどまったという点なのである。

(1971)

『彼女について私が知っている二、三の事柄』（一九六六）

男二人と女一人が、真夜中過ぎに乗りあわせたタクシーの後部席で、何やら笑いころげている。艶を帯びた女の笑い声が、環状道路を疾走するその小さな輸送機関をことのほか華やいだものにする。いかにもあっけらかんとした彼女の色気というのだろうか、あるいはその存在の艶っぽさといったものに触れ、二人の男も全身を揺さぶって笑う。その男の一人であった私は、いまこうした状況を書きながら、うまくいった悪戯を翌日になって思い返して楽しんでいるみたいに他愛なく笑っていた男女の名前を、正確に記憶している。男は、ジャン゠リュック・ゴダール。女はマリナ・ヴラディ、一九六六年の東京のことである。

だが、深夜のタクシーでどうしてこんなに笑いころげていたかとなると、まったく思い出すことができない。とにかくわれわれは、誰かの家のパーティーに出席したのだった。そして、ゴダールと二人でマリナ・ヴラディをはさむようにしてタクシーに乗りこむ。その髪型もそのドレスの色もすっかり忘れてしまっているが、喉もとでころがるようにはずんでいた彼女の声ばかりは、そろそろ二〇年にもなろうとしているのにいまもはっきり記憶に残っている。薄地のドレスを通して揺れていた彼女の肉体の気配までが、右側の肩あたりによみがえってくるような気がする。そう、こちらがさきに降りるというので、左側の席にすわっていたのだ。別れぎわに、ドアーの外から挨拶を送ると、まだ、笑い続けているかのように全身を震わせる二人が、ゴダールは律儀な口調で、マリナ・ヴラディは全身を笑顔と化したかのごとき屈託のなさで、おやすみなさい、おやすみなさいとくり返していたものだ。

それから二人の間に何が起こったかは知るよしもない。その東京滞在中に、ゴダールには何度も会ったが、マリナ・ヴラディとは再会の機会を持たなかった。そして、一年後、あるいは数年後であったろうか、ジャン＝リュック・ゴダール監督、マリナ・ヴラディ主演の『彼女について私が知っている二、三の事柄』が日本で公開されたのである。封切りにあたり、ゴダールは、ここでの彼女がパリであって、主演女優のことではないと何度も強調している。だが、それはまぎれもなくマリナ・ヴラディのように思われる。こちらだって、彼女についての二、三の事柄を知らぬわけではないのだ。おそらく、一六年ぶりに再公開されたこの映画は、その懐妊の瞬間を、東京の深夜タクシーの中に持っている。思えば、パーティーの席で、ゴダールは爪をかみながら、子供みたいな表情でその夜の主役であるマリナ・ヴラディにながめ入っていた。彼女は彼女で、そんな視線をまるで意識にとめず、艶やかな笑顔で、あらゆる男性にその色気を平等に分配してまわっていた。まだ、スターという言葉が確実に存在していた時代のことである。ゴダールは、『男性・女性』

のプリントを持って来日したのだが、実は彼女と新作を一本撮るための心の準備をしていたのだろう。それが、アンナ・カリーナに逃げられた後での傷心の旅でもあったことなど、こちらは知るよしもなかった。だがそれにしても、別れた女房を使って『気狂いピエロ』を撮ってしまうゴダールとは、何という作家であろうか。また、そんなゴダールは、深夜の東京のタクシーの中で、どうしてあれほど無邪気に笑いころげることができたのだろう。あるいはことによると、笑っていたのはマリナ・ヴラディと私の二人だけで、彼は右側のシートに身を埋めたまま、われわれの無邪気な振る舞いを観察していただけなのかもしれない。

だが、遠い日の思い出など、この際どうでもよろしい。映画とは、残酷なまでに現在の体験なのだ。だというのに、誰もスタンダールの『赤と黒』を古い小説とは呼ばず、それよりは圧倒的に新しいグリフィスの作品を古い映画と呼んだりしてしまう。何度もそんなふうに憤ったことのあるゴダールの『彼女について私が知っている二、三の事柄』は、まぎれもなく現在の映画だ。しかしそれは、一六年前の映画なのに、いま見ても新鮮だといった程度のことではない。また永遠の名作だというのでもない。これは不断に更新される映画なのである。なるほど、それ以後、パリは変わった。ヴェトナム戦争も、もはや終わっている。だが映画は、いかなるかたちにおいても、ゴダールと決着をつけることなく曖昧に生きのびている。映画は、ゴダールについて、いまだ二、三の事柄しか知らないのだ。

(上)『彼女について私が知っている二、三の事柄』マリナ・ヴラディとアニー・デュプレーとラウール・レヴィ
(下)『ワン・プラス・ワン』ミック・ジャガー

別だん人目を避けて身を隠しているわけでもないのに、ゴダールのほんの二、三の断片しか人は見ようとしない。それは『彼女について私が知っている二、三の事柄』が、決して全体の一語を口にすることのない優れて断片的な映画であるからだろう。

ゴダールはいつもそうなのだ。宙に迷った二、三の断片。そしてその組み合わせ。たとえば文字という断片と映像という断片。音響という断片と色彩という断片。そうした断片群が衝突しあう場としての断片的なフィルム。だからでもなぜでもなく、こんなふうにとしてしかありえない文脈を欠いた物語。ちょうど、キャフェの奥で書物の断片を朗読し続ける二人の独学者のように、全体に目を向けようとする誘惑を絶って、二、三の断片との戯れようとする映画。二人の独学者は、もちろん、フローベールの未完の長編小説『ブヴァールとペキュシェ』に起源を持つ断片的な存在である。『彼女について私が知っている二、三の事柄』は、この二人の人物を介することで、その中心を欠いた構造を垣間見させてくれる。断片的な引用として現在を見ること。偽の構造の安定を求めるのではなく、不安定であることの残酷な試練に耐え続けること。

ところで、真夜中のタクシーでの馬鹿笑いから数年後、パリのバスの中でふとゴダールとぱったり出くわす。なぜか、言葉がかけられない。いくつもの他者の視線を意識しながら、彼は生真面目な顔で乗客の一人を演じている。その顔は、どこまでも断片的で、あの夜の記憶を細片化する苛酷さを漂わせながら、孤独に揺れ続けているのみだ。

（1983）

『ワン・プラス・ワン』（一九六八）

シェイクスピアの時代やゲーテの時代やランボーの時代といったものがあるように、ゴダールの時代というものが存在する。二〇世紀の後半こそ、まぎれもなくそのゴダールの時代である。二一世紀、あるいは二二世紀に生きる人びとにとって、二〇世紀がゴダールの世紀として想起されるであろうことは、ほぼ間違いない。詩人でも小説家でもなく、画家でも作曲家でもなく、哲学者でも批評家でもなく、映画作家ジャン＝リュック・ゴダールが今世紀を代表することになるのは、彼が、同時に詩人であり、小説家であり、画家であり、作曲家であり、哲学者であり、批評家でもあるからだ。それは、現在再上映中の『ワン・プラス・ワン』と、近く初公開される『万事快調』を見てみれば誰にも納得されることだろう。

たとえば、ザ・ローリング・ストーンズのサウンド（「悪魔を憐れむ歌」）とブラック・パワーのアジテーションが交錯するロンドンから、いきなり赤旗と黒旗が潮風にたなびく浜辺での銃撃戦（アンヌ・ヴィアゼムスキーが握る機関銃！）へと横滑りする『ワン・プラス・ワン』のゴダール。そこでは、青、赤、白、の原色の画面に、カタストロフィーの予感が物質のようにまとわりついている。あるいは、破局を迎えつつあるアメリカとフランスの知識人(イヴ・モンタンとジェーン・フォンダの不自然な共演!)とが、ふとしたことからソーセージ工場のストライキに巻き込まれる『万事快調』。そこには、泣くことも笑うこともできない悲喜劇的な男女の姿が痛ましく浮上する。

ゴダールの視線が鋭利に切り取ってみせるこうした断片的な光景と音響は、どんなサウンドやイメージによるドキュメントにもまして、六八年から七二年にかけての世界の表情を生なましくフィルムに定着させている。この四年間は、何よりもまず、複雑であることと単純であることとが嘘のように同義語たりえたという、人類史上でも例外的な一時期である。一部の人びとは、それを「祝祭的」と呼ぶことで、何とかやりすごそうとしたが、彼らはそのことで「できごと」を取り逃がした。それをひたすら複雑な時代だと思った人も、それをもっぱら単純な時代だと思った人と同様、あっというまに時代から取り残されてしまった。叛乱という名の混沌も、理性という名の秩序も、その時代を読むにふさわしいものではなかったからだ。

この時期、しばらく商業映画から撤退していたゴダールは、複雑さが単純さといささかも矛盾しないことを身をもって生きぬいてみせた。そのことゆえに、この映画作家は、今日もなお旺盛な作家活動を行なっているのである。それは、芸術家としての彼が、間違っても文化人として振る舞うことがなかったからである。文化の退屈さは、誰もが複雑さと単純さの差異を、ごく当然のものと確信していることからくる。芸術は、この確信を撃ち、文化を揺るがせる。事実、『ワン・プラス・ワン』や『万事快調』という題名の単純さが煽り立てる複雑さは、映像の音響の断片として、素肌を射るように襲いかかってくる。

(1996)

『東風』（一九六九）

たとえば『東風』に作品の終焉を読み取るだけで自足するといったたぐいの批評の姿勢は、一連の視聴覚的イメージの完結した流れとして明らかに時間と空間の中におのれを閉じ籠めて生きる『東風』の、その材質的規定性にはあっさり目をつぶりいつもながらの精神主義から作家像の構築とやらを曖昧に志向しつつ、とどのつまりは真のフィルム体験を放棄した頽廃の上塗り作業でしかない。考えてみるまでもなく、無名の創造者集団に作家主体を埋没させ、タイトルからあらゆる人称性を抹殺し、特殊な上映組織を模索しつつ、一方で伝統的な劇的物語性を拒絶し、音響と映像の癒着を断ち切って、画面にささくれだった傷を刻みつけたぐらいで映画が破壊しつくされるものでないことは、あまりに明白なのである。

『東風』が、あるいは『イタリアにおける闘争』がつきつける衝撃は、徹底した映画の廃棄を志向するかにみえるそのあらゆる試みにもかかわらず、それらが材質として持つフィルムの時間的・空間的な有限性により、つまりは一定の上映時間を持ち、長方形のスクリーンに間違いなく上映されることで、明らかに自分を閉ざしているという作品の完結性ゆえなのである。だから、その告発の対象としてあるというアメリカ映画のイデオロギー昇華物たる西部劇のどのひとつとも物質的性格を異にするものでない以上、そのフォルムを生きることをおこたり、労働者もしくは第三世界への連帯、西欧社会の頽廃と諸矛盾、そしてそれを威圧するものとしての東風への期待といった叫びに共感することは、一篇のメロドラマに涙するのとなんら選ぶところのない非生産的ななぐさみと言わねばならない。『東風』は、作品としてのまぎれもない完結性によって、言い換えればフォルムそれ自体の自律性によってあらゆる連帯を拒絶し、かえって情念の流れの円環的閉鎖性を鋭利な刃物で断ち切りながら、俗にヨーロッパの合理思想と呼ばれる大がかりな精神のサボタージュによって失われていった科学する理性を回復せんとする試みである。その試みの一環として、ゴダールは、われわれにとって映画とは何かという問いかけが含む疑似主体たる「われわれ」の空洞性を空虚なままに剔出しながら、改めて映画にとってわれわれは何なのかと設問しなおし、遺産として祖父たちから継承した映像と音響とを豊富に自分のものとしつつ、みずから映画たることへの志向をかつてなく鮮明に語りかけているのだ。

したがって、『東風』が生きることを強いたそれにくらべれば、圧倒的に貧弱な音響と映像しか所有していないわれわれにしてみれば、ジガ・ヴェルトフまでをもみずからの私有財産にしていたゴダールのうちに、かつて経験したことのない西欧の誇り高い挑戦を感じ取らねばならず、そこに、二〇世紀のヨーロッパ精神が実現しえた稀有のブルジョワ的方法序説を読み取ることからはじめねばならないのだ。うすうすとは感じられていながら、いまここに明瞭となったものは、「第二、第三のヴェトナム」が、「第三世界」が、そして「東風」の概念までが、ゴダールにとっては、資本としての親譲りの財産を有効に回転させる潤滑剤にほかならなかったという事実であり、彼については充分に正当化しうるそのからくりも、まだその真のはじまりをも自分のものにしていない映画にすでに癒しがたく犯されているわれわれには、危険な罠としてしか作用していない。だから、現在のゴダールの、作品とは呼びがたくありながら圧倒的に作品たりえている無数のフィルム断片は、作者ゴダールの手のとどかない地点で、映画とは、自分の作品をも含めていまだに西欧ブルジョワジーの占有物であり、その映像も音響も、ことごとくフィルムの植民地的支配を完遂するものでしかないという裸の真理を、妥協のない苛酷さで語りはじめているのであり、したがってわれわれは、ゴダールその人が無意識に加担している差別と搾取の実態を、あますところなくあばきたててゆくことに、戦いの端緒を見出すべきなのだ。　（1971）

『万事快調』（一九七二）

たえず驚きをもたらすジャン＝リュック・ゴダールは、いたるところで驚くことを禁じてまわる。「驚いてはならぬ」という無言の記号を発信しながら、見るものをひたすら驚かせるのがゴダールなのだといってもよい。それこそ、当人でさえ解消しがたい魅力あふれるゴダール的な矛盾なのである。彼にとって、映画における驚きは、あえて避けねばならぬ過度の贅沢品にほかならない。実際、人は、かつて溝口健二やアルフレッド・ヒッチコックに驚いたように、ゴダールに驚くことができなくなっていることをよく理解している。映画作家としてのその決定的な新しさに、誰もが、改めて驚かざるをえない。

「驚いてはならぬ」ということで驚きを誘発するゴダールは、まず、役者たちに向かって、驚きの演技を禁じる。実際、『勝手にしやがれ』や『気狂いピエロ』のジャン＝ポール・ベルモンドの振る舞いを思い出してみるがよい。かつて愛した女性と偶然に再会しようが、その不意の裏切りに出会おうが、予期せぬ罠に落ちて危機が迫ろうが、この男はいささかも驚きの表情を浮かべたりはしなかったはずだ。事実、まさかと口にしても不思議でない状況に何度も追い込まれながら、彼は、そのつどやっぱりとつぶやくような気軽さで、深刻な事態を受け入れていたのである。パリの街頭や南仏の海辺でベルモンドが演じてみせるいかにも呆気ない死の光景に立ち会うものたちは、それが驚くべき瞬間だと知っていながら、思わずやっぱりと口にせずにはいられない。ゴダールは、ゴダールを見ている観客に向かっても、まさかという驚きを禁じてしまうのである。

このとき、人間は、奇妙な言語障害を発見することになる。あたかもベルモンドの言い違いを模倣するかのように、まさかとつぶやくことが当然なはずの状況に陥った多くの人が、ゴダールとともに、やっぱりという安堵と納得の言葉を口にしてしまうのだ。いざという瞬間に決まって反復されるそうした言語障害を、「ゴダール症候群」と名づけることにしよう。ことによると、その症状を分析記述することで、これまで見えていなかった多くの問題が、鮮明な輪郭のもとに浮上することになるかもしれない。

たとえば、『アルファヴィル』を想起してみるなら、肯定の身振りを演じながら否定の言葉ばかりをつぶやいてしまうアンナ・カリーナの声の抑揚がよみがえってくる。かと思うと、『気狂いピエロ』におけるアンナ・カリーナは、すべてがあまりに明らかなとき、決まって「わからない」と口にしていたのである。些細なものではあるが決定的な意味を持ちそうなこの言い違いは、ベルモンドの言語疾患がそうであったように、背後にはいかなる失錯や秘密をも隠してはいない、純粋に表層的な体験である。いかにも晴れがましいその矛盾した言動をなぞりながら、われわれは、「ゴダール症候群」にかろうじて触れることができる。

実際、ジャン＝リュック・ゴダールが世界から切りとってみせる映像と音響の断片は、たとえば『ワン・プラス・ワン』の終幕における浜辺の銃撃戦のように、それがどれほど場違いで意表をつくものであろうと、ほとんどの場合、まさかではなく、あたかも予測が的中したかのようにやっぱりという感慨を誘発する。だが、これは、いかにも奇妙な事態というべきである。スクリーンで予期していたものの到来に立ち会っているのでもないのに、誰もが思わずやっぱりとつぶやき、そのつど、まさかの一語を口にしそびれた居心地の悪さのさなかに取り残されるしかないのである。処女長編の『勝手にしやがれ』いらい最近のヴィデオ作品である『映画史』にいたるまで、その奇妙な言語疾患を克服することのできたものは、おそらく、ゴダールその人をも含めて、誰ひとりとしていない。ゴダールがいまなお映画を撮り続け、われわれもまた、性懲りもなくゴダールの映画を見続けるしかないのは、そのためである。

いわゆる「五月革命」をくぐりぬけて以来、撮影の主体を「ジガ・ヴェルトフ集団」に移行させ、ダニエル・コーン＝ベンディットらと語らって『東風』や『イタリアにおける闘争』を撮ったりしていたゴダールが、「商業映画」からは撤退するぞと宣言したとき、やっぱりとつぶやきながら驚きをおし殺すしかなかったわれわれは、すでに、いくぶんか「ゴダール的」な何かを体得し始めていたのかもしれない。そのゴダールが、一九七一年六月九日、パリの街頭で、血なまぐさい交通事故にまきこまれる。そのときもまた、まる

（上）『東風』ジャン・マリア・ヴォロンテとジャン＝リュック・ゴダール
（下）『万事快調』ジェーン・フォンダとイヴ・モンタン

でそれが予告されていた事件であるかのように、誰もが、やっぱりという言葉を口にするしかなかったはずである。だが、それにしても、この映画作家の身にふりかかった不慮の災難が、こうも着実に安堵や納得の風土を導き出してしまうのはなぜなのだろうか。

現実に起こったのは、こういうことだ。すなわち、さる女性に運転をまかせ、後部座席にまたがっていた走行中のバイクがライトバンに触れて転倒し、ゴダールは地面に激しくたたきつけられる。その結果、彼は肋骨五本を折り、膝にも致命的ともいえるような傷を負ったうえ、頭部を強く打って意識さえ失ったというのだから、これは、文字通りの重傷である。「ゴダール危篤!」という言葉が、即刻、世界をかけめぐったのはいうまでもない。だが、その思いもかけぬニュースに接したときでさえ、まさかではなく、やっぱりとつぶやかずにはいられなかったことを、困難な回復期に彼がジャン＝ピエール・ゴランとの共同監督で撮った『万事快調』に改めて接しながら、いま思い出す。あのときのやっぱりは何だったのだろう。

もちろん、それがまさかの一語を誘発しなかった理由はいくつも考えられる。たとえば、幼少期に母親を交通事故で失っているゴダールにいかにもふさわしい、不慮の、だが不可避的なできごとだと咄嗟に納得することは許されている。あるいは、彼がヌーヴェル・ヴァーグの旗手として登場した瞬間の衝撃を何とかかわそうとして、あの「夭折の天才」という神話に彼を閉じ込めるしかなかったことの記憶が不意によみがえってきても、まったく不思議ではない。だが、そんな自問自答をあざ笑うかのように、交通事故から一年もしないうちに、「商業映画」からの撤退を宣言していたはずのゴダールは、イヴ・モンタンとジェーン・フォンダという国際的な大スターを主演に迎え、まぎれもない商業映画として『万事快調』を撮りあげてしまう。そのとき、やっぱりの一語をもらさず、まさかという驚きの言葉を口にしたものがいたとするなら、その彼、または彼女は、問題の「ゴダール症候群」を、一度たりとも体験したことがなかったに違いない。

『万事快調』は、ある「非常事態」を題材としている。それは、「耕作者が耕作し、労働者が労働し、ブルジョワがブルジョワとして振る舞う」ことで維持されていた日々の秩序が、ふと揺らぎ始めたことで起きる事態にほかならない。「労働者が労働する」とは限らない瞬間を、人はストライキと呼んでいる。また、「映画作家が映画を撮る」とは限らない場合、その映画作家は、ストライキをしているというより、むしろ失業中ということになるのだが、もちろん、CMの監督として生きのびることは不可能でない。では、映画を放棄してCM業界で生きるしかないかつての映画作家と、ストライキ中の労働者とが不意の出会いを演じた場合、どんなふうに事態は推移するのか。そのとき、労働しない労働者も、映画を撮らない映画作家も、挨拶の言葉として「万事快調」と口にしあうことはできないだろう。ゴダールの「商業映画」への帰還をつげる『万事快調』は、到底「万事快調」とはつぶやきがたいものたちの遭遇をめぐる作品なのである。

だが、ここにも、「ゴダール症候群」が姿を見せている。実際、映画を撮らない映画作家を演じるイヴ・モンタンは、ストライキ中の労働者の人質となり、連帯を表明したわけでもないのに、食品工場で働くものにふさわしく白衣をまとわされて、天井から吊るされた何頭もの動物の死骸を移動させられる羽目に陥っても、わずかな驚きの表情さえ示そうとはしない。アメリカの放送ジャーナリストとしてパリに暮らしているその愛人のジェーン・フォンダもまた、同様である。フランスの典型的なソーセージ工場の社長を取材しようとする彼女は、同伴したCM監督とともにストライキに巻き込まれ、社長室に社長とともに監禁されてしまうからである。だが、不測の事態に遭遇して不意に自由を奪われるこの二人の男女は、『勝手にしやがれ』や『気狂いピエロ』のベルモンドのように、まさかの一語をまるで口にすることがない。組合幹部の説得に応じようともせず、廊下や階段でもみあいながら、壁をひたすら青、白、赤の三色に塗りあげてゆく労働者たちのやや場違いな振る舞いに立ち会うときでさえ、やっぱりとつぶやきながら、事態を納得しているかのようなのだ。

「ゴダール症候群」は、当然のことのように見るものの側にも伝染する。『万事快調』の観客たちは、どんな事態が起ころうと、まさかとつぶやくことを自重してしまうからである。実際、この映画の編集は、意図的なものであることが確実な驚くべき「つなぎ間違い」にみちているのに、スクリーンに見入りながら、驚きの言葉を口にするものは皆無だといってよい。

たとえば、閉ざされた空間だと信じられていた社長室が、ショットの変わる瞬間に、いかにもセットじみた壁のない工場の全景の断面図として示されるとき。それは、ミディアム・ショットとロング・ショットとが一連の動きを介して編集でつながれる瞬間でもあるのだが、そこでの社長は、まず、労働者たちを「ごろつき」と罵倒しながら、我慢ならぬといった表情で、左手をのばして扉の向こうを指さす。それに続く画面は、その動作が、いわゆるカッティング・イン・アクションの手法で律儀にくりかえされる瞬間を示している。ところが、いきなりロングに引いたキャメラがゆるやかな移動撮影で逆方向からとらえることになる社長室の社長は、いまやあらゆる部屋を労働者が占拠しているさまが一目でわかるセットの扉の前に立ち、その向こう側を、明らかに右手を振り上げて指さしているのだ。

左手を振り上げていた男が、つぎのショットではあからさまに右手をさしあげているのだから、これは、思わずまさかとつぶやかざるをえない驚くべき「つなぎ間違い」である。にもかかわらず、誰もそれには驚かず、やっぱりと口にして、意表をついたミディアム・ショットからロング・ショットへの切りかえを納得してしまうのは、なぜなのか。それは、ほとんどの人が「ゴダール症候群」に冒され、驚きを安堵の語彙で表現してしまうというあの言語障害に陥っているからだろうか。あるいは、映画にあっては、こうした「つなぎ間違い」など人目につきはしまいと高を括っているゴダールが、意図的に悪戯を仕かけているのだろうか。そもそも、同じ仕草を、一連のショットで左右とり違えて演じてみせねばならない社長役のヴィットーリオ・カプリオリは、そのことに戸惑わなかったのだろうか。それとも、「ゴダール症候群」にあっては、誰もが左を右と呼び間違えることになるのだろうか。

ここでも、人は、たちまち疑問の連鎖に引き込まれ、それを解消しえぬ居心地の悪さの中に置き去りにされる。「驚いてはならぬ」という無言の記号を持てあましながら、驚かずにいることも、驚くこともできないからである。だとするなら、たえず驚きをもたらしながら、いたるところで驚きを禁じてまわるゴダールを前にするとき、われわれはどんな反応を示せばよいのだろうか。もちろん、ゴダールその人も、その答えなど手にしてはいまい。であるが故に、彼は映画を撮り続けるだろうし、われわれもまた、それを見続けることになるのだろう。

(1996)

『勝手に逃げろ／人生』（一九七九）

あたかもその光景をキャメラにおさめることが映画作家であることの決定的なあかしだとでもいうかのように、ジャン＝リュック・ゴダールは、二頭の馬が寄り添うようにして草をはんでいる田園風景にレンズを向け、ごく短かなショットとして『勝手に逃げろ／人生』の冒頭近くに挿入している。馬たちののどかな憩いの光景のインサートが、おそらく二度と姿をみせまいことは誰にもほぼ想像がつくので、苛立たしげに受話器を握り、ごく自然に罵りの言葉を口にしてしまう男女の孤立無援の表情ばかりを見せられていた者は、思わずあっと息をのむ。だが、それにしても、なぜ、唐突に馬なのか。

どうやら舞台はスイスの地方都市らしいので、近郊の牧草地に馬など数頭たたずんでいたとしてもいっこうに不思議ではない、という考えもなりたつ。だが、そんな無害な家畜たちを被写体としてキャメラを構えたものの背後に、悪意も、苛立ちも、悪戯心もまるで感じとれないことが、どうも不気味なのだ。だからといって、このショットが、都市の喧噪を離れた田園生活の静穏さといったエコロジスト的メッセージを含意しているふうにもみえない。事実、この映画に登場する男女は、これまでのゴダールにしてみればいくぶんか緑がかちすぎているかと思われるこの舞台装置にあってさえ、いつものように、救いようのない傷つけあいを演じている。見る者が戸惑うのは、馬たちを構図の中心にとらえたこのショットの、現代生活の陰惨さからは思いきり遠い、嘘のような透明さなのである。

たとえば、デイヴィッド・W・グリフィスの流れをくむハリウッドの古典的な映画に挿入されたとしても、そのフィルム的な持続を断ち切ることなどなさそうな、時間を超えたほとんど普遍的とさえいえそうな何かが、このショットにみなぎっている。もし、こんな画面がしばらく続き、草原に寝そべっていたり、足速に視界をかけ抜けたりする馬の画面とともに編集されていたりすれば、二度目の処女作だとゴダール自身がいうこのフィルムは、たとえば『香も高きケンタッキー』のようなジョン・フォードのサイレント映画の馬たちと、いとも親密な交歓を演じ始めてしまうかもしれない。このショットの超時代的な透明感は、それほどまでに深い。

もちろん、もう少し被写体に近づき、毛並みの艶までフィルムに定着させてもよかったのではないか、といった感慨もきざさぬではない。だが、それにしても、ふとフォードにおける屈託のない馬たちの群像を想起させずにはおかぬほど、この二頭の馬の固定ショットには、構図といい、挿入の呼吸といい、映画の考古学的な恍惚へと見るひとを導く何かがみなぎっているのである。そんなショットが、ゴダールの第二期の始まりをつげる『勝手に逃げろ／人生』にまぎれこんでいたりするのはなぜなのか。

ゴダールは馬も撮れるという思いもかけぬ事態に不意撃ちされ、同時に、だからこそ彼は間違いなく映画作家なのだと安堵したりもするわれわれの視線は、その瞬間から、ひさかたぶりにゴダールのキャメラの前にたつ職業的な俳優たち――『天国の門』のハリウッド的冒険から帰還したばかりのイザベル・ユペール、トリュフォーとゴダールの間を行き来するナタリー・バイ、そして、ムッシュー・ゴダールと呼ばれる自分の役柄に最後まで慣れることがなかったかにみえるジャック・デュトロン——を、どこかしら生きた動物であるかのようにながめ始めてしまう。

だが、この映画の人間について語るのは、まだ少しばかり早すぎるように思う。というより、ここにはたして人間がいるのだろうか。ときにギクシャクしたスローモーションでとらえられるナタリー・バイの自転車の走行ぶりや、殴られるたびに豊かな髪をなびかせてみせる正体不明の女や、いきなり宙を舞うように抱擁しあう男女——ジョン・フォードの『駅馬車』の落馬シーンのように、馬の習性を心得たスタントマンが必要かと思われるほど、ここでの愛撫は激しく危険なものにみえるのに、ナタリー・バイとジャック・デュトロンというスターがみずからそれを演じている——の床での転がり方も、やはり生きた動物のそれのように見える。

そもそも、この映画には、露呈された女陰とのコミュニケーションを得意げに達成しているらしい何頭もの乳牛がすでに登場している。それに、やがてカフェのカウンターでクローズアップされるときに、その化粧の濃さから、零落した高貴な女性とも場違いな高等娼婦ともみえてしまう派手な衣装の年齢不詳の女が、思いつめた歩調でどこへともなく歩み去ってゆく姿を遥かにとらえた田園地帯のロング・ショットで、あたかも彼女が肩にまとった極地の小動物の毛皮のマフラーに惹きつけられるかのように、一頭の牛が柵のむこうからゆっくり近づいてくる光景など、何ともユーモラスなのである。だから、ここでは、あくまで動物のことを語るべきなのだ。

実際、たがいに相手のたたずまいを模倣しあっているかのように寄り添う二頭の馬をとらえた画面は、ゴダールの二度目の処女作の撮影を祝福するかのように、いくぶん場違いな印象を与えはしても、それがまぎれもなく映画の画面であることの誇り高い生なましさをあたりに波及させている。この屈託のない馬たちは、男女の愛や家族のきずなさえあっさり崩壊してしまいそうな人間たちの孤独な日々の闘いに、ふと走り抜ける爽やかな風となって見る者の緊張をほどくといった機能以上の何かを演じながら、ひたすら突出しているのである。この二頭の馬は、いったい親子なのだろうか、夫婦なのだろうか、それとも恋人たちなのだろうかなどと問うたりする暇も与えぬまま、ただ、意味さえ超えたショットとして、見るものを戸惑わせ、そして安堵させる。

いずれにせよ、こんな光景への詳細な言及が、ジャン゠クロード・キャリエールが書いたとされるシナリオに読みとれるはずもなかろうし、また、あらかじめこんな瞬間をねらってキャメラを構えていたゴダールの目前で、たまたま二頭の馬が理想的な構図におさまってくれたというのでもまずなかろうと思う。おそらく、小人数のロケ隊がどこへともなく移動している途中に、自動車の窓から、ふとゴダールの目にとまり、その場で不意にキャメラを回すことではじめて成立したショットであるようにみえる。こうした即興的な対応だけが、生きた動物たちにふさわしいやりかたなのであり、だから題名に含まれる「人生 la vie」とは、キャメラがとらえる人間たちの容貌によって表象されるものの次元にとどまらず、それを記録するキャメラの生きた機動性に対する賛辞であってもおかしくはないとさえ思われてしまう。

それにしても、これは朝早くのことだろうか、それとも夕暮れどきなのだろうか。淡いななめの光線があたりをおおう草々にいくぶんか湿ったつやをおびさせ、遠くに見える大きな樹木の茂みを、ぼんやりとけむらせている。およそおしつけがましさを欠いた鈴の音が画面の奥に低く小さく響き、ややあってから、それにかさなりあうようにして、名も知れぬ鳥のさえずりが聞こえてくる。

たしかに、このショットは、都会の雑踏からは思い切り遠い田園地帯ののどかさをきわだたせているかにみえる。事実、ショットの配置としては、ナタリー・バイが、身につけたばかりのジーンズのファスナーをしめながら――その乾いたもの音が、鳥のさえずりを一挙に遠ざけてしまう――窓辺にたたずむショットにつながっているので、それが彼女の視界に拡がる風景だとする解釈もなりたたぬこともなかろう。映像による表現から言葉の仕事へと転身しようとしている彼女の心をなごませる光景としては、申し分ないものだからである。

だが、その種の説話論的な因果性を断ち切るような、むしろ排他的ともいえる鋭利さがこのショットにはみなぎっている。たった二頭の馬が、いかにも無防備にこうべをたれて草をはんでいるだけなのに、そこには、物語のいくえもの縦糸と横糸には紡ぎこまれなかった過剰な何かが、その過剰さこそ映画だとつげているかのように、見る者の視線を甘美に誘いつつ、厳しく瞳から遠ざかってしまう。だからわれわれは、薄暗いカフェでコーヒーを注文しながら、「あの音楽は何なの」とたずねずにはいられない不安げなナタリー・バイのように、「あの馬は何なの」とつぶやくしかない。だが、おそらく、ゴダールは、音楽など聞こえてはいないと律儀にいいはるウェイトレスのように、「馬など、どこにもいはしない」と答えるだろう。

馬など、どこにもいはしない。なるほど、そうかもしれない。事実、『勝手に逃げろ／人生』を見て、この二頭の馬のイメージを鮮明に記憶している者など、ほとんどいないかもしれない。にもかかわらず、ゴダールのにべもない否認に臆することなく「あの馬は何なのか」とつぶやき続けねばなるまい。すると、そのつぶやきに招かれたのだろうか、『ゴダールのリア王』に一頭の白い馬が忽然と姿を見せ、『勝手に逃げろ／人生』のナタリー・バイの自転車の走行を模倣するかのようなギクシャクとしたスローモーションで、冬枯れの湖畔をかけぬけてゆくだろう。ゴダールは馬も撮れると誰もが戸惑いながら口にしたところで、当の映画作家ゴダールは、「馬など、どこにもいはしない」とぶっきらぼうに答えるばかりだ。

いま、ゴダールを見ることとは、この答えを欠いた会話を鸚鵡がえしに繰り返すこと以外の何ものでもなくなっている。この無限の反復に耐えられる者だけが、なお映画を見続ける権利を保証されている。

（1995）

『パッション』（一九八二）

サイレント時代から、映画には小説の脚色があり戯曲の翻案がある。ドストエフスキーだってフィリップ・K・ディックだって映画で見られるのだ。またトーキーになってからは、誰もが知っているポピュラーのあの曲、クラシックのあのメロディーがスクリーンに響きわたる。エリック・サティもヴァンゲリスも映画館の暗闇で聞くことができたではないか。文芸映画、音楽映画と限るまでもなく、文学や音楽から映画は多くのものを吸収してきたし、また逆に、そうした既存のジャンルの大がかりな普及にも貢献してきたわけだ。だが奇妙なことに、絵画という視覚芸術と映画との関係はきわめて薄い。もちろん美術映画というジャンルもなくはないし、そこにはアラン・レネの『ゲルニカ』とかH＝G・クルーゾの『ピカソ―天才の秘密』とかいった名高い作品もあるのだが、文学や音楽が映画で演じえた役割にくらべてみると、絵画はスクリーンにほとんど影さえ落としていない。ルイス・ブニュエルが、ときどき悪戯半分に名高い絵画の構図をそっくり再現してみせたこともあるが、それとて、モーパッサンの『脂肪の塊』から『駅馬車』が生まれてしまうといった文学と映画との自在な関係に比較してみれば、むしろ例外的な貧しさの域にとどまっている。

ともに瞳に向けて語りかけてくるものでありながら、絵画と映画の関係はどうしてこれほど冷淡なのか。というより、そのことを疑問に思うことさえなく、たがいに顔をそむけあっているのはなぜか。たまには、絵画を脚色した映画があってもいいではないか。そうつぶやくのは、ジャン゠リュック・ゴダールである。たんにつぶやいているだけではなく、彼は絵画の翻案を実践さえしてしまう。ゴダールの『パッション』は、そうした独創的な試みである。独創性とは、あまりに突飛で誰も思いつかないことではなく、あまりに当り前すぎて、誰ひとり考えなかったことをあえて実行してみせうる精神をいう。その意味でゴダールは一貫して独創的な映画作家である。どうしてあのインディアンたちは弓矢で馬を殺してしまわないかという疑問が『駅馬車』を見ている瞬間にはまったく生じないように、なぜ映画に絵画の翻案が存在しないのかという疑問も、『パッション』の終映後に初めて人がいだくものにすぎない。フォードがそうであるように、ゴダールもまたコロンブスの卵をテーブルの上に立ててみせたのである。

あまり遠い昔のことなのでゴダールの新作が公開されるのが何年ぶりかはもはや計算しえないほどになってしまったが、新たな映画館のこけら落としの番組として選ばれた『パッション』は、そういうわけで、絵画の翻案なのである。翻案といっても、カンヴァスに語られている物語——絵画にも物語があるという発見は構造主義の手柄の一つである——がそのまま再現されているわけではない。『気狂いピエロ』がライオネル・ホワイトの探偵小説『11時の悪魔』を脚色したものであったように、ここにも断片化と組み換えの力学が働いているので、俳優たちのメークアップや衣裳、装置や照明といった映画的な手段は駆使されてはいながらも、完璧な活人画が出現するわけではない。ここにあるのはあくまでもゴダールの『パッション』、つまりはジャン゠リュックの受難図《パッション》なのである。

脚色の対象とされているのは、レンブラント、ゴヤ、ドラクロワといったいわゆる泰西名画なのだが、ゴダールの翻案ぶりは、ライオネル・ホワイトに対するごとく自由奔放である。その奔放さにおいて、世界文学の名作『戦争と平和』によるモスフィルムの超大作やハリウッド資本によるチネチッタ版とから『パッション』は遠く隔たっているが、またスピルバーグの『E.T.』の例の指と指との触れ合うギャグがもろもろの泰西名画からのイタダキにほかならぬことを映画的に証明しうる程度には、原作に忠実な翻案だともいえる。われわれは、カラー版美術全集で目にしたことがある名作の細部を、ラウール・クタールのキャメラを通してまぎれもなく目にすることができるのである。

だが『パッション』の面白さは、誰もが知っている絵画の一部が大きな画面に見られることにあるのではない。『パッション』は、『パッション』という題で撮影中のヴィデオ作品が、どうしても完成されえない過程に観る者が立ち会うことを要請する映画なのだ。しかもそのことによって、映画『パッション』もまた完成されえないということを納得させる厳しい作品でもある。

では、なぜヴィデオ作品『パッション』の撮影はうまく運ばないのか。あらゆる条件が整っても光線の加減が悪いからである。とはいえ、照明といった映画技術の不備が問題なのではない。いま、世界に注がれている光線が映画作家を意気阻喪させてしまうからなのだ。あるいは、世界という名の光、最初にあったはずのリュミエールがいたるところで映画を流産させてしまう。だから『パッション』は、ステージのあらゆる照明を消してしまったとき、もっとも世界にふさわしい姿を示すだろう。

悪い光の中に身を置くこと。それはいうまでもなく『気狂いピエロ』の主題であった。というより、フェルディナンの海を目ざしての疾走と死は、悪い光に対する無意識の苛立ちにほかならなかったわけだ。だがさいわいなことにフェルディナンは映画監督ではなかった。『パッション』の主人公ジェルジーは、その名の通り『大理石の男』のラジヴィオヴィッチによって演じられているが、監督である限り、もはや悪い光を無意識に避けて通るわけにはいかないだろう。その意味で、ゴダールの新作『パッション』は、『気狂いピエロ』の続篇でありながら、その続篇が不可能であることを証明しなければならない。悪い光にさらされた世界にあって、ピエロ＝フェルディナンはその墓すら持つことができない。そのことをゴダールは、感動的に語ってみせる。感動的にというのは、吃音によってという意味にほかならない。世界という名の光がよくないとき、疾走するキャメラさえもが吃音化される。絵画を翻案した映画のキャメラがあっさり吃音化されてしまうのだから、やはりゴダールは天才と呼ぶほかはあるまい。

（1983）

『カルメンという名の女』（一九八三）

ジャン＝リュック・ゴダールは高貴である。『カルメンという名の女』は、比類なきまでに高貴なゴダールの、高貴この上もないフィルムだ。もちろんゴダール的な高貴さとは、血統だの才能だのによって保証された特権的な資質ではない。それは、始原的な身振りが、起源への回帰などとはいっさい無縁なものだと宣言する声の、起源を欠いた単純さにほかならぬ。存在や事物に名前が授けられる以前の透明な単純さが、言葉とともに現前化されてしまうという奇蹟がいつでもゴダールを高貴な色調に染めあげる。始原的な奔放さが現在から顔をそむけることによってではなく、いまこの瞬間を生きることでしか許されぬものだという事実を、彼はここでも実践的に示してみせる。

『カルメンという名の女』は、文字通り、名前をめぐる映画である。カルメンがカルメンと呼ばれる以前の未分化の自由が、カルメンという名を受けいれた女の不自由な振る舞いとして一瞬ごとにきわだってくるという物語。それは、単なる起源の脱構築ではなく、いまにしか許されてはいない始原的な身振りの残酷な反復にほかならない。

単純さという点でいうなら、『カルメンという名の女』は、『気狂いピエロ』の単純なリメイクである。単純なというのは、不自由さとして体験される自由にふさわしいというほどの意味だ。

一人の男が一人の女に誘惑されて悪事に引きずりこまれ、裏切られる。カルメンはほとんどマリアンヌだし、ジョーと呼ばれるドン・ホセは、ピエロと呼ばれるフェルディナンにほかならぬ。女は計画の全貌を知っており、男はその断片しか知ることができない。「いずれ説明してあげるわ」という女の台詞に、男は、たえず自分自身を見失い続ける。目立った違いはといえば、ジョーを窮状から救う二人の女が姿を見せるという点だろう。法的な救出を受け持つ女流弁護士と、精神的な助力を申し出る女流ヴィオラ奏者が登場するのだが、後者を演ずるミリエム・ルーセルの顔は、とてもこの世のものとは思われないのに、まさにこの世にしか生きえない美しさをたたえている。撮られることで刻一刻と美しさをます彼女の顔こそ、高貴さそのものというべきものだ。フィルムが、その容貌を表層に定着しうる幸福に顫えているのである。おそらく、映画が色彩を持って以来の最も美しい顔が、この女流ヴィオラ奏者像ではなかろうか。そのかたわらを弾むように揺れ動く弓が、そして、背のランプを蔽う白いシェードが濾過する光線が、徹底した固定画面で捉えられた彼女の表情に、官能的な生なましさをそえている。ミリエム・ルーセルがカラー映画の最も美しい顔であることは、『カルメンという名の女』に登場する無数のランプシェードが、カラー映画の最も美しいランプシェードであることと完璧に一致している。

そして、ジャン伯父を演じるゴダール自身。ゴダールをゴダール映画で見ることはこれが初めてではないにもかかわらず、その身振りが描く始原性はどうだろう。人は、ブリオッシュという言葉をこの映画によって初めて耳にし、そのイメージを初めて目にしたのだと確信する。そして、ゴダールなどという映画監督などこの世に存在しはしなかったとさえ錯覚してしまう。この映画のゴダールが感動的なのは、その顔が懐かしさをたたえているからではない。伯父を欺いて悪事に利用しようと入院中の精神病院にカルメンが姿を見せるとき、やや戸惑ったのち、彼は、ああ、エリザベートの娘かとつぶやく。見るものは、そのエリザベートという固有名詞に不意撃ちされてとり乱す。一体それは、彼自身の妹なのか、それとも、彼の妻であった女の妹なのか。

だがわれわれは、この伯父と姪との関係を、血縁の有無を穿鑿しながらあれこれ想像すべきか、伯父の口から洩れたロジェ・レーナルトの映画の題名『最後のバカンス』に誘われて、ほかに数限りなく存在する題名の引用の側に滑り落ちてゆくべきかをめぐって逡巡せざるをえない。もちろん無益なことである。われわれはカルメンがしばしば口にする「たぶん、ことによると」と、「わからないわ」の中間に置きざりにされたまま、あらかじめすべてを暗記しているように思われながら、現にどんな音響が聞こえ、どんな映画が見えてくるのかをその度ごとに失念している自分を頼りなく発見するのみである。ことごとく知りつくしているはずなのに一歩踏み出すごとに足元がおぼつかなくなるという体験によって、ちょうどカルメンの「いずれ説明してあげるわ」という言葉に裏切られ続けるジョーのように、一瞬ごとに自分を見失わざるをえないのだ。

だがその宙吊りの意識は、ヒッチコックのように、自分の知っていることを観客に隠しながら、細部を操作することで得られる特権的なサスペンスではない。ゴダールは、いかなる細部をも隠匿しようとはせず、すべてを瞳にさらしているからだ。ゴダール的な高貴さとは、まさに隠すことの拒絶という身振りのうちに体現される。見るものがいだく宙吊りの意識は、そのつどいまという瞬間に同調することの始原性にほかならない。「いずれ説明するわ」という言葉にもかかわらず、カルメンと呼ばれる不自由な女の言動のすべては、一瞬ごとにまぎれもない説明の記号を自由に演じているのだ。だが、その不自由な自由を一瞬ごとに脅えうることも、やはり高貴な振る舞いと呼ばれるべきではないか。それこそ、現在進行形の死を生きるという映画体験にほかならない。

（1984）

『ゴダールのマリア』（一九八四）

映画に目が眩んでいるからには結論だけは下したくない。すべてを肯定したい願望につき動かされている限り、胸をはずませて映画館に足を運び続ける。だが、ひたすら結論を回避していて何になるといったせっぱつまった思いを煽りたてずにはおかぬ作品が存在してしまう。たとえばジャン＝マリ・ストローブとダニエル・ユイレ。『アンナ・マグダレーナ・バッハの日記』や『アメリカ』を撮ったストローブ＝ユイレ夫妻は、すべてを肯定したい願望にさからい、これこそ世界最大の映画作家だと結論を下せと性急に迫ってくる。そしてゴダール。これもまた世界最大の映画作家である。誰それと比較して優れているとかそういうことではない。絶対にこれしかないと結論せざるをえないのだ。それなら、ストローブ＝ユイレとゴダールとどちらが偉いのかなどと問わないでほしい。いまは、世界最大の映画作家が四人もいてしまうことの矛盾に平然と居直るべきときだ。それが映画というものだからである。

いま、四人と書いてしまったけれど、それは、ゴダールもまた、事実上の妻であるアンヌ＝マリー・ミエヴィルと二人で映画を撮っているからだ。かつて共同で監督していたこともあるが、近作の『ゴダールのマリア』は、ゴダールによる『こんにちは、マリア』とミエヴィルによる『マリアの本』との二本で一組の映画になっている。ともにマリアという女性が主人公の作品である。一方は、処女のまま懐胎してしまう若い娘、いま一方は、離婚した両親の間を揺れ動く少女。話の脈絡につながりはないが、この組み合わせは何とも新鮮だ。新鮮の一語を言葉のもっとも深く、かつもっとも浅い意味にとってほしい。異性を知らない女の肉体のように、そしてその魂のようにみずみずしいのである。

もちろんこの比喩は出鱈目なものだ。異性を知らぬ魂と肉体の持主で新鮮さを欠いた女性は何人もいるからである。にもかかわらず、この出鱈目な比喩を一つの真実にしてみせようというのがゴダール＝ミエヴィルの二篇の映画である。それが、深くて浅い新鮮さというものだ。異性を知らぬ女性は新鮮でなければいけない。この虚構を真実たらしめるべく、ゴダールは、異性を知らぬ娘を妊娠させる。そして一人の天使を登場させ、マリアが処女のまま懐妊したと告げる。

天使ガブリエルが幼い娘を伴って姿を見せる水辺のシーンが素晴らしい。たぶん、ジュネーヴ近くのレマン湖畔で撮影されたものだろうが、まるで宇宙からの訪問者を不意に目撃したようにわれわれはうろたえる。原作はいうまでもなく聖書である。世界で最も猥雑な書物として知られるあの聖書だ。ゴダールは、その原作からあらゆる猥雑さを奪い、天使の登場とともにすべてを純粋なものに変貌させてしまう。カトリック教徒たちがとり乱したのも無理はない。パリの郊外では上映中の小屋が一軒焼きうちにあったほどだ。こんなに純粋であっては宗教など成立しようもないから、信者たちにしてみれば必死だったのだろう。

そして処女懐胎するマリア。世界で最も美しい女優のミリエム・ルーセルが演じている。最も美しい女優を見ていることは、痛い。カトリーヌ・ドヌーヴのような猥雑さを欠いているからだ。それが猥雑なものであるが故に映画を愛しているわれわれは、この痛みがなお映画であることの奇蹟にうたれ、それを信じようとする。痛みはいつしか快楽に変わるなどと猥雑なことは言わずにおこう。ゴダールの痛みはどこまでも痛みとして残る。そのことが純粋であり、新鮮なのだ。

異性を知らない魂と肉体の持主でありながら懐妊してしまったことの痛みを、ミリエム・ルーセルはいかにして演じるか。彼女は痛みそのものとなる。実際、スクリーンに素肌をさらす彼女の肉体は痛い。盛りあがる下腹部を蔽う体毛すらが痛い。性にまつわる諸々の想像や振る舞いが保証してくれるはずの快感が嘘のように消えうせているからだ。ことわるまでもなく、美しい女性の裸身が奇麗に撮れているといったこととは別の何かがそこに輝いているのである。

日本で公開される修正版がその痛みをとどめているか否かは保証の限りではない。陰部を隠す黒い汚点だのボカシなどが、おそらくそれを軽減してしまっているに違いなかろうが、そのことを確かめるためにわざわざ試写室に出かけることは避けておいた。この映画に限っては、だから、何をおいても見るようにとは推薦できない。ただし、『マリアの本』はぜひ見ていただきたい。痛ましい物語でありながらもここには痛みはないからである。アンヌ＝マリー・ミエヴィルが初めて独立して撮ったこの中篇には、ゴダールの残酷さはないが、あの醜く下品で通俗的な『田舎の日曜日』のものほしげなところからは思い切り遠い節度がある。ある意味では、『エル・スール』よりも節操のある映画なのだ。たとえば週末を父の家で過ごすべく列車にのる少女マリア。駅の光景、列車の車中での彼女の表情は、その短さ故に画面とみごとに調和している。この節度は、いま、きわめて貴重なものだ。最近で節度のある映画といえば、日本映画なら澤井信一郎の『早春物語』、アメリカ映画なら『コクーン』ぐらいではなかろうか。両方ともその節度とは違った点で評価されたり無視されたりしているが、『マリアの本』は、その節度という点においてのみ評価さるべき小品である。その呆気なさを何かの欠如と思ってはならない。日本のテレヴィなら一〇週も続くドラマになりそうな話を、さっとまとめあげてみせた彼女の手腕には積極的な何かがそなわっている。その何かを口にするのはとてもむつかしい。すぐに誉め言葉が思い浮かぶ映画ばかりが多くなったことの退屈さに、ミエヴィルは節度を心得た批判を行なっているのである。

(1985)

（上）『こんにちは、マリア』ミリエム・ルーセル
（下）『ゴダールの探偵』ナタリー・バイとジョニー・アリデーとクロード・ブラッスール

『ゴダールの探偵』（一九八五）

甘美な陶酔へと誘いもすれば失恋の淵へと導きもするのが恋愛なのだとは知っていても、いったん愛が存在を貫いたりすると、まったく未知のめくるめく体験へと身をまかせるほかはなく、陶酔だの失恋だのの言葉で漠然とながら思い描いていたものがちっとも訪れないので、はたしてこれが愛なのだろうかと思わず訝らずにはいられなくなる。

ジャン＝リュック・ゴダールの映画を見るたびに捉えられる不可解な思いも、そうした訝しさに似ている。映画として想定していたものにちっとも似てくれないからだ。彼の最新作『ゴダールの探偵』の場合も事情は同じである。なるほど、題名どおりここには私立探偵が出てくるし、その甥だという現職の刑事までが登場する。彼らはテレヴィ・キャメラを通じて何者かの動向をさぐっているようだし、レストランのボーイに変装して、当の人物たちにより接近しようと試みたりもする。また、八百長試合を仕組んででも多額の借金を何とか返済しようと思っているボクシングのプロモーターも登場するし、その身勝手な振る舞いを許そうとはしないマフィアの一味、そして、プロモーターと一夜をともにしたことのある美貌の人妻とその冴えない夫である国際線のパイロットも登場し、裏切り、嫉妬、密通、監視、脅迫といった暗黒映画に必須の条件も出そろっている。ナタリー・バイ、ジョニー・アリデー、クロード・ブラッスール、ジャン＝ピエール・レオ、ローラン・テルジェフといった豪華な顔触れが、ホテルのロビー、廊下、レストラン、テラス、ビリヤード・ルーム、トイレット、使用人の控え室、等々で、緊迫した出会いを演じる。マフィアの頭領とそのかたわらにたえずよりそっている少女とを除いて、誰もが追いつめられたようなせっぱつまった顔をしている。だが、いつものように、このゴダールの新作は世にいう犯罪映画にはちっとも似てくれない。ちょうど、どれほど恋愛の経験を積んでも、愛がそのつど理不尽な不意撃ちであるように、『探偵』はわれわれを途方に暮れさせる。だがそれにしても、途方に暮れているのはわれわれだけなのだろうか。どうやら映画もまた、『探偵』を前にして困惑し、大きく揺らいでいるかのように見える。

この大がかりな当惑の波は、誰とも違った映画を撮ろうとする独創的なゴダールの、前衛的な傲岸さから来ているものだろうか。そうではない。傲岸なのは映画の方で、ゴダールはといえば、いつものことながらどこまでも慎ましい。映画によって音響と映像を愛することを知らされてしまったゴダールは、ひたすら愛に忠実であろうと振る舞っていただけなのだ。愛の映画を撮ろうともせず、恋愛の物語を程よく映画的に味つけしただけのもので満足している仲間たちのように、彼もまた、恋愛映画の約束事だけを適宜組み合わせた映画をできれば撮ってみたいと思っているのかもしれない。だが、何かが彼にそれを禁じる。それは、真摯な繊細さとでも呼ぶべきものだ。ゴダールがいま少し図々しく鈍感でありえたなら、甘美な陶酔だの失意の悲しみだのといった恋愛映画の約束事を器用にまとめあげ、誰もが納得する犯罪映画に恋の彩りをそえることもできただろう。落ち目のプロモーターが逆境にあることも忘れ、美貌の人妻が夫のある身であることも忘れ、ひたすら人目を避けながら恋の炎に身をこがす。それを演ずるのがジョニー・アリデーとナタリー・バイであれば、申し分ないではないか。男が巨大な組織に追われ、女が探偵につけねらわれる身であれば、二人の恋はさらに鮮やかな炎をたてて痛ましく燃えあがるだろう。われわれも、かつてアイドルだったジョニー・アリデーの甘さを捨てた諦めの表情と、ナタリー・バイのあえて何かを断念したかのような厳しい顔付きを見て、そんな光景をふと想像してしまう。成熟した大人の恋の甘ずっぱい痛ましさといったものが、すんでのところで一篇の良質な恋愛映画を完成させてしまいそうになる。

だが、ゴダールは思いとどまる。そしてわれわれもまた、その誘惑に屈しないゴダールの姿を見てほっとする。というより、真摯にして繊細なゴダールが、初めから誘惑など感じてはいなかっただろうことに、嫉妬に近い感情を憶える。

たとえば、距離。何らかの距たりが二人に出会いの自由を禁じることになるための障害を物語に導入することは、恋愛映画にとっての必須の条件だろう。人目を避けた逃亡という犯罪映画の前提もまた、距離である。隠れること、あるいは隠された何かを監視するという探偵の視点も、当然のことながら距離を必須としている。だが、『ゴダールの探偵』

では、誰も出会いを禁じられていないし、あえて身を隠そうとする者もいない。彼らはいたるところで出会い、距離なしに接し合っている。それは、ゴダールを衝き動かしているのが恋愛映画への野心ではなく、映像と音響への尽きざる信頼であるからだ。隠れることができず、すべてをあからさまに視界にさらすものが、映像であり、音響なのである。そこに愛の映画が生まれる。

恋愛はいくらでも演技できるが、愛は演技できない。ただ、そこにあることだけで素晴らしいものが愛だからだ。『探偵』は、ただそこにあることだけで素晴らしい映画である。食堂のテーブルで、ジョニー・アリデーとクロード・ブラッスールとナタリー・バイの三人が出会う。いずれも、どこかすさんだ顔で食卓をともにするのだが、彼らは、ただそこにいるだけで素晴らしい。人びとがそこにいるだけで素晴らしい画面を撮るには、途方もない技術的な繊細さが必要とされるだろう。構図、照明、小道具、人物の配置、その動かし方、そして編集、さらにそのリズム、声、録音、沈黙。すべてが申し分のない出来栄えを示している。パイロットの妻は、ボクシングのプロモーターに借金の返済をせまる。プロモーターは、女とかつて関係のあった男だ。彼に返済の能力はないし、あたりにはマフィアの一味が行きかっている。ジャン＝ピエール・レオの現職刑事もボーイに化けて登場する。本来なら劇的な緊張の高まる場面だろう。だが、ここでの緊張は、彼らがただそこにおり、ひたすら無防備にキャメラに全身をさらしていることから来ている。とりわけ息づまる思いのするのは、その表情である。彼らは、テーブルをはさんでさし向かいに腰を下しているだけで、年をとって行くかのようだ。過去への郷愁を含んだ後悔も、未来への託すべきあてもない希望も、現在への気づまりな居心地の悪さも演技されてはおらず、そこにそうしていることだけで、経過する時間とともに、三人の生命は着実に消耗してゆく。そのありさまは、まさしく戦慄的というほかはない。「映画とは、現在進行形で撮られた死だ」というゴダールの好きなジャン・コクトーの言葉が、そこでは文字通り現在進行形で撮られた生として苛酷に刻印されてゆく。その光景を見て、われわれはフィルムにじかに触れてしまったような痛みをおぼえる。何かが痛ましいのではない。ただ、痛いのだ。そしてあれほど映画に似ていなかった『探偵』がわれわれを映画のさなかに目醒めさせたことに、深い驚きを感じる。

ゴダールの真摯な繊細さは、映画を撮ることが他動詞だと思う錯覚をあらゆる人に禁じる。映画を撮るとは、死ぬとか生まれるとかがそうであるように、徹底して自動詞的な体験なのだ。おそらく、愛という体験も自動詞的なものであるに違いない。そこに目的語を導入し、何かを買うだの奪うだのといった他動詞のようにして映画を撮りうる連中こそ、傲岸というものなのだ。

恋愛映画は、われわれを他動詞的な世界に誘いこむ。唇に触れる、素肌をまさぐる、性器をもてあそぶ。こうした振る舞いは、愛を、得たり失ったりするものであるかに錯覚させながら、愛ではなく、恋愛物語の約束事に従って自分をその主人公に仕立てあげようとする者の鈍感な思いあがりにすぎない。ゴダールが誰もが納得する恋愛映画を撮らないのは、こうした思いあがりが、世界に向かって映画を閉ざしてしまうからだ。それは、映像と音響への信頼を放棄して、世界を侮蔑することにほかなるまい。

唇がもはや唇でなく、素肌がもはや素肌ではなく、性器がもはや性器ではなく、たとえば空気のように、あるいは香りのように、さらには光か影のようにただ世界を充たすものであるとき、愛としての映画がそこに生まれる。『探偵』とは、そうした希有な作品の一つだ。ただ、そこに在ることだけで見るものを在ることへと誘い、聴覚と視覚とを世界に向かって拡げさせてくれる。普通の映画とどこかしら違っているからといって、ジャン＝リュック・ゴダールが映画を壊そうとしていると考えるのは傲慢な思い違いだ。彼は、あらゆる瞬間に映画を在らしめようとしているのであり、われわれは素直にその試みに同調する。事実、ナタリー・バイは登場した瞬間からして素晴らしい。ジョニー・アリデーの顔は、ただそれが顔だというだけで見る者を沈黙させる。クロード・ブラッスールの声は、台詞とは無縁の領域で生の疲れそのものである。舞台の名優アラン・キュニーが、これほど演技から遠ざかったこともめずらしい。はたして彼は、自分の役がマフィアの頭領だと知らされていたのだろうか。

そしてジャン＝ピエール・レオ。彼は、この映画に出演中にフランソワ・トリュフォーの死に出会う。『夜霧の恋人たち』で私立探偵事務所にやとわれたことはあっても、彼が現職の刑事だとは誰も信じないだろう。ことによったら、本職はホテルのボーイの方で、刑事に仮装していただけなのかもしれない。『カルメンという名の女』でホテルのボーイの役を彼が演じなかったことの不満をまるで見すかしていたかのように、ボーイの扮装で彼をこの映画に登場させたゴダールに感謝しよう。

トリュフォー的な世界でアントワーヌ・ドワネルであり続けたこのヌーヴェル・ヴァーグの申し子は、ここでも年齢不詳のまま世界と鋭く行き違う。双生児のように育ちながら不幸な訣別を演じなければならなかったゴダールとトリュフォーとを、ジャン＝ピエール・レオはその行き違った振る舞いで和解させる。自分が不器用な調停役を演じていると も知らぬままに画面を横切っては構図からはみ出してしまう彼の姿を見ていると、これがやっぱりどこかしら映画に似てしまうところが『探偵』の不思議さだと思わずにはいられない。クロード・ブラッスールさえが、パイロットの制服に身をかためたりして『はなればなれに』の自分自身にちっとも似ようとしていないのに、ジャン＝ピエール・レオだけがフィルムに署名を刻みつけている。だがそれは、何という署名なのだろう。その署名を目にして自分自身をとり戻し得る者は、誰もいない。『探偵』は、恋愛映画がそうであるように、決して本当の名前で署名したりはしないだろう。

(1989)

『ゴダールのリア王』（一九八七）

神出鬼没のゴダールは、相手が国際映画祭であろうとそう簡単にはプリントを渡さない。大家を気取って関係者をあわてさせるといった悪趣味からではなく、音響と映像の編集に気の遠くなるほどの時間と手間をかけるので、いきおいプリントの発送が遅れてしまうのだ。今年のカンヌの出品作『ヌーヴェルヴァーグ』はついに英語スーパーが間に合わぬまの上映となったし、三年前の東京国際映画祭のときも『右側に気をつけろ』のプリントの到着は上映日の二週間前にすぎなかった。おかげで、日本語字幕をつけるのに、複数の人間が一〇日も徹夜しなければならなかったほどだ。

今回、封切り以前にヴィデオ発売となった『ゴダールのリア王』の場合も事情は変らず、八七年夏のロカルノでの世界プレミアの前夜まで完成プリントが事務局にとどいていなかったので、ディレクターのシュトライフ氏が真青な顔をしていたのを覚えている。だから誰もがなかば上映中止を確信して会場に出むいたのだが、『ゴダールのリア王』は何と定刻に上映されたのである。ゴダールの編集室のあるレマン湖畔のロールからマジョーレ湖畔のロカルノまで、完成直後のプリントは真夜中にアルプスを越えてとどけられたものらしい。

完全版『ゴダールのリア王』の最初の観客となった一〇〇人ほどの人間は、だから狐につままれたような顔でスクリーンに見入ることになったのだが、それにしても何と豪華な音とイメージの饗宴だろう。フランソワ・ミュジーによるドルビー・サウンドは、もうそれだけでシェイクスピアを圧倒し、ソフィー・マンティニューのキャメラは、シェイクスピアをさらに視覚的に繊細化している。発売されたヴィデオには撮影トム・ラディとあるけれど、これは何かの悪い冗談だろう。『生きるべきか死ぬべきか』のルビッチに続いて、こんどはゴダールが、シェイクスピアに対する映画の勝利を決定的なものにする。モノラルのヴィデオで見ても、そのことだけはわかるから、即刻、レンタル・ショップに駆けつけられたい。これほど爽快な映画の勝利に立ち会う機会は、映画館ではごく稀な事件なのだから、スーパーが滅茶滅茶なことには目をつむることにしよう。ルキノ・ヴィスコンティもジャン・ルノワールもサッシャ・ギトリーも知らない者が平気で字幕を訳すのが日本だということに、われわれはもう馴れきっている。

まず『ゴダールのリア王』の豪華な出演者を列挙する。ノーマン・メイラー、モリー・リングウォルド、バージェス・メレディス、ピーター・セラーズ、ジャン゠リュック・ゴダール、ウディ・アレン、フレディ・ビュアシュ、ケイト・メイラー、レオス・カラックス、ジュリー・デルピー、まだまだ登場人物はいるのだけれど、クレジット・タイトルのないこの作品を見ているだけで誰にも識別できるのはこのぐらいだ。そう、あの小説家メ

（上）『ゴダールのリア王』ピーター・セラーズとジャン＝リュック・ゴダール
（下）『ゴダールの決別』ロランス・マスリアとジェラール・ドパルデュー

イラーが現代版リア王のスクリプトを書きあげ、娘のケイト・メイラーとレマン湖を見おろすホテルのテラスでオレンジジュースをのむ。彼の提案するのは、ユダヤ系ギャングのドンと娘との関係を軸にシェイクスピアの戯曲を読み直すことにある。そのギャングの老ボスを演じるのがバージェス・メレディス。モリー・リングウォルドがコーデリアを演ずる。二人が対岸にフランスを望むスイス・レマン湖畔ニオンのボーリヴァージュ・ホテルに滞在するというのだから、この『リア王』はまぎれもなくゴダールのものだ。あたりには冬の気配が迫り、アルプスは雪に蔽われ始め、カモメの群が湖面を飛び交う。

そこにスニーカー姿のアメリカ人がウィリアム・シェイクスピア五世を名乗って登場、発音は故ピーターにそっくりだが綴りの違う前衛演出家ピーター・セラーズによって演じられる。その青年は、祖先にゆかりのある人物を探して歩くのだが、そのペンの握り方、冬枯れの森の小径を横切る歩き方、ホテルの食堂でのスープのすすり方、そしてとりわけもの思いにふける横顔のクローズアップが素晴らしい。ここでのゴダールは、おそらくバスター・キートン以来最も詩的な人物像をスクリーンに定着している。『右側に気をつけろ』に続いて——撮られたのはその直前だが——、もう何十年も編集室にこもりきりだという教授としてゴダール自身が道化役を演じ、葉巻をくわえてサミュエル・フラー風の英語で全篇を押し通す。フラーの『最前線物語』から抜け出してきたような白い馬がレマン湖畔をゆっくり駆け抜けるだけのショットに漂う何という抒情。ウィリアム・シェイクスピア五世が湖面に立つ後姿の何という抒情。爽快と思われた映画の勝利の何という孤独。その孤独に何のことかわからぬままに捲きこまれるモリー・リングウォルドが体現する美徳の何という頼りない美しさ。もはやゴダールは、その父ジャン、ルキノ、サッシャたちのように、あるいはジョゼフやフリッツたちのように、これが映画だなどと確信をもってつぶやくことはできない。フランソワさえ他界したいま、映画はたえず背後からの銃口に怯え、かろうじて映画たることしかできず、そう素直に告白する『ゴダールのリア王』はコーデリアのように純真で、それを道化芝居の哄笑でまぜかえすしかないゴダールは、まぎれもない二〇世紀「芸術家」の孤独を体現している。

「何もないこと」――No thing と向かいあうしかない二〇世紀「芸術家」の不幸と誠実さを痛ましい音響と映像とで綴ったこの傑作を見終わったとき、不意にゴダールの肉声を耳にしたい欲求に駆られ、思わずダイヤルをまわしてしまう。受話器をとったのはゴダールその人で、レマン湖畔と日本の首府とを結ぶ回線の途方もない距離を無視するようにその声が耳もとに響く。「うれしいね」と意外な素直さで応じてくれたゴダールは、「不幸にしてこの映画の権利はキャノンフィルムに奪われたままだ」とつぶやく。またしても背後から撃たれたゴダールは、ギャングどもの銃口を意識しながらも、なおかろうじて映画たりうる音とイメージとを組織し続けるだろう。やたらな人間には見せたくないという隠匿

への欲望にさからい、あえて必見の傑作とつぶやくことにする。(1987)

『右側に気をつけろ』(一九八七)

なにか悲しいことがあったからではなく、ただ理由もなく泣きたいと思ったり、怖ろしい体験をしたわけでもないのに、ふと背筋に戦慄が走りぬけるような体験をしたいと思ったり、危機などどこにもないのに、なにかにせきたてられたような緊迫感を味わいたいと願ったり、そんな瞬間を生きたことのある人なら、ジャン＝リュック・ゴダールの『右側に気をつけろ』を見に駆けつけなければならぬ。滑稽なことが起ったときにだけ笑うのを、自然さを生きることだと勘違いしている人ではなく、何の前触れもなく笑ってしまうという体験を知っている人、荘重さのかけらもない風景や響きから荘重な雰囲気を顔一面にうけとめることのできる人、ゴダールは、そんな人たちのために『右側に気をつけろ』を撮ってくれたからである。

実際、この映画には、純粋状態の悲しみが、純粋状態の怖ろしさが、純粋状態のサスペンスが、純粋状態のおかしさが、純粋状態の荘重さが、きわめて具体的に画面を横切る。だから悲しいのではなく、だから怖ろしいのでもなく、悲しみや怖ろしさそのものが音もたてずにフィルムの表層にはじけとんでいる。だから胸がしめつけられるのではなく、だから、おかしいのでもなく、緊迫と笑いとがスクリーン一面にたちこめている。だから、荘重なのではなく、荘重さそのものがまがまがしくドルビー・サウンドとしてあなたを包み込む。だから、とあえて続けるなら、だから『右側に気をつけろ』は面白いのだ。誰もが、あれこれ考えたりする暇もないままに悲しみ、怖れ、胸をしめつけられ、笑い、そして荘重なものとなる。映写が終わってから荘重な気分で映画館を出たりするのではない。そのとき、あなた自身が悲しみとなり、おののきとなり、緊張となり、笑いとなり、荘重さそのものとなっているのだ。一年に一度ぐらいはそういう体験をしておかないと、人間はたやすく老いてしまう。だから『右側に気をつけろ』は、ジョギングやエアロビクスよりも遥かに健康によい映画なのだ。一度やったらやめられないし、癖になったらひたすら埋没するしかないという点でなら、セックスのような底知れぬ魅力を秘めている映画だというべきかもしれない。誰もが『右側に気をつけろ』を楽しめるのは、そうした理由による。愛撫によって応えるしかない映画となど、人はそうしばしば出会えるものではない。

　ついせんだって日本を訪れた女優のナタリー・バイは、こちらの瞳をのぞきこむようにして『勝手に逃げろ／人生』や『ゴダールの探偵』でゴダールと一緒に仕事をしたときの思い出を語りながら、彼の撮影ほど贅沢な撮影はありえないだろうとつぶやいた。普通の映画だと、キャメラのまわりには百人近い人間が右往左往している。ところが、ゴダールの撮影といったら、監督の彼と、キャメラマンと、録音技師しかいない。ときにはゴダール自身がキャメラの助手のようなことまでする。かと思うと、ロケに出発しても、車から降りたゴダールが空に目をやり、今日は光線が悪いからやめにしようと口にする。ほかの映画の撮影は時間に追われ、スタッフ全員が殺気立っているのに、光線の加減で一日そっくり休んでしまうゴダールと一緒に仕事をしていると、途方もなく贅沢な気分になってくるのだとナタリー・バイは告白する。それでいて、ふと気まぐれで撮り始めたシーンを見てみると、抒情あふれる画面になっている。こんな贅沢な体験は、ほかの監督ではとても味わえません。

ナタリー・バイの言葉には何の誇張もない。贅沢は嫌いでないし、抒情も好むものとしては、すでに『右側に気をつけろ』を一〇回以上も見ているのだが、そのつど、抒情性と贅沢さとが深まってゆく。こちらもすでに、癖になってしまったのだろう。何しろ、知性であれこれ詮索する必要のない映画なので、豪華なバスタブにゆっくり身を沈めるようにして、映像と音響に全身をゆだねればよい。すると色彩と、リズムとが疲労をやわらげてくれる。本当に、こんな贅沢はそう簡単に味わえるものではなかろう。

どうやら、『右側に気をつけろ』はドストエフスキーの『白痴』の詩情豊かな映画化らしく、ゴダール自身が「殿下」を演じている。そもそもこの題名が、ジャック・タチの短篇『左側に気をつけろ』をも思い出させるボクシング用語で、例の「右だ、右を出せ」というほどの意味なのだが、ここにはボクシングは登場せず、ウインブルドンとプラチニとゴルフとが話題になっているわけだ。

白痴を自称する「殿下」は、まわりのみんなに馬鹿にされているらしい。彼はスイスで撮った映画を自分の手でパリまでとどけなければならないのだが、自動車の乗り方を知らず、飛行機の搭乗手続きもままならず、機内でも、他の客たちの騒ぎがよくわからない。彼は、地上の自分の場所がのみこめず、それでいながら、天上の自分の場所だけは心得ているようだ。彼は、乗客全員に『マルドロールの歌』を復唱させるパイロットの操縦するプロペラ機で空を飛ぶ。

地上には自分の住む場所がわからない男がいて、「殿下」とは似ても似つかぬが故にその分身なのかもしれぬその男を、ジャック・ヴィルレが演じている。彼は、ラ・フォンテーヌの寓話をジェーン・バーキンと演じるふりをしてみたり、サミュエル・ベケット的な分裂症的世界で死を垣間見たり、ゴルフ場でヘルマン・ブロッホのテクストに耳を傾けたり、アンドレ・マルローを朗読する男を訪問したり、列車で国外追放となる政治犯でもある自分に戸惑いつつ、生のように濃密な死と境を接するようにして物語をくぐりぬける。

そして、音と声との調和と反撥とを録音中に発見してゆくレ・リタ・ミツコのカップルと、ナレーションを担当するフランソワ・ペリエ。彼は、いつのまにか映写技師にもなっているらしい。こうした顔ぶれが、それぞれの表情を生なましく画面に凝固させながら、映画の世紀末をめざして、抒情詩的かつ叙事詩的に滑り落ちてゆく。だから悲しいのでもなく、怖ろしいのでもなく、おかしいのでもなく、せきたてられるのでもなく、荘重なのでもない。そのつど悲しさが、怖ろしさが、おかしさがほとんど物質的に画面を横切る。事実、人は、泣き、胸をしめつけられ、笑い、荘重な思いに捉えられるが、それは、どうして映画がこれほどその起源から遠いところまで進化してしまったかということに驚くとともに、また起源そのものというか、まさに誕生の瞬間に体現される粗暴な原始性のままとどまり続けていることにも驚かされてしまう。

それはおそらくジャン=リュック・ゴダールが、そのつど映画を発見し、その潜在的な資質のいっさいを個体史を超えたゆるやかな性急さで開花させてしまう術を心得ているからだろう。これはリュミエール兄弟が一九世紀の終りに撮った最も古い映画の一つ『水を撒かれた水を撒く人』が不意に自己増殖してしまったような映画だ。それでいて世界の最先端にキャメラを据え宇宙の生成からそのブラック・ホールへの埋没までをドキュメンタリーとして記録したフィルムのような、撮られたものがそのつど初めて映画に撮られたものであるかのような輝きを帯びている。まだ、意識を持たない嬰児が監督しながら、それが、世界のあらゆる歴史を記憶している賢者の視覚とそっくり重なり合ってしまいもするような映画が『右側に気をつけろ』なのである。

さる週刊誌によれば、これは難解で前衛的な作品なのだそうだ。これには笑ってしまった。もちろん、理由のある笑いだ。週刊誌記者の鈍感さへの軽蔑から出たものである。彼は夕暮の浜辺に立っても目の前の風景が難解で前衛的だと口にする人なのだろう。こうした反応に対しては、レ・リタ・ミツコの歌の題名をかりて「スチューピド・エニウェイ」とつぶやくしかない。そして、ゴダールとともに「文句あるのか、ううう」と声を張りあげようではないか。

(1989)

『新ドイツ零年』(一九九〇―九一)

ゴダールは、あいも変わらずの神出鬼没ぶりで人を驚かせる。誰も知らないうちに撮りあげて、今年のヴェネチア国際映画祭のコンペティシオン部門に出品された彼の新作の題名は *Allemagne année neuf zéro*。もとはといえば「孤独」を主題としたテレヴィのシリーズものの一篇として企画され、東ドイツでロケーションされて五八分の作品として仕上がったのだが、コンペティシオン部門の出品作は上映時間六〇分以上という規則に従い、編集で四分の長さを加え、正確に六二分のヴァージョンがごく最近完成したばかりである。

その新作をかかえてヴェネチアに姿を見せたジャン゠リュック・ゴダールは、プレス試写でも上映一時間まえから行列をつくらせ、記者会見の会場では熾烈な席取りゲームを演じさせ、一般上映会場を氷のような沈黙と熱い興奮とに二分させる。例によって、イタリア語の字幕スーパーなしの仏独語のみのオリジナル・ヴァージョンでの上映ながら、一部の熱狂と大方の困惑をよそに「イタリア上院議長賞」の栄誉に輝き、その音響処理の見事さに「金メダル」まで与えられてしまった。だが、授賞式の会場のサン・マルコ広場には、もちろんゴダールの姿など見当たりはしない。

日本語の題名は、とりあえず「新ドイツ零年」とでも訳しておこうか。原題に含まれている《neuf》がくせ者で、普通なら数字の9を意味するから、「ドイツ90」と考えるのが自然である。だが、記者会見の席でのゴダールは、ドイツ語の字幕からもそんなふうに理解されぬでもないが、それは誤訳だと何度も念を押す。《neuf》はここではあくまで「新しい」を意味しており、内容としては、改めて「0」となって解放されたドイツと理解すればよいと強調し、もちろんロベルト・ロッセリーニの『ドイツ零年』を意識しての題名だろうというある記者の質問に、それは私への問いというより、あなたが自分の質問に自分で答えているようなものだとまぜ返す。

確かに、これを撮っていたのは一九九〇年のことだから「ドイツ90」としてもよかろうが、私が「新しい」という意味にこだわるのは、いま問題の社会主義圏では、すくなくとも二度「0」、すなわち解放を体験している。ところが、いわゆる西欧ではフランス革命一回だけしか解放を体験していないからである。このヴェネチアが所属するイタリアという国は、大量のアルバニア難民を強制的に送り返しているけれど、そのときイタリア人は、アルバニア人に向かって、君達は二度解放されている、ところが、われわれの国は一回しか解放されておらず、従ってずっと不自由な国だということを説得すべきなんだ。

そんな言葉で記者たちを笑わせながらも、Allemagne année neuf zéro とは、そうした意味に理解してほしいと訴えるゴダールはどこまでも生真面目である。それでいて、ことさら挑発的なところもなく、テレヴィの悪口だけは何度かくりかえしながらも、いたって行儀のよい応答に終始し、「ゴダールは成熟した」といったつぶやきが記者たちの口からもれたほどである。

髪の毛にかなり白いものが交じり、遠目には銀髪と映る六一歳のゴダールは、なるほど「成熟」したのかもしれない。だが、その新作『新ドイツ零年』は、ゴダール自身の贅肉をしらぬ肉体のように引き締まった映画で、コンペティシオン部門で上映された作品の中でも、当年とって八三歳のマノエル・デ・オリヴェイラの傑作と呼ぶほかない『神曲』とともに、もっとも若々しい映画のひとつである。

主演はエディー・コンスタンチーヌ、『アルファヴィル』から数えて二六年後に、同じ私立探偵レミー・コーションとして、東ドイツの冬枯れの野原や街頭を孤独に横切って行く。東西の対立も終わり、仕事といった仕事もないこの老齢の密偵に最後の指令を与えるのは、初期のヴェンダースの映画で何度か主役を演じたハンス・ツィッシュラー。いかにもゴダール的なキャスティングだが、この二人が記者会見に顔を見せ、やや肥満したエディー・コンスタンチーヌを真ん中にして、ゴダールとツィッシュラーとが並んで座ったときは、二度と繰り返されることのない歴史的な瞬間に立ち会うかのような、抑えがたい胸騒ぎを覚えたものだ。

とはいえ、この老齢の密偵レミー・コーションは、『アルファヴィル』でのようにレインコート姿で拳銃を発射するわけでもなく、最後に若い娘の愛を獲得するわけでもなく、ただひたすら歩くばかりである。事件らしい事件といえば、遥か遠くに風車の回る寒々とした風景の中で、ドン・キホーテを思わせる奇怪な騎士と擦れ違うことぐらいだろうか。あるいは唐突に、今年がモーツァルトの二〇〇年祭であることを思い出したりもするのだが、その時、画面には、田園地帯のなだらかな傾斜を二匹の犬が駆け抜けてゆくばかりなのである。

密偵が探しあてるべきは「西欧」であり、彼はときおり道の真ん中に立ち止まり、「西欧」はどこか、あっちか、こっちかと問いかけるが、はかばかしい答えはかえってこない。レミー・コーション＝コンスタンチーヌは、年齢からくるおぼつかない足どりで畑を横切り、氷結した池を渡るのみなのだが、そのさまは深い悲しみに包まれている。

私が「悲しい」のではない、ドイツが「悲しい」のだと記者会見でゴダールは断言するのだが、これといった物語が語られているわけではない『新ドイツ零年』の画面は、深い悲しみで凍りつかんばかりだ。『右側に気をつけろ』や『ゴダールのリア王』でゴダール自身が演じた道化すらここには姿を見せず、純粋状態の悲しみともいうべきものが、文字通りの「孤独」としてスクリーンに氷結しているのである。「孤独の物語（＝歴史）」、「歴史の孤独」といった字幕が何度か姿を見せるのだが、この「孤独」は、個人の感情といったものとはまるで異質の現実である。私が「悲しい」のではないといったゴダールは、多分正しい。パリを遠く離れたスイスのレマン湖畔の寒村ロールで、ひとり編集機と向かい合う映画作家ゴダールを「孤独」と呼ぶのはやめにしよう。いま「ひとりぼっち」なのはまぎれもなく「歴史」のほうなのだ。neuf zéro ＝「新たな0」を忘れた歴史は決まって「悲しい」ものであり、その「悲しみ」に無自覚な者たちは、歴史を担う権利も義務も許されてはいない。

（1991）

『ゴダールの決別』（一九九三）

『ゴダールの決別』は、「アンフィトリオン」神話からインスピレーションを得ているとゴダール自身がいう。また、撮影にあたって、ジロドゥーはいうまでもなく、クライストやモリエールまで読みなおしたとも語っている。とするなら、ゴダールはついに俗世界を離れ、超越的な存在をめぐる映画を撮り始めたというのだろうか。

なるほど、いたるところにエホヴァの雷鳴を思わせる音響が鳴り轟いているし、あたかもこれは「神」の映画だといわんばかりに、登場人物の名前に「神」の一語さえ含まれている。だが、だからといって、『決別』に「神」が登場していると信じこむのは、いささか素朴すぎはしまいか。それがゴダールであれ誰であれ、ひとりの映画作家がどんな思いをこめて作品を仕上げようと、そんなことはどうでもよろしい。ゴダールが耄碌したと言い張るつもりはないが、彼が涼しい顔で口にするいつもの世迷いごとに騙されてはなるまい。監督がフィルムの外で何をいおうと、われわれは黙ってスクリーンに向かいあい、そこから投げかけられてくるサウンドとイメージを受けとめていればよろしい。それが、映画にふさわしい映画の見方というものだ。

そのようにして見られた『ゴダールのマリア』が「妊娠」の映画であり、『カルメンという名の女』が「不能」の映画であったように、『決別』は、誰が見たってまぎれもない「性交」の映画である。これは貞淑な人妻が夫との「性交」に成功し——成功した「性交」はオルガスムなどとは無縁である——、しかもマラルメのように「肉は悲し」とつぶやくにはどんな段取りが必要かを描いた映画なのだ。フィルム・ノワールから抜けだしてきたようなベルナール・ヴェルレーが意味ありげにたずねてまわる一九八九年七月二三日とは、まさしくその成功した「性交」が成就したかもしれない日付にほかならない。

誰もその光景を目撃したわけではない「性交」は、大スターのジェラール・ドパルデューと新進女優ロランス・マスリアアとの間で演じられる。どのショットのドパルデューが夫のシモンで、どのショットのドパルデューが夫のシモンの肉体をかりて、ロランス・マスリアが演じる妻のラシェルの肉体に触れた神なのかと問うてみる必要など、どこにもありはしない。異性のうなじに手を組み合わせる「性交」の体位が祈りの姿勢に似ているという台詞にも、深い意味はない。その類似は厳然たる事実にすぎず、ゴダールの映画にその種の「シニフィアンの戯れ」があふれていることは誰もが知っていることではないか。

あらゆるゴダールの映画がそうであるように、ここには何の秘密もない。だから、ベルナール・ヴェルレーは何ひとつ発見することもないまま、作品から遠ざかってゆくしかない。にもかかわらず何やら謎めいた雰囲気が残されるのは、男と女にとって、「性交」に成功することが、映画を撮ることがそうであるように、湖水で泳いだり、車を運転したり、ホテルの売買契約に署名することよりも遥かにむつかしいからなのだ。映画など誰にも撮れるはずなのに、ひとは生涯でたった一本の「映画」しか撮れないのかもしれないというマラルメ的な主題がここに浮上する。男と女がいれば性交などいともたやすく成就するはずなのに、『ゴダールの決別』に描かれているのが生涯に一度しか成功することのない「性交」だという点に、ゴダールなりの秘密があると言えるかもしれない。

（1994）

『ゴダール・ソシアリスム』（二〇一〇）

さる一二月三日に八〇歳の誕生日を迎えたジャン＝リュック・ゴダールの六年ぶりの新

作『ゴダール・ソシアリスム』が、長編第一作『勝手にしやがれ』(一九五九)の公開から半世紀後のいま、日本で封切られる。合衆国はいうまでもなく、ヨーロッパの国々でさえほとんど一般公開されるあてのない作品である。カンヌ国際映画祭では監督不在のまま上映されたいわくつきの作品がごく普通に見られるのだから、ゴダールと日本との浅からぬ因縁をまずは祝福したい。カンヌの事務局に欠席の通知を書き送った彼自身の書簡には小津安二郎監督の肖像写真が同封されていたというが、本年度のアカデミー賞名誉賞の授賞式にも出向かなかった彼は、いったい誰の肖像写真をそえて詫び状を送ったのだろうか。

マノエル・デ・オリヴェイラ監督は一〇二歳の今も新作を準備中だし、ゴダールと同年齢のクリント・イーストウッド監督も毎年新作を発表しているのだから、監督が七九歳だということだけが話題になるのではない。驚くべきは、この作品にみなぎっている不気味なまでの若さだ。HDカムで撮影された映像と音響はかつてない鮮度で神経を刺激し、地中海のうねりは海神ポセイドンの怒りを、耳を聾する風音は風神アネモイの吐息を、男女の表情はロゴス=真理を直截に画面に招き入れる。そんな瞬間を映画で体験したこともなかったので、誰もが映画生成の瞬間に立ち会っているかのように興奮するしかない。

では、その主題は何か。ヨーロッパである。ギリシャ以来の文明をはぐくんできた地中海、といってもよい。あるいは、それなくしては西欧が成立しがたい「傲慢さ」だといえるかも知れない。題名のソシアリスム、すなわち社会主義は、民主主義が古代ギリシャで生まれたように、まぎれもなく近代ヨーロッパで生まれた。帝国主義、資本主義、共産主義、等々、主義と呼ばれるものの大半もそうなのだから、ヨーロッパ的に思考すれば世界の誰もが普遍を体現しうるはずだと信じている人々の無意識の傲慢さが主題なのである。

勿論、ゴダールはその傲慢さを批判する。地中海の豪華客船を舞台に過去の戦争犯罪を糾弾し、フランス寒村のガレージでは民主主義の真の意味を問いなおす。ゼロや幾何学が西欧的な起源など持ってはいないと想起させ、パレスチナ紛争こそヨーロッパ的な傲慢さの犠牲ではないかとも指摘する。だが、グローバリズムにも向けられたその批判は必ずしも反西欧的なものではない。ゴダールは、傲慢な人々が見落としがちな真のヨーロッパと文学、絵画、音楽などを通して向かいあい、より純度の高い傲慢さを身にまとって自堕落に共有された傲慢さを撃つ。ゴダールがときに難解といわれるのは、その姿勢の屈折による。映画を発明したのはリュミエール兄弟でもエディソンでもなく、エドワール・マネだという名高い『映画史』(一九九八)の断言こそ、高度の傲慢さにほかならない。

パリでプロテスタント系の家庭に生まれ、スイスとの二重国籍を持ち、過去三〇年ほどレマン湖の畔《ほとり》に暮らしているゴダールはその二重性を誇りにしているが、その誇りはたちどころに傲慢さと見なされ、彼を孤立させる。その孤立を「私は映画のユダヤ人だ」というきわどい比喩で語ったりするので、ユダヤ系の映画作家からは抗議文が寄せられるし、合衆国の高級紙も彼を反ユダヤ主義者ときめつける。だが、臆する風も見せない彼は、この作品でも、ハリウッドを作ったのはヨーロッパからの亡命ユダヤ人ではないかと挑発をやめない。傲慢さを批判できるのは自分だけだといっているかのようなゴダールは、傲慢な映画作家なのだろうか。それとも、語の純粋な意味での自由闊達《かったつ》な個人なのだろうか。

（2010）

『さらば、愛の言葉よ』（二〇一四）

『さらば、愛の言葉よ』が二〇一四年のカンヌ国際映画祭で審査員賞を受賞した直後の五月二七日にパリで収録された「ル・モンド」紙のインタヴューで、自分の墓碑銘はどうやら「とんでもない」に落ちついたようだとゴダールはいう。そう提案したのは伴侶のアンヌ＝マリー・ミエヴィルのようだが、彼自身も気に入っているらしいその墓碑銘の原文は《Au contraire》だから、直訳すれば「とんでもない、まったく逆だ」という意味になるだろう。実際、誰かがゴダールに向かってしかるべき言葉を口にすると、ほとんど反射的に「とんでもない」という否定的な言辞がその口からもれる。それは彼の日常生活を律している口癖だともいえようが、それにとどまらず、八〇歳を超えるこの映画作家の撮った膨大な作品群の背後にたえず響いていた主旋律でもあるはずだ。彼は、「とんでもない」映画作家なのである。

この新作の原題 Adieu au langage についても、まったく同じことがいえる。確かに、それを「さらば、言語よ」と訳しておけば何の問題もあるまいと誰もが思う。そこから、これは老齢のゴダールが遺作として撮った作品にふさわしい題名だという解釈がなりたちもしようが、「とんでもない」という否定の声がすぐさま響きわたる。これは作者の年齢とはいっさい無縁のフィクションであり、映画に向ける自分自身の現在の姿勢を反映する題名ではいささかもないと彼は断言する。そもそも、同じ「ル・モンド」紙のインタヴューでも話題になっているように、決定的な別れを意味する「さらば」Adieu は、ゴダールの暮らすスイスのフランス語圏や南仏地方の一部では、むしろ出会いの挨拶として口にされる言葉なのだ。赤字で OH、白字で langage と書かれたり、赤字で AH、白字で Dieux と書かれたりしている画面が挿入されているが、そこからこの題名を《Ah Dieux, oh, langage》と読み換え——発音はまったく変わらない——、「言語を祝福する」というのがその意味だといえなくもない。

実際、この新作の題名は、言語との別離と言語との遭遇という正反対の事態にふさわしいものだとする批評もすでに書かれている（「カイエ・デュ・シネマ」誌七〇一号など）。けれども、問題は、ここで誰かが言語との別離が語られていると指摘すれば、作者は「とんでもない」とすぐさま否定するだろうし、言語との遭遇が語られているという指摘をも、「とんでもない」と否定するというゴダール的なシステムが、すでに題名のうちに有効に機能しているということにある。かくして、二者択一を前にした「とんでもない」ゴダールは、いつでも決定的に勝利する。それこそ、この映画作家の始末におえぬ凶暴さにほかならない。では、誰が、どのようにしてその凶暴さに逆らうことができるのか。それが可能なのは女性だけだ、と『さらば、愛の言葉よ』はいっているかに見える。それはどういうことか。

シノプシスにごく「シンプル」なアイディアだと書かれているこの映画には、「人妻」と「元夫」と「独身男」と「犬」が登場する。その「人妻」は、「自然」と「隠喩」という二つの異なる部分で、二人の異なる女優（エロイーズ・ゴデとゾエ・ブリュノー）によって演じられている。ジョゼットとイヴィッチという名の「人妻」は、異なりはするが類似の状況のもとで、凶暴で邪悪そうな元夫に向かって「同じよ」《ça m'est égal...》と叫ぶ。直訳すれば、「どちらでも、かまわない」となるだろう。決まって勝利するかに見える「とんでもない、まったく逆だ」に対して、「どちらでも、かまわない」と応じることで、ここでの女性はゴダールの凶暴さを苦もなく廃棄する。提起されているかに見える二者択一の外部に、一挙に身を置いてしまうからだ。それは、作中に引用されているジャン・アヌイのドイツ占領下に書かれた戯曲『アンチゴーヌ』（一九四二）のヒロインの台詞のように、死を覚悟して「ノンと言う」《pour vous dire non》ためにほかならない。

ゴダールの初期の作品の女性たちは、しばしば「わからない」《Je ne sais pas》とつぶやいていた。だが、二一世紀に入ってから、とりわけ『愛の世紀』（二〇〇一）や『アワーミュージック』（二〇〇四）以降のゴダールにおける女性たちは、アンチゴーヌ的ともいえる高貴な頑迷さで、「どちらでも、かまわない」とつぶやいているかに見える。いうまでもなく、いずれも死を覚悟して「ノンと言う」ためである。思えば、『女と男のいる舗道』（一九六二）でドライヤーの『裁かる、ジャンヌ』（一九二八）のファルコネッティの無言の表情をスクリーンに追いながらアンナ・カリーナが流した涙は、男たちの口にする論理を前にして「どちらでも、かまわない」と敢然といってのけるジャンヌ・ダルクの高貴な頑迷さへの、無意識の共感によるものだったのかもしれない。

『さらば、愛の言葉よ』は、ゴダールのフェミニズム的な側面がこれまでになくきわだつ映画である。そこに、三つの問題が残される。一つは、そのフェミニズム的な側面が3Dで撮られたこととどう関わるかという問題。二つ目は、「とんでもない、まったく逆だ」とも、「どちらでも、かまわない」とも口にすることのない「犬」の位置にほかならないが、この疑問は作品を見ることでほぼ解消される。三つ目は、冒頭に引かれている「あれがぼくらのいちばんいい時代だった！」とデローリエが応じた」（山田𣝣訳）というフローベールの『感情教育』の最後の文章についてのものだ。そこにこめられている諦念を含んだ優れて男性的な郷愁が、この映画に漂っていてよいのかという問題である。その最後の問題についてなら、「とんでもない」とゴダールは言下に否定しそうな気がする。

(2015)

『イメージの本』(二〇一八)

始末におえぬ問題児ゴダールのいうことだから真実かどうかは知るよしもないが、彼は新作『イメージの本』をめぐるあるインタヴューで、「たとえばドストエフスキーだが、私はその全編を通読したことなど一度もない」と言明し、「しかし、ある種のことだけは覚えている」といいそえている。だとするなら、『右側に気をつけろ』(一九八七)で「白痴」なる人物を演じたゴダールは、その原作小説さえ「通読したことなど一度もない」と胸をはってみせるのだろうか。確かに、スイスからパリを目ざす小型ジェット機の窓ぎわで「ゴダール=白痴」が目を通していた原著のフランス語版は、まるで書店の棚から取り出したばかりのように真新しく、読まれた形跡すらなかった。ことによると、彼は「レフ・ニコラエヴィチ・ムイシュキン」という主人公の名前さえ記憶しておらず、『子供たちはロシア風に遊ぶ』(一九九三)で同じ人物を演じるときに、それだけは覚えている「ある種のこと」として、不意に記憶によみがえらせたとでもいうのだろうか。

それはそれでよいではないかと、『イメージの本』のゴダールは断言しているかにみえる。作品もあらかた終わりかけ、引用された映画やテクストや絵画や音楽のリストもたっぷりと提示されてから、いきなり「ブレヒトは言った／〝断片のみが本物の痕跡を……〟」と読みあげる彼自身の声が聞こえてくるからだ。このフランス語による引用はさまざまな言語に翻訳されて世界の映画ジャーナリズムを賑わせているが、その出典を明らかにしたものはいまのところ誰もいない。『軽蔑』（一九六三）ではフリッツ・ラングが、『彼女について私が知っている二、三の事柄』（一九六六）ではマリナ・ヴラディが、それぞれブレヒトの言葉らしきものを口にしていたが、その引用は正確さを欠き、典拠もきわめて曖昧なものにとどまっていた。だが、「〝断片のみが本物の痕跡を……〟」という言葉の意味はきわめて雄弁である。そこで、ここでは、全編を通読したりはしなくとも記憶しているというその「ある種のこと」こそ、ゴダールにとっては「本物の痕跡」をとどめている「断片」なのだと考えて話を進めることとする。

「断片」とは、それがおさまるべき本来の「文脈」からは離脱した彷徨える細部にほかならない。実際、『イメージの本』には、おびただしい数の彷徨える細部が「断片」として引用されている。映画や絵画の場合はときに脱色され、あるいは過剰に加色され、曖昧な焦点へと加工しなおされ、異なるフレームへと転移され、場合によっては文字に覆われたりしているので、原典はほとんど識別しがたい。また、そのほとんどをゴダールが朗読しているテクストも、ときに語調が誇張されたり、吃音じみた読み方をされたり、もの音にかき消されたり、不意に挿入される音楽で聞きとりにくくなったりもしている。いきなりトリュフォーとジャック・リヴェットとエリック・ロメールの肖像が示されたりしているが、その複製の極端なまでの質の悪さによって、すぐにはとても見わけがたい。その意味で、ここでの彷徨える「断片」はさらなる断片化をこうむっているとさえいえるだろう。だから、無数の作品が引用されているその出典をしかと確認しえなくとも、この刺激的な作品の理解に大きな妨げとはなりがたい。実際、出典のわからぬ画像の方が、遥かに多く引用されている。

いうまでもなく、ルイス・ブニュエルとサルバドール・ダリの『アンダルシアの犬』（一九二八）の美女の眼球に剃刀があてられる冒頭のシーンをはじめ、ニコラス・レイの『大砂塵』（一九五四）におけるジョーン・クロフォード、ジャン・コクトーの『オルフェの遺言』（一九五九）におけるコクトー自身、ジョン・フォードの『若き日のリンカン』（一九三九）におけるヘンリー・フォンダ、ヒッチコックの『汚名』（一九四六）のイングリッド・バーグマン、等々、かりに現物を知らずともすぐさまそれと識別しうる名高い映画からの抜粋も少なくない。また、個人的にいうなら、六五年ほども前の中学時代に見たきりだったジュリアン・デュヴィヴィエの『地の果てを行く』（一九三五）のアナベラ、アンリ＝ジョルジュ・クルーゾの『情婦マノン』（一九四九）のセシル・オーブリ、キング・ヴィダーの『ルビイ』(一九五二)のジェニファー・ジョーンズなどの「断片」的な画像に接し、思いもかけず全編をまざまざと思いだしたりもしたものだ。

もちろん、「文脈」から離脱した彷徨える「断片」は、ゴダールなりの「文脈」に改めて分配されている。フィルムを編集中のゴダールらしき男の手のイメージから始まる『イメージの本』は、「五感」や「五大陸」にもつながる人間の「五本」の指にふさわしく、五つの部分からなっている。その構成は、「リメイク」、「ペテルスブルグ夜話」——ド・メストゥルの書物の翻訳題名にふさわしく、またゴダール自身の発音にもしたがって、ここでは「ス」をそえておきたい——「線路の間の花々は旅の迷い風に揺れて」、「法の精神」、「中央地帯」と題されており、全編は『映画史』のような「エッセイ」的な作風におさまり、見るものを魅了し、かつ心に深い揺さぶりをかける。

それらを貫く一つの主題として、編集中のゴダールの映像に先だち、「世界の支配者たちは、用心すべきだろう/物言わぬ田舎娘(ベカシーヌ)にこそ」と印刷された書物の断片が示されている。ベカシーヌとは一世紀の余も広く愛された漫画の主人公で、ブルジョワ家庭に雇われたブルターニュ出身の召使いであり、これまで何度も映画化されてきた。この田舎娘は、作品の終わり近くに真正面からのきわめて鮮度の明瞭な肖像画として挿入され、「たとえ何ひとつ望みどおりにならなくても/希望は生き続ける」と結論されるゴダールにはふさわしからぬ楽天的な結論を、黙って見まもる役を担わされている。

だが、作品の最後で音もなくスクリーンを占拠し、見るものを不気味に魅了するマックス・オフュルスの『快楽』(一九五二)の「仮面の男」編で、踊り疲れて床に倒れ落ちる男に驚きの表情を見せる踊り子が、まさかベカシーヌそのものだとゴダールはいいはったりはしまい。しゃがれ声でつぶやくいつにない楽天的な世界観と、オフュルスの画面が見るものを誘いこむ悲観的な世界観とのあわいに拡がるあるかないかの間隙のうちに、この作品の副題である「イメージと言葉」の真の主題が息づいているかのようだ。ことによると、ゴダールは、タンタンのみを偏愛するスピルバーグに向かって、フランス語圏の漫画にはベカシーヌもいるからそれを忘れてはならぬと啖呵を切っているのかもしれない。実際、彼は、『ジョーズ』(一九七五)の鮫の鋭い歯など、それを機首に描いた第二次世界大戦中の邪悪な爆撃機の「リメイク」にすぎないと、スピルバーグを揶揄している。

では、『イメージの本』は、何をめぐるエッセイ風の作品なのか。ここでのゴダールは、西欧人として、西欧の落ち度で戦争ばかりしているこの世界の現状を、「イメージと言葉」を通して嘆いて見せる。では、彼は、西欧以外の地域にいかなる姿勢で接しているのか。ゴダールは、自分が二つの文化圏に対して抱く郷愁に近い執着をいっときも隠そうとはしない。その二つの文化圏とは、ロシアとアラビアにほかならない。ロシアがヨーロッパやアジアの一部となったら、もはやロシアではなくなってしまうだろうとたえず公言しているゴダールは、『子供たちはロシア風に遊ぶ』ではサンクトペテルブルグまでロケに行っているし、『イメージの本』にも、ロシアの反体制歌手ヴィソツキーの忘れがたい歌声をここぞという瞬間に流している。また、ジガ・ヴェルトフ集団の『勝利まで』（一九七〇）では挫折したものの、アンヌ＝マリー・ミエヴィルとの共同監督作品で『ヒア&ゼア・こことよそ』（一九七五）を撮っているゴダールが、中近東からイスラム世界に向ける強い関心は誰もが知っていよう。どうやらそれは幼少期から始まっていたようで、トルコ奥地に鉄道を敷設したという母方の祖父にはアルジェリア人の運転手がついていたという。だが、八八歳のゴダールの夢想はフローベールの『サランボー』の舞台となったチュニジアへと誘われ、そこで撮られたいくつかのショットが『イメージの本』にも使われることになる。もっとも彼自身によるものは、ホテルの窓からの俯瞰と夜風に揺れ動く棕櫚の葉だけだというが、ここでのゴダールは、パレスチナ系の合衆国知識人エドワード・サイードの著作を誇らしげに引用しているし、先述のインタヴューでは、アラビア語がフランス語やイタリア語以上に音楽的で、理解はできないまでも、この言葉を深く愛好しているとさえ述べている。

では、それに似た親近感を、ゴダールがアジア世界、とりわけ日本に向けているかといえば、きわめて懐疑的だといわざるをえない。『イメージの本』に引用されているアジアの映画といえば、溝口健二の『雨月物語』（一九五三）で、水戸光子が野盗に襲われる場面につきている。しかし、作品の終わり近くに示される出典リストには、溝口の名前も、

『雨月』の題名も記されていない。なぜかと問い詰めれば、たぶん忘れていたからだと始末におえぬ問題児ゴダールは強弁するだろう。だが、さる西欧の精神分析医によるなら、忘却こそが「本物の痕跡」をとどめる「何ものか」であったはずである。とはいえ、そのことの指摘は、八八歳のゴダールが四年がかりで世に問う新たな傑作の異様な美しさを、いささかも損なうものではない。

(2019)

『イメージの本』

エピローグ

ゴダール革命に向けて

「ゴダール革命」という言葉は、ジャン＝リュック・ゴダールを「革命的」な映画作家と見なしたり、そんな彼への遥かな連帯を表明することをいささかも要請していない。彼がみずから「革命的」たろうと試みたかどうかは大いに疑わしいし、かりにその意志をいだいたことがあったにしても――ゴダール的なあの悦ばしい軽率さから、マルクス＝レーニン主義者や毛沢東主義者と誤解されかねない言動を弄することがあったとしても――、彼は、そのつど、そんな企ての失敗に例外なく成功してしまうからだ。ほとんど生来の資質というほかはない「失敗の成功」というゴダールの振る舞いは、その意義深い「反復」――事後的にはことごとく正当化されているかに見えるがゆえに意義深い――を通して、誰ひとり足を踏み入れたことのない寒々とした光景のさなかへとそのつど彼自身を置き去りにする。

かくして、ゴダールの孤独なるものが確立したかに見える。孤独というより、両親の存在をあえて無視するすねた子供のようにひとりぼっちのゴダールの肖像画が、いくぶん大袈裟な筆遣いで完成されたかに見えるのだ。『JLG／自画像』がそれだというつもりはないが、この孤独はどこかしら切実さを欠いた虚構めいたものに映る。いささか虚構めいてはいながらも、虚構としての真実にはどこかで触れていそうなところがゴダールのしたたかさなのかもしれないが、その孤独は、明らかにさまざまな要素の思いもかけぬ組み合わせからなり、純粋状態の孤独ではない。ストローブとユイレの場合と異なり、ゴダールとミエヴィルという二つの名前は、後者が前者の孤独をきわだたせる口実であるかのように機能しているからだ。孤独なのは私ではない、世界が孤独なのだと彼はいうだろうが、その言葉はいつものゴダール的な言動がそうであるように、半分しか正しくない。世界が孤独だという意識は、世界の半分にもみたぬはずなのに半分以上を担っていると錯覚しがちなヨーロッパにおいてしか確かな意識たりえぬものだからである。ゴダールにとって、このヨーロッパ的な錯覚は、虚構たろうとしてそれに失敗したまがまがしい現実として機能する。そして、その現実は、あくまで半分しか現実ではない。

「正しいイメージではなく、ただのイメージにすぎない」という彼独特の表現も、正確に半分しか正しくない。というのも、そう口にしうるのは、何が「正しいイメージ」であるかを知っている人間にかぎられているからである。それは、デイヴィッド・W・グリフィスからジョン・フォードにいたるまで、ハリウッドの映画作家が「正しいイメージ」ばかりを撮ってしまっているので、自分はロッセリーニに倣い「ただのイメージ」を撮るほかはなかったという歴史的な敗北宣言のようなものだ。「正しいイメージ」などこれっぽっちも見たことのない誰かがこれをとなえたとしたら、それは文字通り悪い冗談でしかないだろう。「正しいイメージ」が何であるかを知っており、ことと次第ではそれを涼しい顔で撮ってしまえるゴダールだけがそうつぶやく権利があるという意味で、それはいささかも普遍的な真実たりうるものではないのである。だが、たえず半分しか正しくない言葉を操りながら、彼はその半分の正しさによって孤独な世界に抵抗する映画を撮り続けている。「ただのイメージにすぎない」ものの跳梁する物騒で始末に負えぬ映画である。

半分しか正しくないジャン＝リュック・ゴダールを、間違っても自分の味方だなどと信じてはならない。味方であるには、たやすくは共有しがたい過剰な何かをいやというほどかかえこんでいるからだ。実際、彼に倣って「正しいイメージではなく、ただのイメージにすぎない」などとつぶやいていたら、収拾のつかない事態に陥るほかはないだろう。ゴダールは、あくまで半分しか正しくないヨーロッパの映画作家であり、あなたやあなた方やわたくしやわたくしたちや彼（彼女）や彼ら（彼女ら）と共闘するいかなる基盤も共有していない。

だからといって、彼をみだりに敵視するのもこれまた愚かなことだ。彼は、われわれがその名前や顔を多少とも知っていたりいなかったりする不特定多数の人影と変わらず、敵でもなければ味方でもなく、たんにひとりの他人であるにすぎない。だから、彼が半分しか正しくないヨーロッパの映画作家だとしても、他人との付き合い方さえ心得ていれば、彼とのかかわり方に、原則として何の問題も生じないだろう。他人と呼ばれるほとんどの存在がそうであるように、ゴダールもまた人を傷つけたり、苛立たせたり、喜ばせたり、励ましたり、落ちつかせたりする。また、その存在のあり方に無関心をきめこむことも、彼は禁じてはいない。確かに、実生活での彼はかなりの変わり者だといってよかろうが、この世の中には彼以外にも無数の変わり者が存在している。

では、他人以上でもなければ他人以下でもないゴダールが、ヨーロッパを超えた領域でも、人騒がせで始末に負えぬ存在としてわれわれの生に介入しているかに見えてしまうのは何故か。理由はいささかも複雑ではない。それは、彼が映画作家だからである。二〇世紀の後半から二一世紀にかけて、映画という人騒がせで始末に負えないものを彼が撮っているからなのだ。ときに傍若無人なものと映る彼の振る舞いは、映画そのものの責任であって、必ずしも彼の個人的な責任だとはいえない。にもかかわらず、スイスの湖畔に隠棲しているはずの彼の周辺に何かと騒ぎが持ち上がるのは、映画が人騒がせで始末におえぬ何かだということをことさら忘れようとして多くの人が映画を撮り、その映画を見ているときに、ゴダールひとりが、映画はあくまで人騒がせで始末に負えぬものだと意識させる作品を撮り続けているからにほかならない。

たとえば、映画は、スイスにいくつもの湖水があり、雪をいただいた山々がそびえ、せせらぎが涼しげな音を立てて流れていたり、首に鈴をつるした牛どもが寝そべったり草をはんだりしているのと同じ意味で、自然なものとして存在しているのではない。だが、人類は、湖水や山々やせせらぎのような自然なものとして映画を受け入れようとする姿勢を、文化的な伝統としてつくりあげた。そうではない。映画には歴史があり、しかるべき条件のもとでは消滅しても不思議はないごく不自然なイメージとサウンドだということを、ゴダールは『映画史』を撮ることで立証しようとした。

「思考する形式」としての映像と音響の連鎖は、いささかも自然なものではない。そのつど思考を刺激しながらもそこに形成される意味を一つに限定することのない映画は、人騒がせで始末に負えず、物騒きわまりないものだ。現実の複製であるかに見えて、その再現には決して行きつくことのない、裏切りの映像であり音響なのだ。であるが故に、人類は、ある時期、文化にさからう不自然さとして、つまりは「消費」しがたい芸術として、映画を必要としていたのである。だが、一〇年近くの時間をかけて撮りあげられた『映画史』の全八巻は、ほとんどの場合、多少は風変わりではあっても、本質においてはごく自然なものとして、湖水や山々やせせらぎを見るのと同じ無邪気な視線によって、大量に「消費」されてしまう。またしても、ゴダールの孤独が確立する。こんどは、より深刻な救いのないものとして。それが孤独であるのは、「消費」が行きわたらせる同時代的な連帯をこばんでいるからだ。そのゴダール的な「孤独」を擁護することは、しかし、いささかも「ゴダール革命」の身振りにはつながらない。

確かに、いま、そんな孤独に陥っている映画作家はゴダールだけかも知れない。だが、徹底した他人の体験にすぎないそんな孤独を特権的に例外視することは、映画に向けられた思考の怠惰さの証明でしかあるまい。だから、わたくしたち（とは、だれか？）は覚悟を決め、映画はもはやゴダールなど必要としていないと断言する勇気を持たねばならない。それが半分しか正しくないいささか虚構めいたものだとしても、ゴダールなしの映画史を想定しなければならない。それが、ゴダールの否定とはおよそ異なる厄介な振る舞いであることは承知のうえで、より深刻で救いのない孤独を、「第二、第三のヴェトナム」というかたちで、あと二つか三つ作りださねばならない。

「ゴダール革命」という言葉が要請しているのは、その二つ目の、あるいは三つ目の孤独の創造にほかならない。それが現実の創造なのかそれとも虚構のそれでしかないのかは、この際、どうでもよろしい。そんな要請へと人を導く映画作家がゴダール一人しかいなかったことも、ひとまず忘れたことにしておこう。映画に向けられる視線が、湖水や山々やせせらぎといった自然を受けとめる瞳とは異なるものであることさえ明らかにしうるなら、その孤独が現実のものであろうと虚構であろうと、事態に大きな変化は生じまい。

『ゴダール革命』は、その創造をめざして書かれているが、その企ての失敗に成功するかどうかをあらかじめ知っておくことなど、身分不相応の贅沢としてみずからかたく自粛しておくつもりだ。

『アワーミュージック』

付録　特別インタヴュー・追悼文

憎しみの時代は終わり、愛の時代が始まったと確信したい

――『右側に気をつけろ』を撮り終えて

ジャン＝リュック・ゴダール
インタヴュアー＝蓮實重彦

「九十分の作家」ゴダール

――処女長篇の『勝手にしやがれ』から最近作の『ゴダールのリア王』にいたるまで、あなたの作品のほとんどは、ほぼ一時間半という長さにおさまっています。ジャン＝リュック・ゴダールという監督の特質は、現代ではきわめて稀になった「九十分の作家」だといえるでしょう。『気狂いピエロ』が例外的に一時間五十二分、『男性・女性』もほぼそれと同じ長さですが、残りの作品のほとんどすべては、少なくとも商業的な公開を目的として撮られたものは、計ったように正確に九十分という上映時間におさまっています。あな

たが、一時間半に執拗にこだわっておられるのは、理由もなく長くなってゆく最近の映画全般に対する批判がこめられているのでしょうか。

ゴダール　他人の悪口をいうのはいつでも気持ちのいいものだから、そうだといっておきたいと思いますが（笑）、最近では、批判するほど映画を見なくなっています。しかし、私があらゆる映画を一時間十五分から三十分に仕上げようとしているのは事実です。だが、それは実にむつかしい作業で、すっきり編集できたのはほんの二、三本しかない。あとは、いつでも苦労の連続です。本当なら、こんな苦労をしないで、いっそ七、八時間の映画にしてしまいたい。だが、テレビ番組向けの作品を除いてそうした作品を撮ってはおらず、難儀しながらも一時間半の映画を作っているのです。

――『二人の子供のフランス漫遊記』や『6×2』といったテレビ向けの長い作品でさえ、一回の放映分は厳密に編集されています。

ゴダール　映画というものは、そもそもが十分間の見世物として始まったわけです。それに、ヌーヴェル・ヴァーグの作家たちはみんなアメリカ映画に熱狂していたのだが、かつてわれわれが愛したハリウッド映画のほとんどは、二本立て番組の前座として上映される作品の方で、その上映時間は正確に一時間十五分におさまっていた。

――いわゆるB級映画という奴ですね。『勝手にしやがれ』が捧げられているモノグラム社の作品も七十分から八十分という上映時間が多い。

ゴダール　本篇というか、いわゆる上質の作品の方は、その一時間十五分の映画の後で上映されたものですが、われわれは、短いB級の方が好きだった。『リア王』も、本来なら一時間十五分ぐらいの作品なのですが、プロデューサーからせめて一時間半にしてくれといわれて、前半に導入部的なものを挿入したのです。

――オーソン・ウェルズを始め、あなたが敬愛する作家たちのポートレイトで構成した部分ですね。

ゴダール　そうだ。もちろん、導入部をつけたして全篇を一時間半にまとめた『リア王』の仕上りには満足していますが、私の気持ちとしては、『リア王』は一時間十五分で充分だった。『ゴダールのマリア』の場合も一時間十分程度に仕上げ、アンヌ＝マリー・ミエヴィルの短篇『マリアの本』と合わせて一つの番組にしたものです。しかし、こうした上映時間の映画の編集は実に厄介なのだ。いま編集中の『右側に気をつけろ』もほぼ一時間半になるはずですが、ごらんの通りまだ完成していません。〔と、編集台を示す〕

――本来であれば、ロカルノ映画祭で世界初公開されるはずだったものですね。未完成で上映中止が決定したときは、ずいぶん残念な思いをしたものですが……。

ゴダール　東京国際映画祭までには何とかできあがるでしょう。ところで、奇妙なことに、この一時間半という上映時間は、ほかの人にはどうもうまくおさまりきらぬ時間のようです。しかし、二時間何分という映画はいくら何でも長すぎる。それなら、どうして二本の映画を作らないのか。その方が、ずっと面白いだろうと思う。

誰も一時間半の映画を作れずに、上映時間がどんどん長くなってゆくという現象は、ことによると、集団的な映画作りの精神が失われ、作者ばかりが孤立してしまったことと無関係ではないかもしれない。いまの撮影システムでは、監督は恐ろしく孤独です。スタッフの側からの積極的な加担というものが期待できないからです。そもそも、いまではスタッフが撮影中の作品を信じようとはしない。全員で一本の作品を完成させようとする意志も熱気も見当りません。最初に監督を裏切るのはスタッフなのです。作家に対する信頼が失われ、集団的な作業が成立しえなくなっているのです。

はじめは、私自身の性格のせいでうまくいかないのかとも思ってみましたが、どうもそうではなさそうだ。スタッフが撮影中の作品を信じようとしないという現象は、いたるところで一般化している。孤立無援の監督は自信がないものだから、あれこれいろいろなものを作品につめこみ、心配になって、無駄な部分をつけたさずにはいられないので、いきおい、映画は長くなってしまう。いまでは、映画を作れる人なんていないのです。かろうじて映画を作らされている人たちがいるだけです。だから、あれこれ無駄なものを掻き集めて映画にぶちこんでしまう。

その点で映画はずいぶん変わりました。監督が作家になったのは結構なことですが、その立場は孤独きわまりないものです。

——どうしてそんなことになってしまったのでしょう。

ゴダール　理由はいくつか考えられるが、最大のものはテレビだと思う。テレビジョンが、スタッフから家族的＝集団的な熱気を失わせてしまったのです。テレビの場合、本当の作り手はスタッフではなく、視聴者なのですから。また、テレビというものは、機械としてのメカニズムを作る連中のことでもあります。その意味では、日本人にも責任がないとはいえない（笑）。詳しいことまではわからないが、私も一応は日本のビデオ関係の技術に関心を持ち、いろいろ試みてみたことがあります。技術文明なるものがどういう状況にあるかを知ることには、たえず興味があるからです。音響に関しても、ある時期、しかるべき日本のメーカーはかなり満足すべきものを作りはした。しかし、技術者というのは子供みたいなもので、玩具を与えられて遊んでいるうちはいいが、二年もすると飽きてしまって別のものを発明しないと気がすまない。しかし、デジタル・サウンドにしても、期待された成果を生んでいない。彼らは、音響製品を作っても音を聞かない。映像器具を作っても映像を見ない。だから、間違った製品を平気で作ったりしてしまう。だから、すべては途方もない速度で進んでいながら、結局はいつまでたっても同じことなのです。テレビがお得意なズームという奴のようなもので、とりわけスポーツ中継のときには耐えがたい。選手が遠くにいるとキャメラがズームで近寄り、こんどは選手が近くに来ると、もう飽きてしまってズームを引いて遠ざかるというあれです。技術はこうした退屈さしか生まないのです。ドルビー・サウンドの使い方にしても同じことがいえるでしょう。

――あなたは『ゴダールの探偵』で初めてドルビーを使われましたが、およそ大スペクタクルとは無縁の『ゴダールのリア王』の音響のスペクタクルには圧倒されました。

ゴダール 戦車が近づいてくると戦車の音が大きくなって画面を横切るといった退屈で単調なドルビーの使い方にはうんざりさせられていますから（笑）。そういうことを平気でできる連中は、ごく単純にいって頭が悪い。子供なんです（笑）。

工場と家庭の幸福な調和

――頭の悪い子供ばかりが映画を撮っているという現状も、やっぱりテレビのせいでしょうか。

ゴダール やっぱりテレビのせいです（笑）。事実、日本映画は死んでしまった。ドイツ映画も死んでしまった。かつては強力であったアメリカ映画も旗色が悪い。フランス映画は国家援助のもとで何とか持ちこたえていますが、これも長くは続かないでしょう。しかし、問題はテレビばかりではない。時代というものもあるだろう。芸術という概念はギリシャで生まれて二千年の歴史を持っていますが、その間にいくつもの上昇や下降を体験した。だから、いま映画がこういうことになっても不思議はないのです。それに、現代芸術といわれるもののほとんどは、二十世紀の初めにピカソやストラヴィンスキーで出つくしている。映画は、そうしたものの最後に登場し、しんがりをつとめることになったわけです。映画は第七芸術と呼ばれるのは、故のないことではありません。七日ある一週間の最後に現われたのが映画だったと考えればいいでしょう。

そういうわけで、映画はうまくいっていないが、ある意味では、結構なことでもあるといえます。前よりもずっと自由になったし、好きなことができるからです。しかも、状況が悪化したにもかかわらず、ますます多くの金が投資されるようになっている。というのも、テレビは映画がないとやっていけないからです。テレビは、いまだ、映画がそうであったようなフィクションの形態を作りえずにいる。映画だけが、小説とも絵画とも異なる特殊なフィクションと芸術の形態を作りえたわけで、百人もの人間が、四カ月の間、一種の夢のような時間を体験する。給料は保証されている。美しい女は沢山いる。景色は申し分ない。これは絶対的な夢の時間で（笑）、いつかはその夢も消えてしまうだろう。その場合は、別の映画を撮るための新たな夢が始まるわけですが、観客たちは、撮影に費されたこうした夢のような生活の何かを感じとるのだと思う。実社会では非常に離れたところにある工場と家庭とが、そこでは一つのものになっているのです。労働の場としての工場に全員が参加していながら、しかもそこには家庭的な集会が日々くり返される。父親がいる、母親がいる。兄弟姉妹がいる。恋人たちがいる。仲間たちがいる。実際の生活ではありえない工場と家庭とが一つに融合しているのが映画の撮影です。

しかし、労働と家庭生活との夢のような調和は長くは続かない。何かがうまくいかなくなったときに撮影は終りになるのです。しかしテレビにおいてさえ、工場と家庭の夢のような融合といったものの何かがその根底に残っていて、視聴者はそれを敏感に感じとっている。映画のようにして撮られたドラマなどがスポーツ中継やバラエティ番組にもまして好まれる理由はそこにあります。もちろん、テレビでも、家庭と工場との夢のような一致といった仕事はできると思う。百人だった家庭が十五人に減少したというかたちでそれはいまでも可能なはずですが、実践的な質というものは失われてしまうのです。

――映画撮影に独特な工場と家庭との幸福な調和という点からして、あなたの作品の舞台装置の多くがホテルであるということはどう考えたらいいでしょう。『カルメンという名の女』も『ゴダールの探偵』もホテルが特権的な空間をかたちづくっていますし、『ゴダールのリア王』も『パッション』もそうです。そもそも処女作の『勝手にしやがれ』が安ホテルの一部屋を舞台としていましたし、『アルファヴィル』など、まるでパリのグランドホテルが撮影所のセットのように使われていました。

ゴダール　ホテルねえ。ホテルに特別の意味があるとは思わないが、それはたぶん、私がまだ自分の家というものを持ったことがないという事実がそこにあるかもしれない。ホテルというのは、一種の通過点であって、私は昔から、そうした場所としてのホテルが好きだった。それに、いまでは私はたいそう小規模なスタッフで撮影していますが、そうした場合、ホテルの従業員たちがいわば第二班をつとめてくれる（笑）。たしかに、これまでいろいろなホテルを使って撮影してきましたが、それらはいずれも自分のよく知っている場所です。

二十世紀初頭の偉大な小説家や書簡作家や作曲家などは、いずれもホテルに暮していた。――あなたがよくホテルで撮影されるのは、そこがあなたにとっての亡命の地というか、国籍離脱の可能な場所だからではないでしょうか。

ゴダール　それはありうる。大いにありうることだ。とりあえずの通過点としてのホテルで、ヴァカンスに似た気分で人びとが出会う。もっとも、通信や交通の発達で人と人との出会いが容易になったというのは間違いだ。いま人びとは驚くほど個人主義的で、愛国主義的で、国家主義的で、人種差別主義的にさえなっており、まるで中世が復活したかのような野蛮さに戻っている。車を運転している連中は車の中で個人主義者に徹し、合衆国では信号が青いうちに交差点を渡り切れない人に向って発砲したりする始末だ（笑）。ある種の国家主義への復帰がいまいたるところに観察できるわけで、実は映画というものは、昔から深く国家主義的なものでした。国際的な映画というものはいつでも失敗してきた。事実、スペインで撮った西部劇はアメリカで撮った西部劇ほど面白くはなかった。

私にとってのホテルとは、そこにすべてがそなわっている小さなスタジオのようなものです。寝ること、食べること、すべてがそなわっていて、さっきもいったように、あらかじめ雇い入れた第二班としての従業員たちが舞台装置をみたしてくれて実に便利な場所なのだ。ホテルか……。ホテルにカフェ。この二つは実にフランス的なものです。

ヌーヴェル・ヴァーグは家庭だった

――カフェといえば、『カルメンという名の女』のシナリオには、あなた自身が演じる失業中の映画監督が、『現金に手を出すな』でジャン・ギャバンが入って行ったカフェに入り、そこで主人のレイモン・デュボスと思い出話をすると書かれていましたが、このシーンは結局撮影されなかったのですね。

ゴダール　そんなことが書かれていましたか。すっかり忘れてしまった（笑）。

――いや、実はそのことを直接にうかがいたかったわけではないし、『現金に手を出すな』の場合は撮影所に作られたセットのカフェなのでそれと同じところに入って行くことは不可能なのですが（笑）、私の興味を惹いたのは、むしろ『カルメンという名の女』の撮影準備中にジャック・ベッケルの名前があなたの頭の中に浮んだということの方です。最近作の『ゴダールのリア王』の導入部には、フリッツ・ラングやジャン・ルノワールを始め、あなたにとっての何らかの血縁関係がある作家たちの肖像写真が沢山出て来て、その中にフランソワ・トリュフォーの写真もあって感動的なのですが、私はジャック・ベッケルの写真の登場をいまかいまかと待っていました。ついに登場しなかったのですが……。

ゴダール そうだ、ベッケルは入れるべきだった。気に入った写真があれば必ず入れていたはずの監督です。あまりに商業的に当ってしまったので『肉体の冠』にはいい印象を持っていなかったが、『現金に手を出すな』は大好きだし、『幸福の設計』や『エストラパード街』などのコメディも素晴らしかった。

――ベッケルは、あなた方にとっては長兄にあたるような存在でしたが、ヌーヴェル・ヴァーグというのは、いわば一種の家族のようなものだったわけでしょう。ジャン・ルノワールが父親で……。

ゴダール ルノワールはむしろ大伯父というべきでしょう。父親は存在しなかったのです。しかし、ヌーヴェル・ヴァーグは明らかに一つの家庭だった。ジャック＝ドニオル・ヴァルクローズやアンドレ・バザンといった精神的な親類がいて、フランソワ・トリュフォーは、のちに、アメリカに行くとよくルノワールに会いに行くというように、こうした家庭的な絆に強く執着するようになってゆく。

――トリュフォーの場合は、『ヒッチコック／トリュフォー』を編集したりするように、多くの映画作家たちとの血縁の証明を行ないますが、あなたの場合は、時折りサミュエル・フラーやフリッツ・ラングを作品に登場させたりしてはおられても、そうした家族の中ではむしろ孤立して映画を撮っておられたという印象があります。

ゴダール それはたぶん、少年時代のトリュフォーに真の家庭が欠けていたからでしょう。子供のころの私は、むしろ家庭に恵まれていた。だから、のちになってヌーヴェル・ヴァーグの家庭的な雰囲気からは逃れようとしました。その結果、いまではいささか孤独に苦しんでいるわけですが……。

――いま、あなたは、パリを遠く離れたスイスの小さな町で『右側に気をつけろ』を一人で編集しておられますが、詩人ポール・ヴァレリーの文章を読むと、よく、スイスの銀行家モノ氏の家に招待されて休暇を過すといった記述が出て来ます。あの方は、あなたのお祖父さまにあたるのですね。

ゴダール そう、私の祖父はヴァレリーの友人でした。祖父は二十世紀初頭のフランスの文人たちと多くの親交があり、だから私が青年時代にパリに出たときも、そうした家庭的なつながりから多くのつき合いもできたのです。私の場合は、少なくとも二十歳まではプロテスタントの大家族の一員として保護されていたが、トリュフォーの場合は、そうしたものがなかったので、後になって家族を再構築する必要があったのでしょう。

――あなたの場合は、直接的な家族の再構築の必要はなかったわけですが、作品を誰かに捧げるというかたちで血縁を証明しておられる。長篇第一作の『勝手にしやがれ』は……。

ゴダール　ああ、あの場合はアメリカのある会社への献辞が入っています。ひどい映画ばかり作った会社でしたが。

――B級専門のモノグラム社に捧げられていましたね。モノグラム社のどれか特定の一本とか特定の監督とかを考えておられたのですか。

ゴダール　いや。あの会社の体質みたいなものに捧げたわけですが、献辞というのはあまりよい習慣だとは思えない。最近ではあまりやらなくなっています。

――でも『ゴダールの探偵』は、ジョン・カサヴェテス、クリント・イーストウッド、エドガー・G・ウルマーという三人のアメリカの監督に捧げられていました。ウルマーは、やはり典型的なB級作家ですが。

ゴダール　確かにそうだ。しかし、献辞というものはどこかロマン主義の名残をとどめているようなところがあって、そろそろやめなければいけないと思う。

『リア王』をめぐって

――では、『ゴダールのリア王』の場合はどうなのでしょう。もちろんこれは直接的に捧げられているわけではありませんが、『リア王』がオーソン・ウェルズが実現しえなかった最後の企画だったことを知っているわれわれには、この映画はジャン＝リュック・ゴダールによるオーソン・ウェルズへのオマージュと見えますが。

ゴダール　そう、『リア王』はオーソン・ウェルズの最後の企画でした。できれば、彼と一緒にやりたかったものですが、不幸にしてウェルズは亡くなってしまった。そこで考えたのは、誰か有名な演出家に指導されて芝居の練習をしている人たちのドキュメンタリーのようなものを撮りたいということだったのです。その後、ノーマン・メイラーに来てもらったがうまくいかなかった。彼は途中でいなくなってしまったので、アメリカの芝居の若い演出家に出てもらって完成させました。

――ウイリアム・シェークスピアの後裔を演じているのですが、あの男が素晴らしい。

ゴダール　彼は奇妙なことにピーター・セラーズという名前なのですが、亡くなったピーター・セラーズとは違って、たしか綴りがEのかわりにAだったと思う。この男が実に協力的で、演じながら貴重な提言をいろいろしてくれて助かりました。たとえば、水辺に坐って波にぬれる場面がありますね。あそこでは彼自身が、自分からもっと水に近づいて波をかぶろうといったのです。こうした協力者というか共犯者を得ることはとても稀なので感謝しています。ほとんど作者のように作品に加担してくれたのです。彼は、ウイリアムを祖先に持つシェークスピア五世として私を戯曲『リア王』へと導く道案内のような存在でした。

自分が演出家なので、実際に自分で演じるまでにはずいぶん迷っていたようです。コッポラのところのプロデュースを担当しているトム・ルディーに紹介してもらったのですが、彼と出会えたのは幸福でした。『リア王』は四人のスタッフだけで撮った映画です。監督の私と、キャメラと録音と助手の四人です。少人数なのでチームワークは申し分ないが、非常に疲れます。そうしたときに、役者がスタッフに積極的にかかわってくれるのは大変ありがたい。

――ピーター・セラーズが作品と深くかかわっていることは見ていて手にとるようにわかります。歩き方ひとつとっても素晴らしい。

ゴダール　彼のような協力者を得られるのはまったく例外的です。

――『汚れた血』の若い監督レオス・カラックスが顔を見せていましたが……。

ゴダール　あれは、彼の方から何かやらせてくれといって来たので出てもらったものです。『汚れた血』は好きな映画ではあるのですが、もっと単純であっていいはずの映画を、必要以上に複雑に撮っているような気がします。

ゴダール　まさにそうだと思う。映画というものはもっと単純なものだ。もっとも、一本の映画の中にはいくつもの単純さがからみあって複雑なものにはなってくるが、もっと単純に撮ってよい。

――『ゴダールのリア王』は、まさにその単純さの勝利だと思いますが、バージェス・

メレディスとモリー・リングウォルドという二人のアメリカの役者たちは、そのゴダール的な単純さの前にとまどわなかったでしょうか。

ゴダール ハリウッドとは比較にならぬ小規模な撮影を最初は面白がったようだが、その興味はあまり長くは続かなかった。バージェス・メレディスは御承知のように偉大なるプロフェッショナルだから、頼んだことはやってくれた。職業的な鍛練をつんだみごとな俳優だから、台詞廻しも堂に入っている。だが、その集中度は一日と持たなかった。モリー・リングウォルドの方は、ハリウッドでは人気のあるちょっと名前の出かかった女優だが、彼女も一週間が限度でした。もっともこの二人は、契約書の上でその名前を出してはいけないことになっていた。たぶん、いつももらう給料よりもずっと少ないという理由からなのだろうが、そのことを利用して、『リア王』にはクレジット・タイトルをつけなかった。最後に出るウッディ・アレンにしても同様です。彼らの名前を宣伝などに使う権利が私にはなかった。「名前」を求めた結果、その「名前」がわれわれにそれを発音することを禁じたというわけです（笑）。

——だから、『勝手にしやがれ』いらい、クレジット・タイトルのない映画ができあがった。

ゴダール いや、製作会社の名前だけはちゃんと入れてあります。キャノン・フィルムと（笑）。しかし、クレジットに関していうと、私はかつてのアメリカ映画のものが大好きです。会社名、監督、大スター等が出て数秒で終ってしまうような簡潔なもの。さもなくば、サッシャ・ギトリがやったように、「何々夫人に捧ぐ」といった感じのもの。いずれにしても最近の映画のタイトルは長すぎる。

――スタッフ、キャストが出ていないので、ロカルノ映画祭での上映の直後、ジャン・ルーシュを始め何人かの人が集まっていったいキャメラは誰だろうと詮索していました。

ゴダール キャメラは前もって公表してあります。映像担当はジョージ・イーストマン・コダックと（笑）。いや、実際に撮影にあたったのは最近のエリック・ロメールのキャメラを担当している女性がやってくれました。

――あ、『緑の光線』を撮ったソフィー・マンティヌー。それで、『ゴダールのリア王』にもいささか素人っぽいズームが見られるのですね。

ゴダール なに、私の映画にズームがありましたか。

――ええ、シェークスピアの後裔を演じるピーター・セラーズがスニーカー姿で森の中を歩くところ……。

ゴダール そうか。しかしズームは一回だけでしょう。私がキャメラをソフィーに頼んだのは、彼女が少人数の撮影になれているからです。さっきもいったように、スタッフに裏切られないためには、できる限り小さな撮影隊を組まなければならない。映画は、映像と音響があれば少ない数の人間でもできるのです。編集は私自身が担当する。こういうことをしていると疲労がかさなり、ますます孤立してしまいますが（笑）……。『ゴダールの探偵』の場合は注文されて作ったもので、スターも沢山でていたし、スタッフも多かった。『ゴダールのマリア』を仕上げるための資金が必要だったので、あえて他人のシナリオをうけいれて撮ったものですが、『右側に気をつけろ』をすぐ撮ったのもそれと同じ理由によるものです。『リア王』の監督料として受け取った小切手が不渡りで現金にならなかった。だから、それをカヴァーするために、また大会社の仕事を引きうけざるをえなかったのです。本当をいうと三年か四年に一本といったペースで映画を作ってゆきたいのだが、そんな芸当はいまの私にはとてもできない。テオ・アンゲロプロスは、ギリシャという小さな国で映画を撮り続けることの困難をさかんに強調しているが、あれだけの長いワンシーンのショットが撮れるんだからそれで満足すべきなんだといいたい。私には、あんな贅沢な撮影をしている余裕はとてもないのです。そもそも、ギリシャは小国じゃあない。数千年の芸術の歴史を持つ超大国なのです（笑）。

二本の映画を組み合わせる

――フランスが芸術の超大国かどうかはわかりませんが、私が驚かされ、また感動しもしたのは、『ゴダールの探偵』のジョニー・アリデーの存在です。とりわけ、現代フランス社会が、あれほど陰影豊かな表情を提示できるとは思ってもいませんでした。ジョン・ウェインとはいいませんが、かつてのハリウッドの大スターのような存在感があって……。

ゴダール そうなんです。彼はとてもよくやってくれました。しかし、現在のフランス映画はああいう顔を積極的に活用することはできないし、また見る方も、ああいう表情に接することを望んでいない。だから残念ながらジョニーもこうした経験をくり返すことはないでしょう。職業的な役者ではなく、ショウ・ビジネスの人間としてのプロフェッショナル意識からだと思うが、彼はこの映画に実に深く加担してくれました。『リア王』のピーター・セラーズとは違った意味で、作品にとっての最良の共犯者となってくれたのです。

――しかし、彼を含めて、『ゴダールの探偵』に出ている役者たちが浮べている深い悲しみの表情というか、心理を超えたすさんだ容貌はどうもただごとでない。あれはいったいどこから来ているのでしょうか。

ゴダール それはきっと、誰も本気でこの映画を作りたいと思っていなかったからでしょう（笑）。ジョニーをのぞくと、この作品を信じてくれた人はひとりもいませんでした。女優にナタリー・バイを選んだのは私の失敗です。注文で撮る作品には、しばしばこうした妥協がまぎれこんでしまいます。

『ゴダールの探偵』はノスタルジックな作品というか、いくつもの家族が家庭ごっこをする。贋の家族というか、ゲームとしての家族です。夫婦の家族、マフィアの家族、ボクサーの家族、探偵の家族、そうしたものがもはや存在しない家庭を演じるふりをする。それらしい衣裳を着てかつての家庭を再現するゲームに興じるわけです。私が小さかったころ、家族ゲームというカードで遊んだものですが、そうしたものです。いろいろなカードを集めて家庭を構築するというゲームなのです。

しかし『ゴダールの探偵』はうまくいかなかった。自分の撮っている映画の資金を得るために同時に二本の作品の契約をするといったことはもうやめたいと思っています。ところがいまもまた、『リア王』のために『右側に気をつけろ』を撮り、苦労して仕上げている始末です。

――でも、二本の映画を同時に撮るというのは、『メイド・イン・USA』と『彼女について私が知っている二、三の事柄』とをほとんど同時に撮っておられるように、あなただけにできる特技ではないでしょうか。

ゴダール でも、そういうことはもうやりたくない。

――『ゴダールのマリア』とアンヌ＝マリー・ミエヴィルの『マリアの本』とを同時に封切るというのは別の問題ですが、この二本で一つのプログラムを構成しているのは、映画史で最も美しい協力関係だと思います。私はミエヴィルの『マリアの本』が大好きなのですが……。

ゴダール ああ、これはとてもうまくいきました。二人で別々に撮っているうちに、出来上ったものが何か共通点があるので、二本で一時間半の作品にしたのです。別々に上映されると困るから、ネガの段階から一本の作品として編集したのですが、それがどうもあまり評判がよくなかった。ゴダールがミエヴィルを売出すために保護者的に振る舞っているとか、そうした話が持ち上って、もう二度とできないでしょう。私としては、何もミエヴィルに限らず、自分が好きな人の作品に自分の短篇をそえて一つの番組を作るといったことをもっとやってみたいと思っていますが、はかばかしくことが進まない。漠然とした案ですが、たとえば『カルメンという名の女』にも出てもらったジャン＝ピエール・モッキーの作品に自分の短篇をつけて一つの番組にしてみたいし、モッキーに限らず、誰かと二本の中篇を撮り、それで二時間の番組を作るといったこともやってみたい。しかし、アンヌ＝マリー・ミエヴィルに関してはもうああした試みはできないでしょう。彼女もこんど長篇を一本撮りましたが、私の名前が彼女にとって不利にはたらいてしまうのです。

――でも、実際に映画を見てみれば、『ゴダールのマリア』を構成する二本がみごとに補いあった理想的な組み合わせだと素直に納得できると思うのですが……。

ゴダール　連中は何もいうことがないので、名前だけでものをいうのです。テレビは、対話というか、そうした話題をめぐって話をする能力を確かに高めはしました。だが、見る能力、聴く能力の進歩に関しては何ももたらしてはいない。私が『リア王』にクレジット・タイトルをつけなかったのはそのこととも関係を持っています。ふと、知らないメロディを聞いて、ああ、これは何だろうと惹きつけられることがあるでしょう。それと同じように、美しい映像に惹きつけられて、ああ、これは何だろうと人びとに思ってもらえるような映画を作ってみたいのです。しかし、名前がわからないということは人を不安におとしいれます。新聞やテレビも、一年間ぐらい絶対に固有名詞を使わず、たんに、彼、彼女、彼らという主語で事件を語ってみるといい。人びとは名前を発音できないために不安にもなるでしょうが、題名も作曲者もわからないメロディにふと惹きつけられるように、事件に対して別の接し方ができるかもしれません。

いま、人びとは驚くほど馬鹿になっています。彼らにわからないことを説明するにはものすごく時間がかかる。だから、生活のリズムもきわめてゆっくりしたものになってゆきます。しかし、いまの私には、他人の悪口をいうことは許されません。ますます孤立して映画が撮れなくなってしまうからです。馬鹿馬鹿しいことを笑うにしても、最低二人の人間は必要でしょう（笑）。

憎しみすら映画から失われていく

――かつてのヌーヴェル・ヴァーグの仲間たちとはあまり会われないのですか。

ゴダール　あまり会う機会もなく、このスイスの小さな町で一人で仕事をしています。

『リア王』のピーター・セラーズのような共犯者に出会えたのは、過去二十年で初めてです。そうした共犯者的な人間はことによると、どこか外国にいるかもしれないが、いま、ここにはいない。さいわい、アンヌ＝マリー・ミエヴィルという協力者には恵まれていますが、いまの私はひどく孤独なのです。

——ロカルノ映画祭の「作家の映画」をめぐるシンポジウムで、あなたは、かつての僚友で不幸な別れ方をしたフランソワ・トリュフォーの文章を長く引用され、フランソワと私、つまり「われわれ」は、という言い方を何度もされましたが……。

ゴダール　映画批評家としてのトリュフォーは、フランスの芸術批評の伝統につらなる最後の批評家です。映画批評というのは、ほかのどの国にも存在しない独特なジャンルで、たとえばアメリカのジャーナリズム批評とも異なる特殊な形式です。「カイエ・デュ・シネマ」誌や「アール」紙を拠点としたわれわれは、ほかの誰もが認めようとしない小さな作品を必死で擁護しました。

私の感じでいうと、芸術批評という点で最初にくるのがディドロでしょう。それにボードレールが続く。芸術をめぐって深い知識を持った研究者や学者はたくさんいるでしょう。だが、ある作品をめぐってそれを誉め、その悪口をいう技術といったものは、ごくわずかな人によって担われていたにすぎません。ボードレールのあとに来るのがエリー・フォール。私の少年時代には、家では、よくベレンソンの名が出たものですが、私の気持ちの中では、エリー・フォールのあとにいささか創造性には欠けるが、アンドレ・マルローが来ます。そして、アンドレ・バザンとフランソワ・トリュフォーがそうした芸術批評の最後に位置することになります。もちろん、博学な理論家はたくさんいます。たとえば、ベラ・バラージュとか、ほかにいくらもいるでしょう。しかし、トリュフォー以後は映画批評は芸術批評として機能していない。その映画批評の退潮期にかろうじて批評を書いていたミシェル・クルノーのような人を私は評価します。いま、批評家といわれているミシェル・シマンは学者としてはともかく、彼の書くものが芸術批評だとはとてもいえない。

——映画が映画として機能しなくなり、批評が批評として機能しなくなったとき、映画は、否定的なかたちで大学という場にとりこまれてしまう……。

ゴダール　まさにそうだ。現代のアメリカ映画を見てみれば、大学で映画を教えるということがどんな結果をもたらすかは明らかでしょう。大学と、そして映画祭というやつがある。映画祭というものはテレビ向きのものなのです。あのちっぽけなブラウン管をながめていれば、誰だってお祭りにでも立ち合わずにはいられなくなる。テレビというものは文化なのです。かつて映画は文化であったことなどない。一九三〇年代に最初のテレビ放映が実験的に行なわれたときから、誰もそうとは気づかなかったが、文化とはテレビにほかならなかったわけです。映画は、それとは違ったものだった。

テレビで放映される映画とは、いわばファラオにとっての財宝のようなものです。それは現在ではなく、つねに映画の思い出にほかなりません。たぶん、あのブラウン管による画面の小ささが現在を消滅させてしまうのでしょう。

——かつて、あなたは、テレビには愛がないといわれたことがありますが……。

ゴダール　あの小さな画面を全世界に普及させてしまった責任は、日本人にあるというべきかもしれません（笑）。それを見て、いまの若い人たちは一本の映画を撮りたいと思う。かつてわれわれは、一本の映画を撮ることを目的としたことはなかった。われわれにとっては、それが映画であるかないかが問題でした。そして十年近くも批評を書きながら、あるとき、ちょうどスポーツ選手が自分の資質に目覚めるように、映画を撮ることになったのです。プラティーニにしても好きでサッカーをしていたわけで、世界選手権に出るためにサッカーを始めたわけではないでしょう。しかし、いま、そうした体験を通して映画に近づくことはごくむつかしくなっている。いまの若者たちは、ごく普通に映画館にかかるような映画を初めから撮りたいと思っている。しかし、いま人びとに愛されているエリック・ロメールが、かつてどんな映画を撮っていたかを思い出してほしい。彼は五〇年代には、16ミリのサイレントで何年間も中篇ばかり撮っていたのです。

私にいわせれば、映画とはごく単純なものだ。その単純さとは原子のような単純さということですが、部屋に三人の人間がいればそれでもう映画ができる。ビデオ・キャメラならどこにもころがっているから、それを撮ってまわりの者に見せればいい。私が『勝手にしやがれ』を作ったときは、男と女と自動車とがあれば映画ができると思っていたからです。そのことを教えてくれたのは、ロベルト・ロッセリーニの『イタリア旅行』でした。その単純なことを、ごく単純に撮ってみただけです。そうした単純さを、いま映画を志す人びとは回避している。映画は単純なものだと他人を説得することが、単純にはできないのです（笑）。

そういう人たちがいまスタッフとして映画を支えているわけですが、彼らが映画を愛しているかどうかは大いに疑わしい。事実、彼らはほとんど映画を見ていません。なかには、レオス・カラックスのような映画狂もいないではありませんが、むしろこれは例外的だし、いささか度を過したものにもなりかねません。ほかの人たちは、映画を愛していない。というより敬意をはらっていない。そんな人たちと一緒に映画を撮るには、さっきもいったように極端な少人数のスタッフを組むか、あるいは二百人ぐらいの大編成にするしかないでしょう。二百人もの人間にかこまれていれば、集中力も生まれてくるし、いろいろなことをいちいちくよくよ考えないですむでしょう。

四十年前の撮影といまの撮影とでは多くのことが違っていると思います。撮影から明朗さが失われてしまったのです。私は、それを悲しいとも思いたくないし、ノスタルジックにもならないつもりですが、監督というものの孤立ぶりが映画を変えてしまったと確信しています。全員がある不安の中で仕事をしているのです。彼らは映画を愛するふりをしていながら、映画を軽蔑しはじめてさえいるのです。彼らが求めているのは報酬と栄光のみ。しかも、職業的な鍛練といったものは、さまざまな器具の発明によって必要がなくなってくる。

しかし、そんなことをいっても、私は他人を憎む心が稀薄になってゆく。

——憎悪ですか?

ゴダール　憎しみを表現する心が失われてゆくのです。いや、本当は思ったことはそのまま表現すべきなんでしょうが、悪い映画を面と向ってこきおろすという気持ちが薄れているのです。しかし、それはよくないことだ。しかし、みんながそうした気持ちを失っている。われわれが若かったころ、ヌーヴェル・ヴァーグは、憎しみを直接的に表現しました。そうであればこそジャン・ドラノワに対してジャック・ベッケルを熱狂的に擁護することもできたのです。ところがいまでは、監督たちは、自分は職業的に映画を撮っているだけで理論的にものをいう資格はないといったりする。それは不健康だし、誠実な姿勢とはいえません。たとえば、先日のシンポジウムでアンゲロプロスは、「作家の映画」か否かといったこととは無関係に、自分はただ映画を撮っているだけだといって議論を回避しています。私が挑発しても答えようとしない。ああいうのはよくない、不誠実だと思う。ただ映画を撮っているだけであの長いワンシーン・ワンショットが撮れるでしょうか(笑)。

愛の時代の始まり

――たとえば、いまの状況だと、映画祭向けの作家というのができてしまって、国際映画祭に出品されることで過大評価されてしまう監督がいはしますまいか。決して悪い監督ではないのですが、イタリアでいえばエットーレ・スコラとか。

ゴダール　まさしくそうだ。たとえばスコラはルイジ・コメンチーニより遥かに下だし、アレッサンドロ・ブラゼッティよりも遥かに下だし、すでに当時大したものではなくなっていたピエトロ・ジェルミよりも下の作家です。要するにエットーレ・スコラが作っているのは、いわゆる「良質の映画」という奴で、戦前から存在していた種類の作家です。ネオ・レアリズモよりも、ヌーヴェル・ヴァーグやファスビンダーなどよりも前の古い作品です。しかし、そういうことを真正面から論じたてる人がいなくなってしまったし、またかりに悪口をいっても無視されるだけなのです。

私は、フランシス・フォード・コッポラをあまり批判したくない。彼にはどこか気狂いじみたところがあり、むしろプロデューサー的な資質に恵まれていますが、演出家としては明らかに才能を欠いている。ほかに、マーチン・スコセッシにしても、ブライアン・デ・パルマにしても、デビュー当時は何かを持っていた。しかし、いまでは何ということもない作家になってしまっている。しかし、そうしたことに深く腹を立てる気持ちが私から薄れてしまいました。悪口をいうとそれがいかに高くつくかということを思い知らされていますし、また、みんなそれを知っているので、議論を避けて自分の映画を作っているだけです。

憎しみの気持ちが私から去ってしまった、というより、憎悪することができればどんなによいかと思うのですが、状況がそれを許さない。憎しみがあったから、誰も擁護しない映画を熱烈に支持することもできたのですが。

——あなたにとって、憎しみの時代が終ったとすると、いま、愛の時代が始まっているといえはしないでしょうか。

ゴダール　そうであることを望んでいます。

——『ゴダールのマリア』は偉大な愛の映画です。

ゴダール　私にとって愛の時代はもう少し前から始まっているかもしれない。

——『勝手に逃げろ／人生』でしょうか。

ゴダール　自分ではそんな気がしています。

——映画にかかわる人たちが映画への愛を喪失し始めたころから、映画に対する大きな肯定の力があなたの作品を貫き始めた。しかし、映画への愛を口にするのは簡単なことです。問題は、映画によって愛されているかどうかではないでしょうか。そして、ジャン＝リュック・ゴダールは映画によって愛されてしまった。そして、映画によって愛されてしまったことの途方もない苦しみを語る時代から、いま、それを素直に肯定する時代にさしかかっているのではないでしょうか。

ゴダール うーん。自分のことはともかく、その言葉で他人のことは説明できるでしょう。確かに、ジャック・ベッケルは映画に愛されていた。ジャン・ドラノワは愛されていなかった。マックス・オフュルスは映画に愛されていた。そのことは間違いない。

しかし、愛というのは、ギリシャ以来の問題でしょう。神々によって愛でられたるものという考え方ですから。神々に対する信仰ということになるでしょうが、神という観念を発明したのはどうも男性だと思う。女性が神を発明したとはどうも思えない。たとえば、アンヌ＝マリー・ミエヴィルは、私などにくらべて家庭的に遥かに強く映画を禁じられて育ってきた女性です。少女時代は、両親によって映画に行くことを禁じられていたからです。私などは、家族をだまして、その目をかすめて映画館通いをしていましたが（笑）、彼女はそうすることができなかった。ところが彼女は、その状況の下で、部屋を暗くしてプラトンの洞窟さながら家族の写真を壁に投影することで切りぬけていたのです。そうすると、映画を神として信仰しながらたえず映画館通いをしていた私などより、彼女の方がもっと直接的に映画を必要としていたといえるような気がします。『（ゴダールの）リア王』に、小さな靴のケースをプロジェクターにみたてた部分がありますが、それは彼女のそうした体験をもとにしたものなのです。

――『パッション』の冒頭にしてもそうですが、ほぼ『勝手に逃げろ／人生』からあなたの映画に空が登場します。それは、『気狂いピエロ』のラストの海辺の空とやや異なり、光の射してくる場としての空といいましょうか、光という要素があなたの作品の主題となり、それは『ゴダールのリア王』まで一貫しています。この光ということと、愛の時代ということと何か関係があるでしょうか。

ゴダール　そう、大地と空ということです。これは最も重要な要素ですから。『右側に気をつけろ』は「地上の一つの場所」という副題を持っていますが、飛行機がかなり出てきて、物語はしばしば空で起ります。写真術的にいっても基本的な要素でもあり、空からの光というものが私の映画の主題となったというより、特権的な被写体となったのだといえます。

――『パッション』の中の映画監督は、光がうまくいかないといって悩みます。しかし、見ている限り、この映画の光は素晴らしい。

ゴダール　あれにはちょっと困りました（笑）。確かにキャメラのラウール・クタールの作り出した照明はみごとなものだったからです。しかし、光がうまくいかないというのがあの映画の原則でしたから、そのまま残さざるをえなかったのです。

オマージュとゴダール自身の出演

――『右側に気をつけろ』はジャック・タチに対するオマージュでしょうか。題名からして、ジャック・タチ主演でルネ・クレマンが監督した短篇映画『左側に気をつけろ』からとられていますが……。

ゴダール そうです。ジャック・タチの肖像写真は『リア王』にも入れておきましたが、こんどの映画では、さっきもいったように飛行機がよく出てくる。そこで、タチの名前とよく似たTATという会社の飛行機を選びました。そのあとにIをつけるとTATI（タチ）となるので、もっとはっきりするでしょう。小さな字でもかまわないので、Iの字を入れさせてもらえばよかった（笑）。

――『ゴダールのリア王』、『右側に気をつけろ』がそれぞれオーソン・ウェルズ、ジャック・タチへのオマージュだとすると、献辞のあるなしにかかわらず、一本の映画は、必ず誰かに捧げられるという性格を持つものでしょうか。

ゴダール いや、たまたまそうなったというだけで、そうしなければならないという気持ちはもう持っていません。若い時分には、自分の位置の確認のためにそうした試みをよくしたものですが……。

――もちろん、『ゴダールのリア王』はまぎれもないゴダールの作品です。音響、映像、そしてその組み合わせのすべては高度にゴダール的ですから、オマージュといっても模倣があるとかそういうことではありません。しかし、ウェルズやタチが必ず自分の映画に出演するように、ここであなたは道化の役で出ておられる。

ゴダール　うーん(笑)。いや、『右側に気をつけろ』にも自分で出演しているのですが、自作自演という形態はそれでしばらく終わりにするつもりです。あと七、八年もすると、また違ったかたちでやってみるかもしれませんが……。

――『勝手に逃げろ/人生』から、あなたの作品には映画監督の役があったり、あなた自身が出演したりした作品が続いています。『カルメンという名の女』では、あなたがジャン伯父さんとしてゴダールという監督を演じておられる。いっぽう、最後にスローモーションの死を演じるジャック・デュトロンはポール・ゴダールという役名ですが。

ゴダール　ああ、あれは一種の誠実さへの配慮から出た命名です。ゴダールという名前をつけておけば、何かがうまくいかなくても、悪いのはゴダールであってジャック・デュトロンではないという逃げ口上が可能となるからです。それから、小説でもそうですが、登場人物の名前というのは実に厄介です。それに苦労するぐらいなら、ポール・ゴダールとしてしまう方が簡単でしょう。私には確信があるのですが、たとえばギュスターヴ・フローベールがブヴァールとペキュシェという名前を見つけるまでに大変な時間を浪費したに違いないでしょう。

――『ブヴァールとペキュシェ』といえば、あなたは『カルメンという名の女』で、病室に入ってくる看護婦に向って、体温計は（華氏）三十三度だと宣言します。それを聞いて、あ、これは『ブヴァールとペキュシェ』みたいだと思いました。というのも、この小説の最初は、パリの三十三度の暑さという文章で始まっているからです。

ゴダール　ああ、それはもちろん偶然の一致でしょう。フランスでは、医者が子供に口をあけさせて喉の中を診断するときに、三十三（トラント・トロワ）といわせるのです。私の映画では、その医学的な習慣にひっかけて三十三度ということになるのですが、この偶然の一致は面白い。たぶん、フローベールは、この三十三度という単純な数字にたどりつくまでに五カ月はかけたと思います。まず三十七度で始め、二十五度にして、最後に三十三度に落ちついたのでしょう。それが響きとしていちばんよいと確信を持つにいたるまで、驚くほどの苦労があったはずです。

――あなたは、映画は単純なものだ、しかし、その単純さが複雑にからみ合っているといわれるのは、そうしたことではないのでしょうか。

ゴダール　いま、この編集台の上でやっているのもそういうことかもしれません。この編集台は、台の方が途方もなく大きくて、画面はまったくちっぽけなものです。本来であればその逆であるべきでしょう（笑）。画面が大きくて台の方は小さくなければいけない。この画面の小ささが、技術者たちから見る感性を奪ってしまうのです。それが、この種のテクノロジーの愚かなところだと思います。私は技術の進歩を否定するものではありません。それどころか、深い関心を持ちつつそれを見まもってさえいます。問題は技術にかかわる者たちの敬意の不在です。編集台の画面がこんなにちっぽけなのは、やはり映画に対する軽蔑がそこにはたらいているからだというべきでしょう。

作家的誠実さとプロフェッショナリズム

――あなたは、アスコナのシンポジウムで、一本の映画の中に共存している作家的誠実さの部分と、プロフェッショナルとしての技術的達成の部分とを区別されました。それをフランス語の前置詞 par と de によって説明されたわけですが、作者から何かに向って進んでゆく動きというか、それがどこからくるかといったいわばモラルの部分が、たんなる技術的な達成においては欠けてしまうわけですね。

ゴダール　たとえば演出技術といったテクニックの部分としては明らかに弱いジャック・ベッケルの『モンパルナスの灯』をわれわれが何が何でも擁護したのは、その誠実さの部分、つまりベッケルから発しているモラルの面に強く惹かれたからにほかなりません。私が『リア王』を撮ったのは、この戯曲が、いったいどこからきているのかというその方向をさぐってみたかったからです。これはいったいどのようにしてわれわれのもとにゆだねられているのか。つまり、そのモラルの面をさぐってみたのです。

——今日、映画においては、技術と真の意味でのプロフェッショナリズムとが安易に混同されていはしないでしょうか。

ゴダール　まさにそうなのです。いまでは、プロフェッショナリズムとは縁もゆかりもないものを安易にそう呼んでいるのです。つまり、プロフェッショナリズムが映画から消滅した瞬間から、人はプロフェッショナリズムという言葉を口にしはじめました。みんながプロフェッショナルであった時代には、誰もそんなことをいう人はいませんでした。だから、命名こそ、事態が終焉したことの確認の儀式にほかなりません。それが文化というものの運命なのかもしれません。

　そもそも、人が文化ということをいい始めたのはごく最近のことでしょう。ストラヴィンスキーの『春の祭典』の時代には誰も文化などという言葉を口にしたものはなかったはずです。それは、喜びであり驚きでもあったわけでしょう。レオナルド・ダ・ヴィンチには文化などという観念はなかったはずだと思います。ルネッサンス期のフィレンツェの人びとにはそうした意識があったのかもしれませんが、人びとにとっては、それが一つの楽しみであったにすぎません。ルイ十四世が芸術を保護したのもそうでしょう。今日、フランスの大統領ミッテランがモーリス・ベジャールを晩餐に招待するのとはわけが違います。フランスの各地方都市には文化センターというものが存在しますが、その成果のほどはきわめて疑問です。少なくとも、文化という言葉が今日使われている意味で使われ始めたのは、一九三〇年代のことでしょう。有給休暇とか、そういった概念とも深く関係しているに違いない。これはさっきもいったように、テレビの誕生と深いつながりがあるのかもしれないし、共産主義とも無縁ではないでしょう。そうした観点から、レーニンが映画について語った文章を読み直してみると面白いかもしれない。

いずれにせよ、そこには芸術と文化との混同があるわけで、映画は文化とは異質のものだったのです。文化にかかわることと、映画にかかわることとは別のことだった。

――それがいま、映画が文化の側に回収されてしまった。

ゴダール　私は自分なりにジョルジュ・デュメジルの書物など読んで社会についていろいろ考えます。デュメジルの三機能説というのがありますね。社会というものを、王、戦士、祭司というものからなるとする考え方ですが、私なりに三という数字、三角形、三位一体といったことを考えていたことにデュメジルの三機能説をかさねあわせれば、今日の社会が古代社会と基本的なところでさして変わっていないことがよくわかる。現代の技術は、本質的に武器を売ることに貢献している。つまり、戦士です。技術というものは、肱かけ椅子を作るより武器を作ることの方に遥かに役立っているわけで、それが、男子の仕事であるわけです。テレビが、そうした男の子たちに多くの仕事を提供しているのだから、文化というものはテレビになったのです。これはごく論理的な帰結だというべきでしょう。

映画は、そうした社会的な役割を果してはいないし、また、果したこともなかった。小説や絵画の側にあったわけです。

ことによると、われわれヌーヴェル・ヴァーグも映画を文化とすることに貢献してしまったのかもしれない。たとえば、アルフレッド・ヒッチコックがイギリスの女王から勲章をもらう。これは一九二〇年代には考えられなかったことです。そしてそれが可能になったのは、われわれがヒッチコックを必死に擁護し、彼が小説家や画家と同じように偉大な芸術家であることを世界に認めさせたからです。それは五〇年代に批評を書いていたわれわれのつとめでもありました。ニコラス・レイのちっぽけな西部劇を誉めるのに、私はあえてアルチュール・ランボーやヴァン・ゴッホの名前を引用したものです。しかし、いまでは時代が変わってしまった。当時は、ヒッチコックを誉めるのに、これが映画だといえばよかった。悪口をいうには、これは作品にはなっているが、映画からは遠いといっていたものです。いまでは逆のことをいわねばならなくなってしまった。見た映画をけなしたりたいたりするとき、あるいは誉めるときでもいいのですが、私の性格からしてけなすときの方が向いているのですが(笑)、これは映画ではあるだろう、だが作品にはなっていないといわねばならなくなってしまったのです。

(一九八七年八月十五日、スイス・ロール村ソニマージュ・スイスのゴダールの編集室、ならびに近くの小さなレストランにて)

映画はゴダールのように豊かであっていっこうに構わない

黒沢 清
インタヴュアー＝蓮實重彥

――ジャン＝リュック・ゴダールという名前に対する反応は、世界的に濃淡があります。それを外国に行かれて実感されたと思うのですが。

黒沢 サンダンスのワークショップはほぼ初めての海外での体験でしたが、その後もさまざまな場所で、ゴダールの名前が出たときの温度差をかなりかんじました。アメリカに限らず、フランスですら、ある種の人々は「今どきなんでそんな名前を口にするのだ」といったような顔をします。迂闊に名前を出すと誤解され、敵味方という分類をされてしまいそうで、ある程度相手のことを知ってからでないと口にしてはいけない名前なのだということがわかってきました。

サンダンスに集まってくるのはアメリカ映画を志す連中ですから、彼らがゴダールを知らなくても、「やはりそうか」、「予想どおりだ」と思いましたが、そのときは、けしからんというのが正直な気持ちでした。未だに、けしからんという思いは変わりませんが、ただ自分の国以外の映画は知らない、あるいは自分の国の映画ですら——例えばジョン・カサヴェテスすら——知らないという連中でしたから、軽蔑に近い気持ちがあったかもしれません。その軽蔑が、脚本家のL・M・キット・カーソンと話して意気投合したときには、怒りに変わりました（笑）。ここでゴダールを話題にできるのはお前が初めてだと、彼も喜んでくれました。何しろ、ゴダールの『勝手にしやがれ』のジム・マックブライド監督によるリメイクや、『パリ、テキサス』のシナリオにもかかわった男ですから、彼とは「だから連中はだめなのだ」と大いに盛り上がりましたね（笑）。彼一流の斜に構えた言い方で、「こいつらは隙だらけで、この程度なんだから、甘いものだ、ちょろいものだ」という態度ではありましたが……。

——黒沢さんが一九七〇年代初頭の神戸で8ミリを回し始めたころ、ゴダールをリアルタイムで見てはおられなかったわけですね。

黒沢　ゴダールを最初に見たのは高校生のころで、六〇年代の『男性・女性』や『女と男のいる舗道』といったポピュラーな作品を「シネクラブ」のようなところ——大阪にあった古い「アート系」の映画を不定期に特集上映する「ホール」——に「そういや、ゴダールって有名だよね」といいながら見にいった記憶があります。代表的な数本を、他の「アート系」の映画といっしょに見たという程度でしょうか。大島渚の六〇年代の作品などもそこで見ました。これは普通の映画館ですが、トビー・フーパーのホラー映画などを見ていたのもほぼ同じころです。年齢的なことも大きいのですが、何でも見てやれという時期ですから、それこそ深作欣二さんの『仁義なき戦い』からハリウッド映画まで手当たり次第に見ておりましたし、まだそれほど明快な区別もなく、ゴダール、フェリーニ、パゾリーニといったあたりの作品を、「見ておかねば」という気持ちで見ていました。「どうやら、ベルトルッチという人も最近いるらしいぞ」などといいながら。

――サンダンスの若いアメリカ人のケースがそうだと思いますが、最低限の教養なしに映画が撮れるという現状はいいことなのでしょうか。ゴダールを見て映画が撮れなくなる人がいるなら、ゴダールを知らずに映画を撮ったほうが幸福なのでしょうか。

黒沢　いやー、これに答えが出せれば苦労はしないのですが……（笑）、ゴダールを見て、映画が撮れなくなる人はたしかにいますね。僕の場合は、少なくとも日本で映画を撮る、撮り続けるためには、ゴダールを見ていないと本当に辛いことになるだろうという個人的な気持ちがあります。日本で映画を撮る理由はなかなか見つかりません。お金を儲けるという事態はごく少数の人に起こるかもしれませんが、多くの人にとっては地位も名誉もお金もほぼなく、それでも撮り続けるわけで、その理由は何か……。夢はハリウッドに行くことという人もいるかもしれませんが、現実のケースとしてほとんどないわけで、少なくとも僕の場合は、何故そうなのか理由はわかりませんが、ゴダールを見ていたからいまもこうして撮り続けているのだと思えるのです。

——一九九三年ごろ、黒沢さんは「生涯ベスト10」を発表しておられます。そこで『カルメンという名の女』を一位に挙げておられますが、この作品には特殊な愛着がおありなのでしょうか。

黒沢　愛着がありましたね。いまとなっては、ゴダールの作品のどれか一本ということもないのですが……。僕が封切りのかたちで彼の新作を見始めたのは、世間でゴダールが映画に復帰したといわれている『勝手に逃げろ／人生』や『パッション』のあたりからでしょうか。そのころからやっとゴダールと時代を同じくしたという気持ちがあるものですから、以降のゴダールには特に愛着があります。立て続けに公開された作品のなかでも『カルメンという名の女』は、文句なしに「これこそ待ち望んでいた映画だ」といえる作品で、ゴダールであるかないかを飛び越えて、あの何ともいえない一種の通俗性を公然と身にまとったかんじに、「これなんだ」とピンときました。以前からずっと見続けているかたの多くは、やはり『気狂いピエロ』や『勝手にしやがれ』のあたりだよというわけですが、僕らは『パッション』『勝手に逃げろ／人生』以降なのです。

——すると、『ヒア&ゼア・こことよそ』など一九七〇年代の作品は、ゴダールの映画としてどのように見られるのですか。

黒沢　『ヒア&ゼア・こことよそ』や『Comment ça va?（うまくいってる?）』、あるいはもう少し前の『ブリティッシュ・サウンズ』や『東風』あたりの、一般に「政治がかった」といわれている時期のものは、ズバリいうと、どこか拒否反応はありました。何やってもすごいな、あいかわらず女優の顔を撮るのはうまいな、などと呆れつつも、あのへんの時期のものに対しては、僕らよりもこれを完璧にわかっている人がどこかにいるに違いない、僕たちにはこれは全部は理解しえないのだという、いわば向こうから差別されているような寂しさがありました。『カルメン』あたりでやっと僕らのほうに来てくれた、とまあ勝手に思い込んだようなところがあるのでしょうね。

――ゴダールの映画では何故人物があれほどいきいきとしているのかという話もしておられます。

黒沢　どういう演出がなされているのかさっぱりわからないのですが、何度やろうとしてもあのようなカットは撮れません。何でもない顔であるにもかかわらず――どんな女優であれ、パレスチナ・ゲリラであれ、まったく同レベルで見せる――生々しいと同時に謎めいている顔なのですが、どの作品にも共通してある、ゴダールの「フィクション」を作る力のものすごさをかんじるところですね。素人がただキャメラを回しても絶対にああはなりません。

しかし『ヒア&ゼア・こことよそ』には、そのようなことだけいっていてはいけないような雰囲気がありましたね。周りがそうだというのではなく、映画自体がそのようなものを持っていました。パレスチナ問題についてもう少し勉強しなければいけないのだと差別されているような気がしていました。

――その差別は、ことによると、ゴダールではなく、ミエヴィルからきているのではないかという気がしなくもない（笑）。

黒沢　『Comment ça va?（うまくいってる？）』を久しぶりにヴィデオで見たのですが、出演しているミエヴィルが、どういう設定なのかわかりませんが、とことん「この映像は間違っている」とか、主人公のおじさんに対してひどいことをいうわけです。何もそこまでいわなくてもと（笑）。僕はあのおじさんにへんに感情移入してしまって、「そんなこといわないでくれよ」、映像や音に関して何が正しくて、何が間違っているかをとことん追及されても本当に困ってしまうわけで、ゴダールも追及されたのかしら、と見てて思いましたね（笑）。

――ミエヴィルが貴重なのは、彼女が一度もシネフィルではなかったことだとゴダールがいうのを耳にしたことがあります。ああいう画面を理念を超えてパッと撮れてしまうのは、ゴダールのなかに流れているシネフィルの血なのでしょうか。

黒沢　そう思いますね。僕の場合はほとんどそれが見たいからゴダールを見ているといってしまっていいですね。それと「編集」だろうと思うのですが、自らが撮ったカットのつなぎ具合のものすごさはどれにも変わらずあります。僕は、ゴダールのカットはとても撮れないのですが、編集だけは、難しいとはいえ、つねにゴダールの編集というのを念頭においてますし、影響を受けています。どうやったらああいうものが撮れるのか、カットはそこまでいっていないけれども、編集で何とかできるのではないかといつも苦労するところなのですが、ゴダールのように編集したいという気持ちはものすごく強く、いつもあります。

――「カイエ・デュ・シネマ」系の作家には、アンドレ・バザンに起源を持つ反モンタージュというか、「ワン・シーン、ワン・ショット」と「焦点深度の深い画面」への信仰がありますが、ゴダールにはそれがまったくありませんね。

黒沢　そうなんですよね。いつからああなってきたのかはわかりませんが、ワン・カット、ワン・カットが、五分ぐらい見ていても絶対大丈夫というような、普通であればキャメラをずーっと長く回してしまう――ひょっとしたら実際に回したのかもしれませんが――、そういうものすごいカットをばっちんと切って、次に飛んでしまうという一種の贅沢感があります。僕だったらこんなカットが撮れたら五分ぐらい見せちゃうようなあというところを、一〇秒で次に飛ぶか、という二重のすごさがあって、それにいつも打ちのめされます。

――ラッシュの時点でどれぐらいの長さがあったのかはわかりませんが……。

――『勝手に逃げろ／人生』あたりから妙な風景が入り始めますが、あれはどう思われますか。

黒沢 ゴダールを政治的には見てこなかった僕がいうとそらぞらしいのですが、風景にしろ場所にしろ妙にブルジョワっぽい、以前だったら切り捨てたかもしれない豪華なところを選んでいたりしますね（笑）。へんに値段の高そうな車とか……。僕はそれもまた好きだとしかいえないのですが、あえてそういうカットを取り込んでいるところは――本人が何を考えているかはわかりませんが――つまり映画は豊かであってもいっこうに構わない、豊かでなければならないとまではいわないでしょうが、豊かであることは映画にとって何らマイナスにはならないのだということを見せつけてくれましたね。

――空や動物はいかがですか。空は黒沢さんはあまりお撮りになりませんが。

黒沢 いえ、じつは、ゴダールで見て以来、空を撮りたい！　と思って何度かチャレンジはしているのですが、なかなか使えるような空が撮れないのです。脚本上どこにも空というシーンはなくても、キャメラマンに「いい空があったらちょっと撮っておいて」というようなことはよくやるのですが、使えたためしがない。それに編集のときの直観力もあるのでしょうが、どこに入れていいかもわからなくなります。自分でやるとあの空というのはけっこうたいへんなんです。

――ゴダールは、自分の持っている16ミリキャメラでパッと撮ってしまったとかと聞きますが、それは許されることなんでしょうか（笑）。

黒沢　いやー、許されるんだということがゴダールを見るとわかる、としかいいようがないですね。しかし、僕は意地でもゴダールだけが許されているとは思いたくなくて、これは誰にでもできる、たまたま気づいたのがゴダールであったということだけで、これはゴダールという人の個性ではなく、映画に普遍的なものだったというふうに思ってはいます。じゃ、お前も取り入れてみろといわれても、これがなかなかうまくいかないところが厄介なのですが（笑）、あれはたんなるセンスだけではない。空は空、水は水、そういう基本的にたったひとつのものなのだ、ということなのでしょうか……。空とか何かがあって人がいるのではないと考えて撮っているのかなあと。何やかんやいいながらも、結局ゴダールという歴史的な名前の上にすべてが許されているのだという気もしないではありません。そのことをゴダール自身が自覚しているかどうかはわかりませんが……。誰ともしれない人が撮ってもこれはすごいといわれるのかどうか、はたと悩んでしまいます。

――ストローブ＝ユイレとゴダールとはどんな関係にあるとお考えですか。彼らも水面を撮ったりしますが。

黒沢　全部は見ていませんが、非常にシンプルなもので組み立てようとしていますね。誰もがそうしたいと考えるのでしょうが、ゴダールの場合、空は空なのですが、ぴったりとしかるべきところに収まっているようで、実際分析してみると映像としてはけっこういいかげんなところがあって、結局、編集でこの位置には空だと思いついたところでもう勝ちなんだ、その具体としての空の映像はあんがい適当でもいいんだというところが、ストローブ＝ユイレとは違うところでしょうか。ストローブ＝ユイレはワン・カット、ワン・カットがもう少し厳密な気がします。

——ゴダールには『右側に気をつけろ』というでたらめな映画があります。これはコメディーで、「蟻と蟬」のところなど黒沢さんに似ているという気もするのですが。

黒沢　本人が俳優として本当にでたらめな役で出演していることが大きいのでしょうが、僕は大好きです。じつに奔放で、楽しいコメディーですよね。僕はよくいうのですが、何のかんのといってはみても、ゴダールが好きな理由は、ゴダールが何を撮っても一貫してどこかコメディーであるところなのです。真面目に見てしまった人を馬鹿にするような、しかしコメディーであることで許されるかんじがある。笑っていいんだと思った瞬間、難しいことを知っていなければこの映画を見てはいけないという差別は働いていないのだと安心するのです。何を見ても必ずおかしいところがあり、それもかなりはっきりと意図的に笑わそうとしている。『勝手に逃げろ／人生』はこれはもうあきらかにギャグでやっているところがあって、本当に好きですけれども。

タルコフスキーはすごいなあとは思いつつも、ギャグがない。ギャグがないのが最大の欠点だと思ったりもするのですが、ゴダールにはどんなものでも必ずギャグがある。みんなに向かって開かれた映画なのだと思える点がそこですね。ストローブ＝ユイレは、見ようによっては全部がギャグのようにもかんじられますが（笑）、いちおう真面目に作ってある。ゴダールはずっとあからさまで、『右側に気をつけろ』では、それが全開した。ここまでやるかという……。『映画史』でも昔の映画をモンタージュしているところは一見真面目にも見えますが、それでもヒトラーとヒッチコックの『裏窓』のシーンを出したり引っ込めたり、何度も編集で見せるところは笑ってしまいました。自分が出演して追加して撮ったようなところはほとんど冗談のようでしたし。

――およそ荘厳さというものはない。ヒトラーと『裏窓』の編集などはヴィデオによるものなのでしょうが、技術としてはさほど高度なものとも思えない。完全なかたちでは技術を信頼していないということもあるでしょう。

黒沢　それはそうですね。『勝手に逃げろ／人生』のストップモーションにしても、こんなことができると自慢しているようにも見えますが、一方でやや自嘲気味に「馬鹿みたい、やっぱりくだらないよね、みんな」といっているようにも見える、本当にへんな使いかたです。ヒトラーと『裏窓』など、学生がまずやってみることです（笑）。『Comment ça va?（うまくいってる?）』でもワイプで二つの画面をパッパと見せるところがありますが、『映画史』でも変わってないじゃないかと（笑）。他にもいろいろなヴィデオの技術はあるのですが――もちろん本人はわかっているのでしょうが――この一貫性は何なのか……、最初に自分が興味を持って発見してしまったことに固執するのでしょうか。もっとあからさまなギャグの人はもちろんいますが、あの程度のちょうどいいギャグというのがゴダール独特の個性なのかなあとも思いますし、それが見続ける理由のひとつでしょうね。

これは昔からいわれていることですが、映画が一個の技術だとして、それがまさにいま発明されたかのようにそれを使うのだという点では一貫しているのかなと見えはします。まあそれにしてもというところもありますが……。一方で、非常に考えに考えた美しい風景であるとか、『勝手に逃げろ／人生』や『ゴダールの決別』における駅に列車が入ってくるところなどは、初めて映画を発見したどころではない、ものすごくハイレベルな、あらゆる映画を見尽くした人でなければ思いつかない瞬間だとしか僕には思えません。片や、じつにいいかげんなところでストップモーションにしてみるというでたらめさ加減があって、そこがいつも翻弄されてしまうところなのですが。

——でたらめに見えながら、どこか本気なところが怖い。

黒沢　そうです。……今回ゴダールについて語らねばと思いつつも、そのフィルモグラフィーのあまりの膨大さにたじたじとなってしまいました。僕も年間三本撮ったなんて自慢していたときがありましたが、ゴダールはそれどころではなく、六〇年代などはいわゆる代表作を三本も四本も同じ年に撮っていたりします。一時沈黙したなんていわれていましたが、ぜんぜん沈黙なんかしていないじゃないかと（笑）。そのように今日にいたるまで膨大なフィルモグラフィーを増やし続けているところがたまらなく、これは何かの確信がなければできるわけがないと思います。

——ゴダールにお会いになったことは？

黒沢　一度もありません。肉眼で見たこともありません。

——かりにゴダールに会ったとして、黒沢さんの作品を一本見せるとすると、どの作品を選ばれますか。

黒沢　うーん、ものすごく躊躇しますけれども（笑）、やはり哀川翔で撮ったヤクザ物のなかの一本、例えば「復讐」シリーズの『復讐　消えない傷痕』（一九九七）を見せるのかなと思います。そのときになってみないと何ともわかりませんが。それはべつに代表作ということでもないのですが……。僕が置かれている日本の現在の状況——数年前の映画ではありますが、状況は変わっていないと思います——で撮る映画の、僕が考えるもっともスタンダードなかたちはこれですと、奇妙に見えるかもしれませんがこれがスタンダードなのですと、一言つけ加えて見せるかもしれませんね。

——『ドレミファ娘の血は騒ぐ』（一九八五）は？

黒沢　いやー（笑）、恥ずかしいですね。見せるとゴダールは数パーセントの可能性で非常に喜ぶかもしれませんが、残りは軽蔑するか怒るかだろうという思いがあって、もっとも見て欲しくないもののひとつかもしれませんね……。何ともわからないことですが、ときどき海外で『ドレミファ娘の血は騒ぐ』をぜひやりたいというので——僕はあまりのらないのですが――上映することがありますが、フランスでも香港でも、観客のうちの数人は必ず顔を上気させて駆け寄ってきて、本当にうれしそうに「いやー、ゴダールだね、すごいすごい」といわれて恥ずかしいのですが、僕自身は、ゴダールの真似をしようというほどのことではなく、他のものもたくさん真似をしているわけでありまして……。何でも真似して、何でも取り入れて、すべて何をやっても映画のなかでは許されるのだ、何故ならゴダールも許されているからという勝手な理屈で撮っていたわけです。少なくとも当時は根本的なところにゴダールがあり、映画あるいは映画史なりがゴダールを許しているのだからこれも許されるはずだという思いで作りましたから、ゴダール抜きにはありえなかった映画ですね――実際、日活では許されなかったのですが。

――ゴダールは『映画史』を撮ってしまったわけですが、黒沢さんにはいつか『映画史』を撮るという気持ちはおありですか。

黒沢　いや、……じつは、あります。ただ前提として当然ゴダールの『映画史』というものがあってしまうわけで……。どのようにやるかという具体案は何らありませんし、『映画史』が撮られた経緯やゴダール自身の発言をチェックしたわけでもありませんが、僕の見たところ、あれはまさに「ゴダールの」『映画史』、つまり「ゴダールの」というのがついているのであって、だったら「僕の」『映画史』も撮れるかもしれないという傲慢な思いがあるわけです。何もついていないただの『映画史』を撮れといわれても僕にはできませんが――それは映画を撮っていないかたのほうが撮れるかもしれません――「自分の」『映画史』であれば撮れるかもしれないという気がしています。原題にはべつに「ゴダールの」という言葉はついてはいませんが、選択がものすごく偏っていて、それを『映画史』といってしまうところがすごいですよね。ゴダールはアジア映画をほとんど見ていないでしょうしね。それだけでなくいろいろな映画がばっさりと無きがごとく扱われていますが、それでいいのでしょう。映画史というものはいまのところこういうものなのだな、誰か個人が見た記憶なり体験なりをもとにして組み上げられるものなのだな、と思いましたね。

――自分よりあとに来たやつは存在しないという『映画史』でしょう。引かれているなかでは『カリフォルニア・ドールズ』(一九八二)がいちばん最近の作品ですが、アルドリッチを入れたことで許さざるをえない(笑)。

黒沢　おっしゃるとおりで、僕も個人的にはそれは大きかったですね。ヒッチコックにせよ、小津にせよ、僕が個人的に映画を見始めた歴史からすると、もうすでに昔の人だったんですね。でもアルドリッチの『カリフォルニア・ドールズ』は見たぜと、僕の映画体験と重なっていて、あのあとだったらできるよという気にさせてくれましたね。

――ゴダールが与えるインパクトは、映画ファンよりも映画作家のほうが大きいのではないでしょうか。

黒沢　そうかんじますね。僕も何本か映画を作ってきましたからだんだんわかってきたのですけれど、真似ができて応用が利く個性と、絶対に真似のできない個性とがどうやらあるようです。絶対に真似のできないものは、やらないか、やるときは真似ですと覚悟を決めるしかないし、応用が利くものは巧みに取り入れてそれとなく使う、というようなことを何となく経験してきましたが、ゴダールだけが謎のままなんです。真似できるのか、できないのか、実際はできないのですが……。でもたかが途中でストップモーションで止めてみたりという程度ですから（笑）、できるような気がするわけです。でもこれがいつまでたってもわからず、作る立場としては気になるし、しゃくだし、次に何やるのかなと興味深いところなのです。

――今回、『ヒア&ゼア・こことよそ』『Comment ça va?（うまくいってる？）』『勝手に逃げろ／人生』『右側に気をつけろ』の四本が公開されますが、これにより初めてゴダールを見る若き日本の男女に、黒沢さんは何といわれますか。笑っていいんだよ、ということがひとつありますが。

黒沢　それはもちろん一貫してあります。加えて、あえていうならば「映画は豊かである」、お金をかけるかけないではなく、このように映画は豊かでデラックスなものであるのだと確認して欲しいと思います。

かつて豊かな映画を作りたいものだと思いながら、なかなかできずにいたのですが、九

○年代半ばころから、こちらはそんな気はないのですが、自然に貧しくなってしまったものが海外で評価され、こんなに貧しくてもいいのかと実感し始めました。ハリウッドの奇妙な「絢爛豪華さ」に対するアンチとしての一種の貧しさをよしとする風潮があって、その流れに乗るような日本映画が海外で珍重されてはいるのですが、そのあたりから映画を見始めた人々は、ハリウッド以外に、映画が豊かであることをどうもわかっていない気がします。ちょっと前までのヨーロッパ映画、ベルトルッチにしろ、それはそれで豊かなのですが、やはりどこかお金のかかっているところがあって、そこで、いやゴダールだよといいたいわけです。お金はたぶんそんなにかかっていないのに、こんなに豊かな映画が作れるのだと。

——『復讐』二作にしても豊かなわけで、ロング・ショットを撮れるというのは豊かさの証明ですよね。

黒沢　いやー、そのつもりなのですが……。豊かなロング・ショットというのは難しい。でも心意気だけはそのつもりでいます。でもハリウッド映画はセットなりにお金をかけているのに、なんでこんな貧しいアップにするんだ、もったいないなあなどとも思ったりします(笑)。ロング・ショットだけでなく、女優の顔ひとつをとっても、ゴダールの場合はどうしてこうも豊かたりうるのかと思います。映画というのはそういうことができるのだと、ゴダールを見るたびに打ちのめされますね。自分はまだまだぜんぜん豊かになれない、お金のせいじゃないんだとね。

——今日はありがとうございました。

（二〇〇三年三月一二日　於東京・渋谷）

映画作家ゴダールは、その「特権性」を晴れやかに誇示しながらこの世界から姿を消した

ゴダールという名前を耳にして反射的に記憶に甦ってくるのは、三つの断片的な光景である。まず、一九六二年初冬にパリについてあまり時間のたっていない冬の夕方、サン・ミッシェル大通りとサン・ジェルマン大通りが交差するあたりのちっぽけな小屋で『カラビニエ』（一九六三）を見たときの寂れた光景は、とうてい忘れることができない。まばらな客席を見まわしながら、『勝手にしやがれ』（一九六〇）で観客を魅了した監督の新作が決定的に無視され、あまつさえ軽蔑さえされていることが腹立たしくてならず、これほど素晴らしい作品に人が集まらない低俗な「文化都市」パリを心から軽蔑した。直後に、この作品の観客動員数が、フランス全土で一八〇〇人たらずでしかなかったことを知り、

その一人が自分だったことを理由もなく誇りに思った。ゴダールは、パリを軽蔑することを教えてくれた唯一の映画作家である。

二つ目は、マリナ・ヴラディのふくよかな太腿の官能的ともいうべき触感である。次回作の主演女優として彼女に出演を依頼するために一九六六年に来日したゴダールは、ある晩、世田谷に住むさるフランス人の瀟洒な屋敷に招待されたのだが、そのときマリナ・ヴラディは、ミシェル・ボワロンの『OSS117／東京の切札』（一九六六）の撮影で日本に滞在中だった。深夜すぎてホテルに戻るというゴダールにつきそうべくタクシーを呼ぶと、マリナ・ヴラディをエスコートしながら、ホテルには自分たちで帰れるから、まず君の家まで送って行くと彼はいう。恐縮だと応じたわたくしは、ぎゅうぎゅう詰めの後部座席に腰を据えて深夜の東京を疾走し、幹線道路をはずれた自宅前で降りたのだが、男二人に挟まれながら窮屈そうにも見えなかった『彼女について私が知っている二、三の事柄』（一九六七）の主演女優の体温のようなものと、それを無視するかのようなゴダールの饒舌とが忘れられない。その後、二人がどんな振る舞いに及んだのかは知る由もない。題名の「彼女」とは、主演女優ではなくパリのことだと監督は何度も宣言していたが、はたしてそうか。

三つ目の記憶は、より現時点に近いものだ。まだ東京国際映画祭が多少はまともに機能していた前世紀末のこと、ゴダールからいきなりファックスが届き、映画祭参加作品『右側に気をつけろ』（一九八七）の日本語スーパーをお前がつけろと厳命された。その直前、百は下るまい誰だか身元の知れぬ男女にひたすら電話をかけまくったあげくに成立したゴダールとのインタヴュー（「わたしは孤立している　だが、憎しみの時代は終り、愛の時代が始まったと確信したい」季刊『リュミエール』第九号、一九八七年秋、本書収録）をスイスのロールで収録したばかりだったので、彼がこちらの質問を気に入ってくれたのだろうと確信し、進んでフランス映画社のオフィスに籠り、当時の社長だった故柴田駿とともに、無数のフィルム素材が置かれているにもかかわらずひっきりなしに紫煙を立ちのぼらせながら、三日三晩徹夜して仕事を終えた。ゴダールとは、涼しい顔で赤の他人に徹夜を強いる不遜きわまりない男なのである。もちろん、彼から礼状など届くはずもない。

では、ゴダールと呼ばれる映画作家にとって、その後半生の住処としたレマン湖畔のロールと、その前半生の仮の住処であったフランス共和国の首都パリとは、いかなる関係にあったのか。確かなことは、彼が、スイスとフランスのパスポートを巧みに使い分け、その二つの国でともに兵役を逃れることに成功したという事実にほかならない。脱走兵として営倉に監禁されたフランソワ・トリュフォーや、ドイツに亡命してまで兵役を逃れようとしたジャン＝マリ・ストローブらと較べて、彼の「特権性」は明らかだろう。

では、パリの大銀行の創設者の一人を母方の祖父として持ち、スイスの町医者を父に持つという、あるときはフランス人でまたあるときはスイス人でもあるゴダールは、みずからのその「特権性」をどう処理していたのか。いうまでもなく、映画を撮ることによってである。『勝手にしやがれ』のジャン＝ポール・ベルモンドが、生粋のパリジャンと見えながら、数の数え方からしてスイス人と想定されていたことを見落としてはならない。恐らく、ゴダールは、「特権性」を撮ることの根拠とした唯一の映画作家だといわねばならぬ。スイスだけに存在する法規によって自死同然にその生命をたったときも、彼がおのれの「特権性」を誇示していたのは明らかだからである。だが、人類は、この種の「特権性」をどう処理したらよいのか、いまだ皆目わからずにいる。

（二〇二二年一〇月）

蓮實重彥によるゴダール　関連書誌

以下は、蓮實重彥がこれまでに執筆・翻訳・対談などを行なったゴダール関連の書誌である。

原則として蓮實重彥がゴダールもしくはゴダールの作品を直接に対象として行なった仕事に限り、間接的に言及されているものについては省略した。

蓮實重彥とゴダールの遭遇の軌跡を提示するため、配列は発表年代順とし、通し番号を付けた。各タイトルは原則として初出のものを挙げ、収録時に変更された場合はその改題タイトルを記した。

ちくま学芸文庫版に新たに収録したものには◎を付した。

一九六六年

1
自身がはじめて日本で語った彼の映画論——ゴダールとわれわれ（通訳）
出席者＝ゴダール、石堂淑朗・大島渚・小川徹（司会）・蔵原惟繕・斎藤龍鳳・白坂依志夫・矢島翠・吉田喜重、通訳＝蓮實重彥
初出＝『映画芸術』一九六六年七月号
再録＝「自身がはじめて日本で語った彼の映画論——一九六六年、来日のさいの座談会」、『現代思想総特集ゴダールの神話』一九九五年一〇月臨時増刊号
＊蓮實重彥「せせらぎのバルト」（『ユリイカ　総特集ロラン・バルト』二〇〇三年一二月臨時増刊号）では、ゴダールと前後して来日したロラン・バルトの同じく通訳を務めた際のエピソードとともに、『アルファヴィル』でのゴダールとバルトの遭遇について言及されている。
初出時には柴田駿の「逆だちとキツネ——ゴダー

ルと10日間」、再録時には筒井武文の「解説」付き。

2

『アルファヴィル』(シナリオ採録)

初出＝『キネマ旬報』一九六六年一〇月下旬号

収録＝『ゴダール全集3　ゴダール全シナリオ集』

蓮實重彥・柴田駿監訳、竹内書店、一九七〇年

3

愛、または迷路よりの脱出

初出＝『キネマ旬報』一九六六年一〇月下旬号

＊2の「訳者のことば」。本書「『アルファヴィル』」

一九六九年

4

簡便な〝愛の手ほどき〟——「第二・第三のゴダール」は遠のいていく(書評)

初出＝『週刊読書人』一九六九年七月二八日

＊この年に翻訳刊行されたジャン・コレ著竹内健訳『現代のシネマ1　ゴダール』(三一書房)とリチャード・ラウド著、柄谷真佐子訳『ゴダールの世界』(竹内書店)の二冊を同時に書評

5

体系的映画批評への試み——ジャン・コレ著、竹内健訳『ゴダール』(書評)

初出＝『朝日ジャーナル』一九六九年八月一〇日号

6

否認する視線の劇——『勝手にしやがれ』あるいはベラスケスの薄明を透して「ゴダールのゴダール」に何が可能か

初出＝『季刊シネマ69』第三号、一九六九年九月

収録＝「否認する視線の劇——ゴダールによるゴダールあるいはベラスケスの薄明を透して」、『シネマの記憶装置』フィルムアート社、一九七九年

7

ゴダール——その人と作品の歴史(1930〜1969 Jean-Luc GODARD BIO-FILMOGRAPHY)(構成・訳)

初出＝『季刊シネマ69』第三号、一九六九年九月

＊蓮實重彥がゴダール自身の言葉を翻訳引用して構成したゴダールの年譜とフィルモグラフィー

一九七〇年

8

Jean-Luc Godard, *Jean-Luc Godard par Jean-Luc Godard*, collection des Cahiers du Cinéma, Editions Pierre Belfond 1968.（共訳・保苅瑞穂）

初出＝『ゴダール全集4　ゴダール全エッセイ集』蓮實重彦・柴田駿監訳、竹内書店、一九七〇年

＊作品評翻訳のうち、「恋多き女」「フレール・ジャック」は、シネクラブ研究会による上映資料に初出

9

『ヴェトナムから遠く離れて（第六章）』（シナリオ採録）

初出＝『ゴダール全集3　ゴダール全シナリオ集』

10

あとがき

初出＝『ゴダール全集3　ゴダール全シナリオ集』

収録＝「『ゴダール全集』③あとがき」、『映画狂人シネマ事典』河出書房新社、二〇〇一年

一九七一年

11

解題

初出＝『ゴダール全集1　ゴダール全シナリオ集』蓮實重彦・柴田駿監訳、竹内書店、一九七一年

収録＝「『東風』まで——ゴダールは、いま、どこにいる」、『シネマの記憶装置』

＊本書「『東風』」として抜粋再録

12

批評とフィルム体験——『イタリアにおける闘争』をめぐる映画の不在の現存について

初出＝『季刊シネマ71』第八号、一九七一年六月

収録＝「『イタリアにおける闘争』批評とフィルム体験」、『映像の詩学』筑摩書房、一九七九年（二〇〇二年にちくま学芸文庫）

13

『女と男のいる舗道』（シナリオ採録）

初出＝『ゴダール全集2　ゴダール全シナリオ集』蓮實重彦・柴田駿監訳、竹内書店、一九七一年

14

『未来展望』(シナリオ採録)

初出=『ゴダール全集2　ゴダール全シナリオ集』

15

未公開作品解説『はなればなれに』

初出=『ゴダール全集2　ゴダール全シナリオ集』

収録=「『はなればなれに』」、『映画狂人シネマ事典』

＊本書再録

16

未公開作品解説『モンパルナスとルヴァロワ』

初出=『ゴダール全集2　ゴダール全シナリオ集』

収録=「『モンパルナスとルヴァロワ』」、『映画狂人シネマ事典』

＊本書再録

17

『気狂いピエロ』を中心に

初出=『ゴダール全集2　ゴダール全シナリオ集』

収録=「『勝手にしやがれ』から『気狂いピエロ』へ」、『映像の詩学』

＊本書「『気狂いピエロ』」として抜粋再録

一九七二年

18

映画による映画の空洞化――ゴダール、ゴラン共同監督『万事快調』

初出=『日本読書新聞』一九七二年一二月四日

収録=「『万事快調』または映画による映画の空洞化」、『シネマの記憶装置』

一九七三年

19

ゴダールにおける隠蔽と顕示――『万事快調』へと向かう迷路の中のコスチューム・プレイ

初出=『映画批評』一九七三年九月号

収録=「『万事快調』隠蔽と顕示」、『映像の詩学』

一九七八年

20

偉大なる単純さの自由

初出＝「ゴダールとヒア&ゼア　ワン・プラス・ワン　万事快調」パンフレット、一九七八年
収録＝『シネマの記憶装置』

一九七九年

21
感動的な反時代的書物――奥村昭夫訳編『ゴダールの全体像』（書評）
初出＝『週刊読書人』一九七九年一〇月二九日
収録＝『映画狂人シネマ事典』

22
フランソワ・トリュフォー「男の子の名はみなパトリック」「女と男のいる舗道」（共訳・山田宏一）
初出＝フランソワ・トリュフォー『わが人生わが映画』山田宏一・蓮實重彥訳、たざわ書房、一九七九年
＊フランソワ・トリュフォーによる作品評

一九八二年

23
『ゴダール／映画史』を読む（書評）
初出＝『ちくま』一九八二年八月号
収録＝『映画 誘惑のエクリチュール』冬樹社、一九八三年（一九九〇年にちくま文庫）

一九八三年

24
『彼女について私が知っている二、三の事柄』は東京の深夜タクシーの中で懐妊された映画だ。
初出＝「映画に目が眩んで1」、『ブルータス』一九八三年七月一日号
収録＝『映画に目が眩んで』中央公論社、一九九一年
＊本書「『彼女について私が知っている二、三の事柄』」

25
ゴダールの『パッション』は、世界で初めての絵画を翻案した野心的で美しいフィルムである。
初出＝「映画に目が眩んで6」、『ブルータス』一九八三年一〇月一日号

収録＝『映画に目が眩んで』
＊本書「『パッション』」

26
ゴダールらしさの構造――『パッション』をめぐって（対談・武満徹）
初出＝「CINE VIVANT」一号（『パッション』パンフレット）、一九八三年
収録＝蓮實重彥＋武満徹『シネマの快楽』リブロポート、一九八六年（二〇〇一年に河出文庫）

一九八四年

27
ゴダールの『パッション』は、上映時間が八八分だという事実の中に圧倒的な事件性を秘めた美しくも楽しい映画である
初出＝「シネマの煽動装置」、『話の特集』一九八四年一月号
収録＝『シネマの煽動装置』話の特集、一九八五年
再録＝『映画狂人 シネマの煽動装置』河出書房新社、二〇〇一年

28
『カルメンという名の女』の高貴な美しさは、人を現在のさなかに置きざりにする。
初出＝「映画に目が眩んで24」、『ブルータス』一九八四年七月一五日号
収録＝『映画に目が眩んで』
＊本書「『カルメンという名の女』」

29
フローベールに通じる〝二つの記号〟――ゴダール『カルメンという名の女』
初出＝『毎日新聞』夕刊、一九八四年七月一七日
収録＝『映画に目が眩んで』

30
名づけられないものの相貌――『カルメンという名の女』をめぐって（対談・武満徹）
初出＝「CINE VIVANT」五号（『カルメンという名の女』パンフレット）、一九八四年
収録＝蓮實重彥＋武満徹『シネマの快楽』

一九八五年

31
破局的スローモーション
初出＝『GS・たのしい知識　特集ゴダール・スペシャル』第2½号、一九八五年
収録＝『ゴダールのいる交差点　第一一回中世の里なみおか映画祭公式カタログ』二〇〇二年
＊本書同題再録

一九八六年

32
純粋な痛みについて――『ゴダールのマリア』
初出＝「映画に目が眩んで8」、『マリ・クレール日本版』一九八六年四月号
収録＝『映画に目が眩んで』
＊本書「『ゴダールのマリア』」

33
空気か香りか、光か影の味がする自動詞的な体験をさせる愛――『ゴダールの探偵』
初出＝『マリ・クレール日本版』一九八六年六月号
収録＝『映画に目が眩んで』
＊本書「『ゴダールの探偵』」

一九八七年

34
『市民ケーン』に自作自演するオースン・ウェルズより、『リア王』のコーデリア役にモリー・リングウォルドを起用するゴダールの方が一枚上ではなかろうか
初出＝「シネマの煽動装置」、『話の特集』一九八七年七月号
収録＝『映画狂人万事快調』河出書房新社、二〇〇三年

35
新作上映をあっさりキャンセルしたゴダールは、ロカルノ映画祭のシンポジウムで映画であることの倫理性について熱っぽく語った
初出＝「シネマの煽動装置」、『話の特集』一九八七年一一月号

収録＝『映画狂人万事快調』
＊ロカルノ映画祭における『右側に気をつけろ』ワールド・プレミアと「作家の映画」シンポジウム
36
スイス・レマン湖畔のロールの町にゴダールを訪れた。
初出＝「映画に目が眩んで23」、『マリ・クレール日本版』一九八七年一一月号
収録＝『映画に目が眩んで』
＊35、37、39に関連
37
わたしは孤立している　だが、憎しみの時代は終り、愛の時代が始まったと確信したい（ジャン＝リュック・ゴダールへのインタヴュー）
初出＝『季刊リュミエール』第九号、一九八七年秋
収録＝「憎しみの時代は終り、愛の時代が始まったと確信したい――『右側に気をつけろ』を撮り終えて」、蓮實重彥『光をめぐって　映画インタヴュー集』リュミエール叢書9、筑摩書房、一九九一年
＊初出時には、聞き手＝蓮實重彥による付記がある。
◎本書「憎しみの時代は終わり、愛の時代が始まったと確信したい――『右側に気をつけろ』を撮り終えて」として再録
38
スーパー字幕は進歩しつつあるのか（対談・松浦寿輝）
初出＝『季刊リュミエール』第一〇号、一九八七年冬
＊『右側に気をつけろ』の字幕作成をめぐっての対談、蓮實重彥はゴダール『右側に気をつけろ』の、松浦寿輝はレオス・カラックス『汚れた血』の字幕を作成。

一九八九年

39
『右側に気をつけろ』（字幕作成・柴田駿と共同）
＊『右側に気をつけろ』パンフレットに樋口泰人による採録あり
40

この映画を見ると、あなた自身が悲しみと、緊張と、笑いに捉われる。こうした体験をしないと人間はたやすく老いてしまう。
初出＝『マリ・クレール日本版』一九八九年二月号
収録＝『映画に目が眩んで』
＊本書「『右側に気をつけろ』」

一九九〇年

41
『ゴダールのリア王』はシェイクスピアに対する映画の誇り高い勝利である。
初出＝「世紀末のビデオテーク通信　第一五回」、『マリ・クレール日本版』一九九〇年八月号
収録＝『映画に目が眩んで』
＊本書「『ゴダールのリア王』」

一九九一年

42
ジャン＝リュック・ゴダールの新作『新ドイツ零年』
初出＝『ルプレザンタシオン』第2号、一九九一年
収録＝『映画狂人、神出鬼没』河出書房新社、二〇〇〇年
＊本書「『新ドイツ零年』」

一九九三年

43
そして、誰もいなくなってしまった、のだろうか……──ゴダールの『新ドイツ零年』
初出＝『新ドイツ零年』パンフレット、一九九三年
収録＝『映画狂人、神出鬼没』
＊本書「そして、誰もいなくなってしまった、のだろうか……──『新ドイツ零年』」として加筆改稿のうえ再録

一九九四年

44
ゴダールの赤（聞き手・中沢新一）
初出＝『文藝』一九九四年春季号
収録＝『帰ってきた映画狂人』河出書房新社、二〇

〇一年
＊毛沢東特集での『中国女』についてのインタヴュー

45
ゴダールがキャメラを向ければレマン湖のほとりの平和な光景はあらゆる物語の舞台装置へと変容してしまう。――『ゴダールの決別』
初出＝『エコノミスト』一九九四年七月五日号
収録＝『映画狂人日記』河出書房新社、二〇〇〇年

46
『ゴダールの決別』または人はいかにして「性交」に成功するか
初出＝『ゴダールの決別』パンフレット、一九九四年
収録＝『映画狂人、神出鬼没』
＊本書「『ゴダールの決別』」

一九九五年

47
「馬など、どこにもいはしない」とゴダールはつぶやく
初出＝『勝手に逃げろ／人生』パンフレット、一九九五年
収録＝『映画狂人、神出鬼没』
＊本書「『勝手に逃げろ／人生』」として収録

一九九六年

48
『勝手にしやがれ』
初出＝「アクション映画ベスト50」、安原顯編『ジャンル別映画ベスト1000』学習研究社、一九九六年（二〇〇一年に学研M文庫）
収録＝『映画狂人、神出鬼没』
＊本書再録

49
ジャン＝リュック・ゴダールの『万事快調』――「驚いてはならぬ」と彼はいう
初出＝『万事快調』パンフレット、一九九六年
収録＝『映画狂人、神出鬼没』
＊本書「『万事快調』」

50
芸術にあっては、複雑さは単純さといささかも矛盾しない。そのことをきわだたせながら、いま、ゴダールの世紀が始まる。——『ワン・プラス・ワン』『万事快調』
初出＝『エコノミスト』一九九六年六月一八日号
収録＝『映画狂人日記』
＊本書「『ワン・プラス・ワン』」

一九九八年

51
すべての作品はゴダールに通ず——映画祭「アニエスb.は映画が大好き」
初出＝『朝日新聞』夕刊、一九九八年四月一七日
収録＝『映画狂人日記』
＊映画祭でのゴダール作品は『はなればなれに』を上映

52

二〇〇〇年

ゴダールの『映画史』をめぐって（対談・浅田彰）
初出＝『批評空間』第二期第二五号、二〇〇〇年
収録＝「ゴダールを語る3——蓮實重彦との対話」、浅田彰『映画の世紀末』新潮社、二〇〇〇年

二〇〇二年

53
ゴダールの「孤独」——『映画史』における「決算」の身振りをめぐって
初出＝『ユリイカ』二〇〇二年五月号
＊本書「ゴダールの「孤独」」として収録

54
ゴダールが、生まれてはじめて「愛」に目覚め、「愛」を描こうとしたのです（講演）
初出＝『愛の世紀』公開時の講演、シャンテシネ、二〇〇二年五月二日
収録＝『愛の世紀＋そして愛に至る』DVD　BOX解説リーフレット、プレノンアッシュ
再録＝『映画論講義』東京大学出版会、二〇〇八年
＊本書「女と夜景——『愛の世紀』」として全面加

筆改稿のうえ収録

55

老齢であることの若さについて――「変貌」するゴダール／ジャン＝リュック・ゴダール『フォーエヴァー・モーツアルト』

初出＝「時評4」、『批評空間』第三期第四号、二〇〇二年

＊本書「老齢であることの若さについて――『フォーエヴァー・モーツアルト』」として収録

56

炸裂するウイークエンド（対談・浅田彰）

初出＝『for ever godard #1 『ウイークエンド』』パンフレット、愛育社、二〇〇二年

収録＝『映画狂人最後に笑う』河出書房新社、二〇〇四年

57

『映画史』の後で（対談・浅田彰）

初出＝『for ever godard #2, #3 『フォーエヴァー・モーツアルト』／『JLG／自画像』』パンフレット、愛育社、二〇〇二年

収録＝『映画狂人最後に笑う』

58

ゴダールに対して革命を起こそう！（講演）

初出＝『JLG／自画像』公開時の講演、ユーロスペース、二〇〇二年八月二四日

収録＝『映画論講義』

＊本書「ゴダール革命に向けて」として全面加筆改稿のうえ収録

59

喪中のゴダール――『JLG／自画像』

初出＝『ゴダールのいる交差点 第一回中世の里なみおか映画祭公式カタログ』二〇〇二年

＊本書同題収録

60

ゴダールの「映画泥棒日記」

初出＝『恋人のいる時間』パンフレット、二〇〇二年

＊本書「『恋人のいる時間』」として収録

二〇〇三年

61
映画における歴史
初出＝「映画への不実なる誘い」第三回「映画における歴史」、二〇〇三年二月一五日講演
収録＝『映画への不実なる誘い——国籍・演出・歴史』NTT出版、二〇〇四年
＊せんだいメディアテークにて二〇〇二年から〇三年にかけて行なわれた連続講演「映画への不実なる誘い」より。第三回に際して事前にゴダールの『映画史』の参考上映が行なわれた。

62
『ヒア&ゼア・こことよそ』『うまくいってる?』『勝手に逃げろ/人生』『右側に気をつけろ』の四作を二〇〇三年に見る人々のための「解説」の試み
初出＝『ゴダールとミエヴィル2003』パンフレット、アニー・プラネット、二〇〇三年
＊本書「「白痴」の帰還」として全面加筆改稿のうえ収録

63
『アカルイミライ』の黒沢清監督ゴダール体験を縦横に語る——映画はゴダールのように豊かであっていっこうに構わない（黒沢清へのインタヴュー）
初出＝『ゴダールとミエヴィル2003』パンフレット
＊本書「映画はゴダールのように豊かであっていっこうに構わない」として収録

64
絶対の貨幣
初出＝「思考と感性をめぐる断片的な考察1」、『Inter Communication』第五〇号、二〇〇四年秋
＊68で、「ゴダールだけを論じるものではなく、近くマネがらみでフーコーに言及し、それからセザンヌをめぐってストローブ＝ユイレにも触れることで終わる予定の一九世紀＝二〇世紀論として構成されたもの」と言及

に読み上げられたテクストに修正を施したもの。対談は『エスクァイア日本版』二〇〇五年一〇月号に抜粋収録。

本書「赤いバッグの乙女――『アワーミュージック』」として加筆改稿のうえ収録

68
「ゴダールとストローブ＝ユイレの新しさ」（対談・浅田彰）
初出＝『新潮』二〇〇五年五月号

69
フィルムと書物
初出＝「思考と感性をめぐる断片的な考察4」、『Inter Communication』第五三号、二〇〇五年夏

70
時限装置としてのゴダール
＊本書のための書き下ろし

71
ランプ・シェードと喧嘩状――『ゴダール革命』について

二〇〇五年

65
ゴダールの『（複数の）映画史』におけるエドワール・マネの位置について
初出＝「思考と感性をめぐる断片的な考察2」、『Inter Communication』第五一号、二〇〇四年冬

66
鏡とキャメラ
初出＝「思考と感性をめぐる断片的な考察3」、『Inter Communication』第五二号、二〇〇五年春

67
赤いバッグの乙女――ゴダールの Notre Musique をめぐるメモ
初出＝『早稲田文学』二〇〇五年五月
＊『アワーミュージック』の上映を伴う二〇〇五年一月一六日東京日仏学院「カイエ・デュ・シネマ週間」の折、ジャン＝ミシェル・フロドンとの対談中

初出＝『ちくま』二〇〇五年一一月号
収録＝『映画論講義』

二〇〇六年

72
マネとベラスケスまたは「画家とモデル」
初出＝「思考と感性とをめぐる断片的な考察5」、『Inter Communication』第五五号、二〇〇六年冬

73
「肖像画」の前で
初出＝「思考と感性とをめぐる断片的な考察6」、『Inter Communication』第五六号、二〇〇六年春

74
「いつも同時に二つのものでありたい」ゴダールの病い（講演）
初出＝『アワーミュージック』公開時の講演、名古屋シネマテーク、二〇〇五年一二月二日（「アワーミュージック」〈プレノンアッシュ配給〉の公式サイトに収録）
収録＝『アワーミュージック』DVDブックレット、アミューズソフトエンタテインメント、二〇〇六年
再録＝『映画論講義』

75
声と文字
初出＝「思考と感性とをめぐる断片的な考察7」、『Inter Communication』第五八号、二〇〇六年秋

二〇〇七年

76
偶然の廃棄
初出＝「思考と感性とをめぐる断片的な考察8」、『Inter Communication』第六〇号、二〇〇七年春

77
複製の、複製による、複製性の擁護
初出＝「思考と感性とをめぐる断片的な考察9」、

『Inter Communication』第六一号、二〇〇七年夏

78
旅人の思索
初出＝「思考と感性とをめぐる断片的な考察　最終回」、『Inter Communication』第六二号、二〇〇七年秋
収録＝この連載は『ゴダール　マネ　フーコー――思考と感性とをめぐる断片的な考察』NTT出版、二〇〇八年に収録。増補版二〇一九年

79
「白壁のゴダール」から「ランプシェードのゴダール」へ（講演）
初出＝『映画論講義』

二〇〇八年

80
マネからアウシュヴィッツまで
収録＝『ゴダール　マネ　フーコー――思考と感性とをめぐる断片的な考察』NTT出版、二〇〇八年に書き下ろしで収録。二〇一九年の増補版にも同。

81
理不尽な楽天性と孤独
収録＝『ゴダール　マネ　フーコー――思考と感性とをめぐる断片的な考察』NTT出版、二〇〇八年に書き下ろしで収録。二〇一九年の増補版にも同。

二〇一〇年

82
西欧の傲慢さ撃つ屈折　ゴダール新作　蓮實重彦氏が見る
初出＝『朝日新聞』夕刊、二〇一〇年一二月一七日
収録＝『映画時評 2009-2011』講談社、二〇一二年。「西欧の傲慢さ撃つ屈折――『ゴダール・ソシアリスム』」と改題
◎本書「『ゴダール・ソシアリスム』」として収録

二〇一一年

83

海と黄金の彼方に、HDカムで撮られた最も美しい女性のクローズアップが浮上する――ジャン＝リュック・ゴダール監督『ゴダール・ソシアリスム』――〈映画時評［25］〉

初出＝『群像』二〇一一年二月号

収録＝『映画時評 2009-2011』

二〇一四年

84

0.1％が99.9％を凌駕する事態に驚いていては、映画との関係など築けるはずもない――ジャン＝リュック・ゴダール監督『さらば、愛の言葉よ 3D』――〈映画時評［72］ 最終回〉

初出＝『群像』二〇一五年一月号

収録＝『映画時評 2012-2014』講談社、二〇一五年

二〇一五年

85

とんでもないゴダール

初出＝『さらば、愛の言葉よ』プレスシート、二〇一五年

収録＝『映画時評 2012-2014』

◎本書「『さらば、愛の言葉よ』」として収録

二〇一九年

86

彷徨える断片の確かな痕跡について ジャン＝リュック・ゴダール監督『イメージの本』

初出＝『イメージの本』パンフレット、二〇一九年

◎本書「『イメージの本』」として収録

二〇二二年

87

「ヌーヴェル・ヴァーグで一新」の嘘 ゴダール監督を悼む

初出＝『朝日新聞』二〇二二年九月一五日

88
好きなことだけを、自由に　ジャン＝リュック・ゴダールさんを悼む
初出＝『共同通信』配信二〇二二年九月一六日掲載

89
映画作家ゴダールは、その「特権性」を晴れやかに誇示しながらこの世界から姿を消した
初出＝『文學界』二〇二二年一一月号
◎本書同題収録

90
レマン湖の畔にて——ゴダールにとっての——あるいはストローブにとっての——スイスについて
初出＝『ユリイカ』二〇二三年一月臨時増刊号　総特集ジャン＝リュック・ゴダール

（70までは前田晃一氏作成、以降はちくま学芸文庫編集部作成　＊作成にあたっては金ヶ江孝男氏のご協力を得た）

四〇年後に
――「あとがき」にかえて

二一世紀のいまとなっては誰にも信用されまいと思うが、人類の歴史には、「アメリカ的」であることと「偉大」であることとが矛盾なく共存しえた一時期が、奇跡的に存在した。とりあえず、一九五〇年代と呼んでおこう前世紀なかばの一〇年ほどのことである。「ハリウッド映画」は、そのとき、「アメリカ的」であると同時に「偉大」なものとして、見る者の目をまばゆく眩ませた。眩惑された者たちは、やがて映画を撮り始めたり、映画について語り始めたりしたのだが、映画を撮ったり語ったりしない人びとも、その体験が奇蹟的なものであることにはうすうす気づいていたはずだ。

アメリカ合衆国が「超大国」と呼ばれたり「帝国」と名ざされたりするいま、「ハリウッド映画」が「アメリカ的」でもなければ「偉大」でもないことは誰もが知っている。ところが、一九五〇年代においては、「アメリカ的」であることは、文字通り「偉大」であることの同義語にほかならなかった。勿論、「赤狩り」や「独占禁止法訴訟」や新たな視覚的メディアとしての「テレヴィ」がハリウッドの古典的なスタジオ・システムを崩壊させたのは、まぎれもなくこの時期である。だが、フォードが、ホークスが、ヒッチコックが、ウォルシュが、キューカーが、毎年一本は映画を撮っていたのもこの時期だったのである。そればかりではない。彼らが大戦前夜や大戦中に撮った作品もまた、この時期にひっきりなしに公開されていた。そんな時期は、人類の歴史に、二度と訪れることがない。

一九五〇年代に、「アメリカ的」であり「偉大」でもあった「ハリウッド映画」に目が眩んだゴダールは、以後、旺盛な作家活動をくりひろげるのだが、ついに「ハリウッド映画」は撮らなかった。偉大なヨーロッパの映画作家たちは、ルビッチにせよ、ムルナウにせよ、ラングにせよ、オフュルスにせよ、サークにせよ、ルノワールにせよ、クレールやデュヴィヴィエでさえ、誰もが「ハリウッド映画」を撮っている。エイゼンシュテインまでもが「ハリウッド映画」を撮りかけたのだし、ブニュエルもまた、たった一本でしかないにせよ、「ハリウッド映画」を撮っている。だというのに、ゴダールは、たびかさなる誘惑にもかかわらず、ついに「ハリウッド映画」を撮らなかった。「ハリウッド映画」が「アメリカ的」でも「偉大」でもなくなってしまっていたからだ。

ここに『ゴダール革命』として読まれた書物は、それがかりに錯覚であるにせよ、「アメリカ的」であることと「偉大」であることとが矛盾なく共存しえた一時期に、「ハリウッド映画」に目が眩んでしまった二つの個体が、「アメリカ的」であることと「偉大」であることをともに放棄してしまった「ハリウッド映画」の半世紀をどのように過ごしたかをめぐるいささか陰惨な「ドキュメンタリー」にほかならない。陰惨なというのは、当時はまだまだ若々しかったその二つの個体が、いまやともに老境にさしかかっていながら、なお、半世紀以前の錯覚から完全に自由だとはいえそうにないからだ。

ドキュメンタリー『ゴダール革命』にあって、ゴダールという名前は、蓮實重彥がそうであるように、その素材のほんの一つであるにすぎず、ことと次第によっては、いくらでも代置可能な固有名詞である。この書物は、同じ著者による『監督 小津安二郎』や、遠からず出版されるだろう『ジョン・フォード論』などがそうであるような意味では、「映画評論」ではない。ましてや、「映画研究」たることをめざした文章ではない。

にもかかわらず、『ゴダール革命』は、形式的に「映画評論」を模倣しつつあるかのように書かれている。しかし、プロローグがあり、エピローグがそえられ、全編が五章からなり、それぞれの章が異なる主題を扱っているのは、「映画評論」というより、たんに書物であることからくる制約を受け入れたからにすぎない。とりわけ「V」の部分には、これまでほかの書物に収録されていた多くの文章があらためて収録されているが、それはドキュメンタリーの要請にしたがったまでである。そのドキュメントの一つとして黒沢清監督のインタヴューを収録しえたことは望外の倖せであり、同監督に深い謝意を表明したい。

エピローグを書きあげてから読み直す機会があったのだが、『ゴダール革命』には収録しなかった一九六九年のある書評で、それから三六年後にこの書物の著者となることもまだ知らずにいる評者は、ジャン・コレとリチャード・ラウドによるゴダール論の戦略的な不毛性を指摘しながら、こうした批評が書かれれば書かれるほど、「第二、第三のゴダール」はますます遠のくしかないという言葉で、エピローグとほぼ同じことを述べている。たんにゴダール論の著者たちに対してのみならず、ゴダール自身の作品に対してもまるで喧嘩をふっかけているような口調が、そんな言葉を書いたことすら忘れていた著者を改めて驚かせた。「撮ることと観ることとの緊張関係は、永遠に決着をみることのない血なまぐさい闘争の場として、われわれの周囲を埋めつくしている」というその書評の結びの言葉は、なおも現実たりえているからである。

実際、その闘争は、二〇〇五年にいたるもなお決着をみることがない。だとするなら、『ゴダール革命』の著者は、ゴダールに対して、半世紀ほど前のコレやラウドとまったく同じ振る舞いを演じているのだろうか。違う、と確信を持って断言できない著者は、その判断を二一世紀の読者にゆだねるしかない。

『ゴダール革命』の編集を担当されたのは、『監督 小津安二郎』や『小津安二郎物語』、あるいは『成瀬巳喜男の設計』以来の「戦友」といってよい間宮幹彦氏である。こうした書物とはやや異なる言葉からなっている『ゴダール革命』の原稿を顔色ひとつ変えずに処理された氏の寛容さに、感謝という言葉にはとうていおさまりがたい気持ちを捧げたい。また、著者によるゴダール書誌を念入りに編纂された若い友人前田晃一氏のなみならぬ力ぞえにも、深く感謝したい。

「あとがき」を終えるにあたり、ゴダールの新作が日本で公開されることがまだとても自然なことではなかった一九六〇年代の後半に、ゴダールに触れる機会の拡大に献身的に貢献された何人かの先駆者たちに、心からの感謝の気持ちを表明せずにはいられない。その先駆者とは、日本には存在しているはずのないゴダールのプリントを涼しい顔で上映してみせたフランス映画社を設立する以前の柴田駿氏と、その永遠のパートナー故川喜多和子氏である。それはまた、「カイエ・デュ・シネマ」時代の人脈をたぐりよせながら、『季刊フィルム』によってゴダールの新作の紹介や公開にかかわった山田宏一氏でもある。まだ驚くほど若かったこうした人びとの振る舞いなしに、今日の「日本におけるゴダール」など存在しうるはずもないからである。

最後に、表紙カヴァーの写真について、一言。六〇年代のゴダールの室内は、ほとんど人工的な照明のあたっていない白壁で仕切られていたが、その白壁は、八〇年代にいたり、ランプシェードを光源として視界に浮き上がる書棚におおわれることになる。その変化を何とか表紙に反映させたかった著者は、その思いを視覚化された装丁の中島かほるさんに深い感謝を捧げる。

『気狂いピエロ』のフランス公開から正確に四〇年後の八月の東京で

著　者

文庫版あとがき

二〇二二年九月一三日にレマン湖畔のロールの街で起こったとされるできごと以来、人はゴダールについて過去形で語る特権に不意に恵まれたというかのように、スイスとフランスの二重国籍を持つこの映画作家のことを「現在」から遠ざけることに秘かな悦びを覚えているかに見える。それと同時に、醜い文化的な囲い込みも始まっているようで、誰だか詳しいことはわからぬがどうやらフランス共和国の大統領らしいマクロンなる人物が、ゴダールのことを「国宝」《le trésor national》だなどと呼んだりもしている。かく申すわたくし自身も、ゴダール逝去の報に接した新聞社や通信社からいきなり依頼されて追悼記事など書かされ——しかも徹夜で——たりしたものだが、彼が「時代」や「国籍」などを遥かに超えた存在であることには、いたって意識的だったつもりである。

優れた、というより、ゴダールのような例外的な映画作家の作品は、時間や国籍を超えているが故に、たえざる「現在」として、見る者の囚われている文化的な制約を涼しい顔で超えて見せる。実際、フリードリッヒ・ヴィルヘルム・ムルナウがハリウッドで撮った『サンライズ』（一九二七）や『都会の女』（一九三〇）といった傑作を、過去形で語ったり、その監督を「国宝」——いったい、どこの国の?——と呼んだりすることなど、誰にできるというのか。あるいは、アイルランド移民の子どもとして一九一〇年代の中期にハリウッドで仕事を始めて以降、半世紀近くの歳月をかけてハリウッドの映画産業に奉仕し、ときおりアイルランドで作品を撮ったりなどしていたジョン・フォードについても、まったく同じことがいえる。実際、近著『ジョン・フォード論』(二〇二二)でも述べたように、真にフォード的な瞬間は、世にいう「アイルランド性」とも「合衆国」性ともおよそ無縁な、言葉の真の意味における無時間性とも呼べる永遠の「現在」なるものへとわたくしたちを誘っていたではないか。

それぞれ異なる時期に書かれた複数のテクストからなる『ゴダール革命〔増補決定版〕』には、この稀有の映画作家を「過去形」では語らぬという意識が漲っていてほしい。そう願いながらこの「あとがき」を書き終えようとしている著者たるわたくしは、一九三〇年生まれ三人組ともいうべきゴダール、クリント・イーストウッド、フレデリック・ワイズマンがかたちづくっている三角形だけは、いまなお華麗かつ雄渾な三角形にとどまっていると確信している。なお、書籍化に当たって編集業務を担当された元筑摩書房の間宮幹彦氏に続いて、文庫化にあっては、厄介な編集作業に当たられた筑摩書房の北村善洋氏のお二人には、心からの感謝よりもいっそう強い思いを捧げたい。

二〇二二年一一月一四日

著　者

解説　「革命」の映画論

堀　潤之

「ゴダール革命」とは何か

ゴダールは『勝手にしやがれ』（一九五九）で映画に革命をもたらした――人がとかく安易に口にしがちなこうした命題ほど、本書の立場から遠いものはない。蓮實重彥はゴダール追悼文の一つで、この映画作家が一九六〇年代に「「ヌーヴェル・ヴァーグ」の旗手として世界の映画シーンを一新した」などということは「真っ赤な嘘」であると断じる（『朝日新聞』二〇二二年九月一五日）。というのも、黒沢清の『ドレミファ娘の血は騒ぐ』（一九八五）を唯一の例外として、「ゴダールのような映画を撮った映画作家は、世界に一人として存在していない」からだ。革命を成就したはずなのに何ら持続的な新しい体制がもたらされていないのであれば、それはそもそも「革命」とは呼べないだろう。かくして、本書でいうところの「ゴダール革命」とは、この映画作家がいかなる点で革命的なのかを説き明かすという凡庸な善意とはまったく無縁であることになる。

では、「ゴダール革命」とはいったい何か。それは「自堕落にゴダールが存在していることを容認するのではなく」、隙あらば「ゴダールをギャフンといわせ」るという、「反ゴダールの、ゴダールに対する革命」の謂いである（「ゴダールに対して革命を起こそう！」、『映画論講義』東京大学出版会、二〇〇八年所収）。それがゴダールとの安易な連帯や共闘と対極にあることは言うまでもないとして、だからといってみだりにゴダールを否定したり敵視したりすればよいというわけでもない。本書のエピローグ「ゴダール革命に向けて」で説かれているように、いずれの身振りもゴダールを「特権的に例外視すること」にしかならず、結局はゴダールの王位が保たれてしまうからだ。むしろ、第二、第三のゴダールを現出せしめるために、われわれは「映画はもはやゴダールなど必要としていないと断言する勇気」を持つという「革命」の身振りを志向しなければならない、と蓮實は訴える。つまり、映画史における圧倒的な「例外」として何をしても許される存在となったゴダールを、何としてでも玉座から引き摺り下ろさなければ、映画をめぐる思考の更新などなされえない、というわけである。

こうした獰猛な「革命」の意志の背後には、逆説的にも、人々がゴダールの例外性を十分に認識していないことに対する苛立ちがあるように思われる。プロローグ「時限装置としてのゴダール」で言われるように、至るところで炸裂する不穏な「時限爆弾」としての映画作品のなかでも、『勝手にしやがれ』は「爆弾に時限装置を装塡しそこなうという失敗」を犯したことによって、「発火時刻の設定以前に作動してしまった人騒がせな時限爆弾」となった唯一無二の作品である。そのようないかにも奇妙な「失敗に成功」したのはゴダールだけであるはずなのに、世に数多あるゴダール論は、あたかもこの映画作家の名前がムルナウや溝口健二と交換可能であるかのように振る舞っている。しかるに、そもそもそのような置換が可能なのか、あるいは不可能なのか、その条件や理由を問わずしてはいかなるゴダール論も成り立ち得ないはずではないか、と蓮實は問いかける。

蓮實がキャリアの最初期に執筆した書評には、すでに、批評性を欠いたゴダール論に苛立ちを示しつつ、「ゴダール革命」という言葉の登場以前にその狼煙を上げるさまが鮮明に見て取れる。「四〇年後に――「あとがき」にかえて」でも言及されているその書評(「二つのゴダール論の批評の不毛性」、『週刊読書人』一九六九年七月二八日号)は、ゴダールを論じるにあたって「何よりも先に満たすべき前提」は、彼の作品群を「観客の視線を奪おうと襲いかかる脅威の連合体として認識すること」であると述べる。なされるべきは、その前提に立ったうえで、「観るものの内面を徐々にむしばんでゆく敵意に満ちたゴダールという病原菌を絶滅しようとする戦いに転じ、同時に、その作品がかたちづくる巨大な神話体系そのものの虚構性を告発する方向」を目指すことにほかならない。にもかかわらず、書評対象であるジャン・コレとリチャード・ラウドの二冊のゴダール論は、「ゴダールという病原菌」の脅威を十分に認識していないがゆえに必然的に「戦い」や「告発」を端から回避し、資料を駆使して「万人向きの「愛のてほどき」」を届けようと腐心している。

それではゴダールへの「安易な連帯の呼びかけ」にしかならず、「撮ることを無効にする力を秘めた視線」にはとうてい至らないので、「無傷のままのゴダールが、挑発的な姿勢で再びわれわれの行くてに立ちはだか」るばかりだ。この書評は、彼らが「「第二のゴダール」の可能性を楽天的に信じ切っている」がゆえに、かえって「第二、第三のゴダール」を遠ざけてしまっていることを苦々しく指摘して閉じられている。

遭遇の原光景

すでに「革命」の綱領をなしていると言って差し支えないこの書評を蓮實に書かせた原動力は、もちろん、『勝手にしやがれ』以降のゴダール作品との遭遇の体験であるだろう。では、一九六〇年の封切り当時に『勝手にしやがれ』を見ることのできた世代に属している蓮實にとって、この作品はどれほどの衝撃をもたらすものだったのか。

まだ数々のゴダール神話によって覆い隠されていない生《なま》のゴダールとの出会いを、蓮實はおよそ一〇年を経た一九七一年に率直に振り返っている。「変革の予徴」が感じ取られながらも、新進気鋭のマルセル・カミュ、ロジェ・ヴァディム、ルイ・マルといった監督たちの撮る映画にはとうてい期待できないという一九五〇年代後半の状況において、シャブロール、トリュフォー、ゴダールの登場は「まぎれもなく事件以上の何ものか」であり、「とりわけ『勝手にしやがれ』に思いがけず遭遇したときの興奮は、一人の作家の誕生に立ちあうことの喜びというより、一篇の遺作を無造作に放りだして、あっさり映画と訣別していくかのごとき不遜な魂への、羨望に似たものであったように思う」、と(『勝手にしやがれ』から『気狂いピエロ』へ」、『映像の詩学』筑摩書房、二〇〇二年所収)。しかし、蓮實はただちに、ヌーヴェル・ヴァーグの到来を告げるこの途方もない映画を手がけた監督に対する憤りにも似た感情を吐露する。

二時間にみたぬフィルムのうちに、映画の幼年期と青春、そして壮年期から晩年までを先取りしたかたちで投入し、しかも瑞々しさの印象で外観を飾ることまでやってのけるなど、許されていいことなのか。そう思った瞬間に、こちらはすでに姿をくらましたゴダールを追って走り始めている自分をおしとどめることができなくなっていたのだが、その不本意な疾走は、このままゴダールに充実した沈黙を許してはならぬ、彼をたぐい稀な饒舌へと導きだし、その世界との幸福な共存を乱し、のっぺらぼうな時間の推移を耐えさせながら、内面からの崩壊を体験せしめなければならないという凶暴な意志に支えられていた。

こうした称賛と反撥という二つのモードに引き裂かれた二律背反的な態度を考慮に入れるならば、本書に収められた『勝手にしやがれ』についての短いコメントで、「以後、映画は、この作品を超える活劇を撮るにはいたっていない」と評価するときでさえ、その背後には、「不本意な疾走」を否応なく課してくるこの不遜な監督を許すまじとする曰く言いがたい「凶暴な意志」が蠢いているとみるべきだろう。「革命」への意志は、『勝手にしやがれ』を見た瞬間から胚胎し、半世紀以上にわたって蓮實のゴダール論を根底から支えていくことになる。

ゴダールとの対峙

では、「革命」を秘かに組織しようとする蓮實は、以後どのようにゴダールと対峙していくのだろうか。まず注目すべきは、蓮實が監訳・監修者の一人として中心的に関与した『ゴダール全集』（全四巻、竹内書店、一九七〇—七一年）における「採録」という営為である。その営為について、蓮實は第三巻の「あとがき」でおおよそ次のように語る。初期短篇から『ウイークエンド』（一九六七）に至る六〇年代のゴダール作品を文字として書き起こすこのプロジェクトは、なるほど「映像体験の希薄化による視線のサボタージュ」につながる危険性を孕んでいる。しかし、そうした批判は、「注がれた視線には素直にその全貌をさらす作品が、正しい理解の対象としてきまって存在すると考える途方もない楽天主義」（強調原文）に陥っている。実のところ、作品を見ることとは、決して到達しえない対象としての「作品との相互侵略の闘いに出撃すること」にほかならず、「採録」とはそうした闘いの記録である。そこでは、作品を見ることによって「自己の生活領域」を「ゴダールに明け渡してしまった」それぞれの採録者が、画面に生起する事柄をことごとく暴き立て、「その作品が表面にまとっている思いがけない目つぶしをくまなく無効にしていくこと」によって「失地回復」を試み、「ゴダールの呪縛から自己を解放」することが目論まれているのだ。要するに「採録」とは、「ゴダールへの異常な愛からくる無批判なのめりこみ」でも、読者のフィルム体験の身代わりとなる「空想の映画館」でもあってはならず、煎じ詰めればゴダールを「切り崩」すための企てでなければならない。そして、その採録の読者にもまた、わずかな隙につけこんで、あらゆる方面からゴダールに不意の一撃をくらわせ、敵地深くまで潜入し、「その全身を麻痺させ」ることが求められているのだ、と。こうして「採録」は、それ自体が「相互侵略の闘い」の場であるとともに、その読者に「ゴダール革命」のための装備一式を提供するのである。

ゴダールに「不意の一撃」を食らわせ、ゴダールを「切り崩」すこと——その後の作品評の多くで蓮實が目指しているのは、まさにそのことにほかならない。本書に収められている作品評のうち、たとえば、『勝手に逃げろ／人生』（一九七九）冒頭付近の二頭の馬や、『新ドイツ零年』（一九九〇—九二）で疾走する二匹の犬といった、多くの観客が見過ごしてしまったかもしれない細部に注目し、それを突破口として作品の安定したフォルムに揺さぶりをかける批評は、ゴダールに対する「切り崩し」の鮮やかな事例を差し出している。

『フォーエヴァー・モーツアルト』（一九九六）でパリに戻った老映画作家がひとりビールを飲む短いショットの挿入に拘って、そこにゴダールらしからぬ「説話論的な配慮」の作動を見出す批評も、同じく「切り崩し」を目指したものと考えられるだろう。

ところで、蓮實がいわゆる主題論的批評（テマティック）を自家薬籠中のものとしており、時にそれによって映画作家に不意打ちを食らわせていることはよく知られている。傑出したインタヴュアーとしての蓮實に、自身でも意識していなかった主題論的一貫性を指摘されて虚をつかれる映画作家の姿を、人は何度も目にしたことがあるはずだ。それに近いことは、本書に再録されたインタヴューで、ゴダール作品において「ホテル」という場所が繰り返し登場することが話題に上るときにも起こっている。だが、小津安二郎やジョン・フォードに対しては見事な威力を発揮する主題論的批評は、ゴダールに対しても果たして有効なのだろうか。蓮實がゴダール作品を対象に主題論的批評を試みた機会はごく限られており、その数少ない事例の一つである「「白壁のゴダール」から「ランプシェードのゴダール」へ」という二〇〇五年の講演（『映画論講義』所収）では、ある時期からのゴダールにおける「ランプシェード」という主題の遍在を指摘することによってゴダールを不意打ちしえたとしても、そのような「足元をすくう身振りが当のゴダールへの作品の熱烈な擁護にも通じてしまう」という「危うい矛盾」に注意が促されている。いわば〝愛の技法〟としての主題論的批評は、「革命」のための武器にはなりがたいのである。

「革命」の成就

では、主題論的批評を封印せざるをえないとき、ゴダールをいかに切り崩せばよいのか。蓮實がそのときに取る戦略は、ゴダールという「例外」が形成されるメカニズムを徹底的に解明するというきわめて正攻法的なやり方である。一九八五年に書かれた「破局的スローモーション」（本書所収）は、ゴダールが「個性や独創性」とは無縁の「天才」であることを認め、「ゴダールの撮る映画が、われわれの撮る映画とちっとも似ていない」という圧倒的な例外性を誇っていることを確認したうえで、ゴダールの作品群を同語反復的な断言命題とその組み合わせというロジックで鮮やかに読み解いていく。たとえば『カルメンという名の女』（一九八三）では、映画作家は映画を撮る、泥棒は泥棒する、失業者は失業する、誘惑は誘惑的である、破局は破局的である等々の命題が、「どうして」と「だって」を排した中間的な時空でひたすら相互干渉し、その都度「決定的な組み合わせ」が生み落としていくのだ、というように。これほど大胆かつ鋭利にゴダール作品の核心に切り込んでいく批評は、世界のゴダール論を見渡してみてもほとんど存在していないのではないか。

これと双璧をなす批評と言ってよい二〇〇二年の「ゴダールの「孤独」」（本書所収）は、「間に合わないこと」、「待てないこと」、「与えないこと」という三つの命題を軸に、ゴダールを、とりわけ『映画史』（一九八八―九八）を根本的に統御している発想を剔出する。しかも、このゴダール個人のものであるようにみえる三つの性癖は、ほとんどそのまま、ゴダールの構想する「映画」の特質と重なり合っている。そうした観点から、全八章・四時間半におよぶこのヴィデオ大作の急所をきわめて具体的に取り上げ、『映画史』のからくりを明るみに出すこの批評は、世界に数多ある『映画史』論のなかでも最もスリリングなものの一つである。

これほど完膚なきまでに作品の根本的な作動原理を暴き出し、作り手の喉元にぎらりと光る匕首を突き付けているかのような気迫のこもった二篇の批評は、蓮實がかつてコレやラウドのゴダール論に欠けていると指摘した「撮ることを無効にする力を秘めた視線」を十二分に備えている。あるいは、「その作品がかたちづくる巨大な神話体系そのものの虚構性を告発する」という革命の綱領を実現しているとも言えるかもしれない。世の大半のゴダール論が陥りがちな安易な称賛と性急な否定という罠を周到に回避しつつ、隘路をくぐり抜けてゴダールを切り崩そうとする試みは、ここにおいて頂点に達している。「ゴダール革命」の担い手となるには、蓮實のようにゴダールをとことんまで理解したうえで体制転覆の強靭な意志を持ち続けていなければならない。その意味では、革命の尖兵たりうるのはごく少数の精鋭だけだろう。だとするなら、この「革命」は、大衆蜂起よりも、秘密結社による暗殺計画に似たものになるほかないだろう。声高に「革命」を扇動しているかにみえる本書は、実のところ、いつ炸裂するとも知れぬ不穏な時限爆弾として、孤独な少数者たちのはるかな連帯を静かに待ち望んでいる書物であるのかもしれない。

※この解説は部分的に拙稿「「革命」の映画論——蓮實重彥のゴダール論をめぐって」(『ユリイカ』二〇一七年一〇月臨時増刊号「総特集=蓮實重彥」、二〇一—二〇八頁)と重複する箇所があることをお断りする。

(ほり・じゅんじ　関西大学文学部教授　映画研究・表象文化論)

本書は、二〇〇五年九月二十五日、筑摩書房よりリュミエール叢書として刊行された。文庫化にあたっては、ゴダールへのインタヴューなどを新たに増補した。また、一部の表記については訂正や統一を行なった。

ちくま学芸文庫

ゴダール革命《かくめい》〔増補決定版〕

二〇二三年二月十日　第一刷発行
二〇二三年三月十日　第二刷発行

著　者　蓮實重彦（はすみ・しげひこ）

発行者　喜入冬子
発行所　株式会社　筑摩書房
東京都台東区蔵前二―五―三　〒一一一―八七五五
電話番号　〇三―五六八七―二六〇一（代表）
装幀者　安野光雅
印刷所　明和印刷株式会社
製本所　株式会社積信堂

ISBN978-4-480-51159-1 C0174